SÉRIE MUTATIONS N° 92

O[illegible]

[illegible]

JACQUELINE BLANC-MOUCHET
AVEC LA COLLABORATION DE
MARTYNE PERROT

AUTREMENT : 4, RUE D'ENGHIEN, 75010 PARIS.
TÉL. : (1) 47.70.12.50. FAX : 47.70.97.52

Directeur-rédacteur en chef : Henry Dougier.
Rédaction : Béatrice Ajchenbaum-Boffety. Nicole Czechowski. *Fabrication/Secrétariat de rédaction :* Bernadette Mercier, assistée de Hélène Dupont. *Maquette :* Patricia Chapuis. Elisabeth de Garrigues. *Service financier :* Éric Moulette. *Gestion et administration :* Anne Allasseur. Agnès André. Hassina Mérabet. Christian Da Silva. *Attachée de presse :* Magalie Cornetto. *Service commercial :* Jean-François Platet.

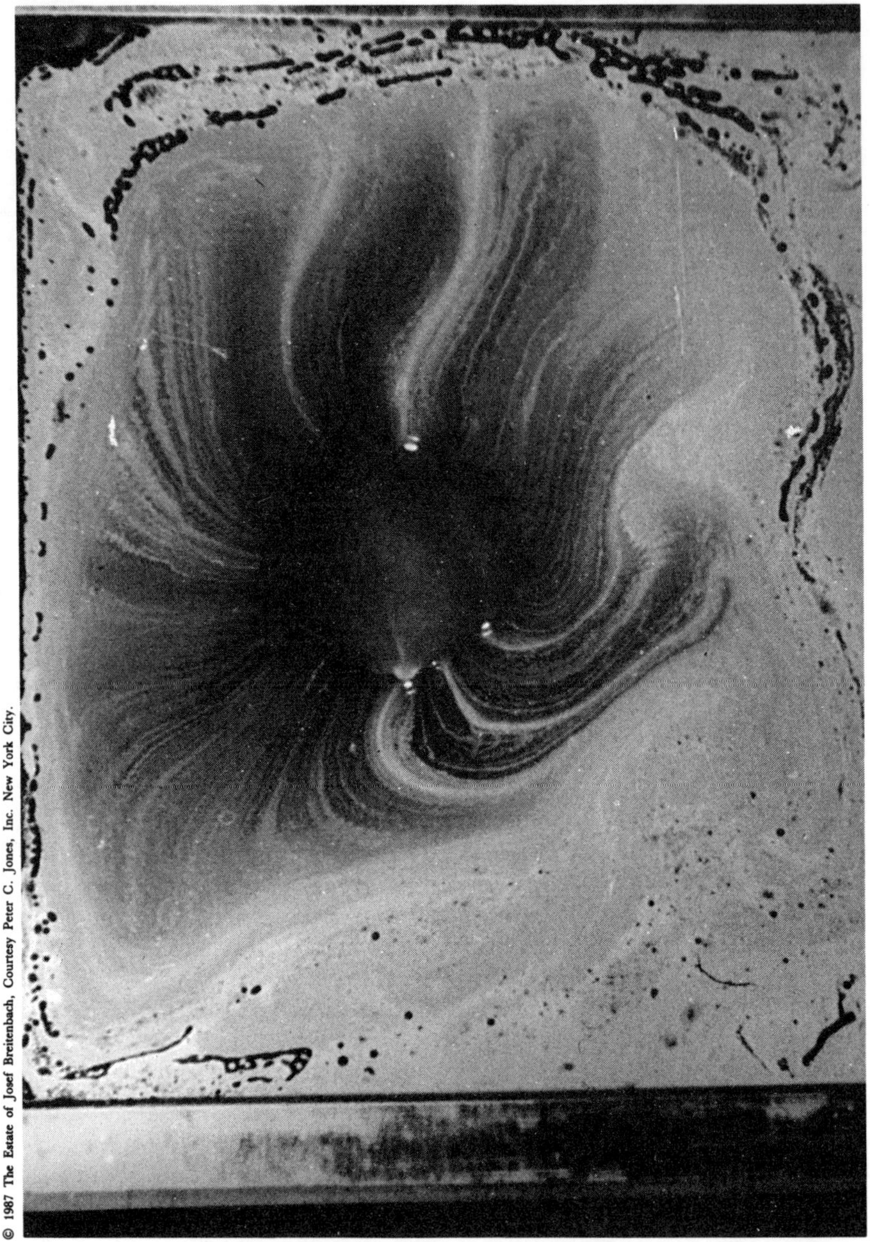

« Je cherche des parfums nouveaux,
des fleurs plus larges
et des plaisirs inéprouvés. »

Flaubert, La Tentation de Saint-Antoine *cité par V. Segalen*,
Les synesthésies et l'école symboliste, Fata Morgana, 1981.

ENVOI

Nez, odeurs, parfums. Zone vierge. Entrez dans le quotidien du sujet par l'entremise de nouvelles parfumées. Traversez la mémoire historique et philosophique en suivant l'axe du 5e sens. Ouvrez l'oreille aux sciences qui expliquent « comment ça marche ». Faites connaissance des professionnels qui nous font avec ardeur un monde plus parfumé. Regardez-vous dans le miroir de l'odeur de l'Autre, et apprenez que pour bien se connaître, il faut se bien sentir. Découvrez pour finir, le zeste inattendu de l'art expérimental et passionné des odeurs...

NOUS SOMMES CINQ MILLIARDS D'ÉMETTEURS-RÉCEPTEURS

Elle avait hérité de lui l'amour des cuissons parfaites : nonobstant les bons conseils prodigués par le Petit Cordon bleu parisien, *nul ne savait comme elle surveiller la couleur d'un roux, l'oreille attentive à la bouilloire qui chante, une fourchette à la main prête à se planter au cœur d'un gigot presqu'à point, les papilles en alerte pour rectifier les sauces, et le nez mystérieusement au courant de l'obscure cuisson du four...*

Que l'un de nos sens vienne à défaillir, et notre destinée sera trop cuite, nos émotions trop crues, et notre vie, bien amère.

L'odorat n'a jamais eu, n'aura jamais préséance. Éphémères et nichées dans les interstices, les odeurs sont quelque peu submergées par le bruit et l'image. Il peut être ambigu de les en dénicher, et périlleux de vouloir les embrasser d'un coup.

On pourrait les ignorer, voire les oublier. Un peu comme la poussière sous les meubles. Point trop n'en faut.

A la faveur d'un petit remue-ménage, elles se glissent à présent sous les spots, fières de ce nouveau rôle. Mais au fait, distinguo : les odeurs existent malgré nous, impossibles à reproduire, réelles et obligatoires dans le champ familier du quotidien ; les parfums, eux, sont plutôt abstraits et facultatifs, champ infini de l'imaginaire.

Plutôt que de perdre l'aiguille dans la botte de foin, renoncer d'entrée de jeu à dénouer l'inextricable : trier, c'est éliminer, et trop démystifier, c'est à coup sûr ratiociner.

S'en tenir au dépoussiérage. Les vieux schémas ont l'habitude, quelle patine sous la gangue ! Oui, sans nos multiples palpeurs, nous serions bien démunis pour trouver nourriture, partenaires sexuels et pour fermer le gaz. Il est cependant plus moderne de parler d'événements, de produits et de signes.

Alors, plonger dans les apparences innocentes, la mémoire, les faits. Découvrir le noyau dur de la subjectivité ; une nouvelle qui vient bouleverser les idées reçues : les neurosciences sont en train de le confirmer, nous ne « sentons » pas pareil. Non seulement nous émettons une odeur unique comme des empreintes digitales — familiale, culturelle ou raciale —, mais il n'est plus certain que nous percevions l'odeur de la rose à l'identique. A suivre...

En soumettant les odeurs à la question, grâce au petit supplice de la loupe grossissante, on s'aperçoit qu'elles ont du mal à tout dire, séparées de leur contexte intime. Bonnes, mauvaises ou neutres, elles sortent du chapeau pour affirmer tour à tour le nez

PAR JACQUELINE BLANC-MOUCHET

Conceptrice de l'Odorama
de la Cité des sciences et de l'industrie
de la Villette.

comme utile et futile, agréable et embarrassant, instrument de régression ou de plaisir.

Mais elles gardent intact l'irritant et délicieux pouvoir de nous mener par le bout du nez. Et si nous protestions ? Parce qu'un jour, il faut dés-odoriser, et le lendemain, ré-odoriser. Est-ce là un must de la modernité ? Histoire d'éviter la mystification du médiocre déguisé en « nouveau », pourquoi n'aurions-nous pas bientôt des musées des odeurs, comme les conservatoires de l'ouïe ou les académies de la vue qui pullulent comme jamais ? On connaîtrait enfin la fragrance surannée qui accompagna le coup de foudre de nos parents, ou les odeurs exotiques des pays à jamais inaccessibles. Et l'Éducation nationale distillerait à nos enfants des petits cours d'éducation sensorielle. De fait, des chercheurs, encore isolés, explorent ces perspectives.

J'adore me servir de mon nez, pour tout et pour rien. A travers lui, les yeux fermés, je vis une aventure chimique : molécule errante cherche récepteur libre pour échanger phantasmes...

Parmi le fouillis impossible des pistes à suivre pour raconter l'odeur, je choisis, j'en privilégie une : l'émotion. Transmettre l'émotion.

Et c'est là que commencent les ennuis.

Je déteste qu'on me fasse une remarque négative sur mon odeur personnelle, tout autant que j'adore travailler mes messages odorants à destination d'autrui, espérant le plaisir du retour, le débat d'odeurs... La saison m'inspire ; la personne aussi.

Mais qui me rendra le parfum du savon de ma poupée, avec un éléphant dessus ? Il a définitivement contribué à faire de moi une orpheline vingt fois par jour, à chaque fois que cesse l'odeur d'un être ou d'un moment aimé.

L'important, c'est peut-être la manière de se raconter l'histoire. Les histoires. Explorer, raconter, prédire et séduire. Les histoires de chacun sont enluminées de ces infimes notations parfumées, très habiles à nous faire vivre un destin, même par procuration. Ingrédient fatal du sentiment poétique, sentir reste une sensation difficile à écrire juste. Maupassant nous en fournit un bel exemple : « Je ne savais vraiment pas si je respirais de la musique, ou si j'entendais des parfums, ou si je dormais dans les étoiles. »

Il ne suffit pas de respirer pour comprendre tout de l'odeur. Mais on peut en prendre le risque.

Respirez... et tournez la page.

MICHEL SERRES

PRENEZ LE TEMPS, TAISEZ-VOUS, GOÛTEZ ![1]

Revenons à l'immédiateté des sens.

Peut-on définir un zéro sensoriel, une sorte de référence ? On peut, au moins, en rêver. On apprend dans les leçons de choses que l'eau se situe là : fluide exceptionnel à plusieurs égards et, de plus, inodore, incolore, sans saveur. Imprenable et presque intangible, quasi translucide, quiète quand rien ne l'agite, non bruyante. On dirait la définition de l'espace intelligible dans l'école de Platon, à l'époque où la géométrie naissait : quelle merveilleuse abstraction ! Leçon pourtant fausse à l'évidence, l'eau a du goût, des couleurs, nous devinons à l'odeur son voisinage, nous distinguons les yeux fermés vingt saveurs, eaux plates, courantes, dormantes, urbaines ou montagnardes. Le zéro se décale [...].

La sensation, disait-on, inaugure l'intelligence. Ici, plus localement, le goût institue la sapience. Par la définition latine ancestrale de l'humain, nos aïeux instruits, mais sensibles encore, signifiaient sérieusement que sans le goût nous risquions de quitter l'état d'homme, de retomber au rang des bêtes. Avant de reconstruire la pensée sur la sensation, étrange entreprise, ils voulaient sans doute que nous méditions à une sorte de réciproque : à mépriser la sensation, à la remplacer par des artifices, par des discours orthopédiques, nous courons à l'animalité. La bête bouffe vite, L'homme goûte. Il jouit des odeurs, il ne chasse plus. La cruauté n'évente que le sang.

Avant d'avoir reçu, émerveillé, le bouquet nombreux et vivace qui se déploie dans l'odorat, explose et descend, riche encore d'arabesques ou étoiles nouvelles, comme en un feu d'artifice, avant d'avoir connu la moire complexe et frangée découpant méticuleusement une carte de géographie précise le long des joues et différenciant le haut des bas et l'arrière de l'avant, bouche courte et longue bouche, dessinant d'ornements la voûte du palais, passant sur et sous la langue, sur ses bords et en son bout, avant d'avoir su qu'il avait des langues et non pas une seule, avant d'avoir transformé ce volume en un espace bariolé, tatoué, orné de rinceaux, mêlé, avant que l'onction du vin n'ait changé l'uni en multiple et la frigidité en tendresse, avant cette reconnaissance patiente, lente, détaillée, celui-ci a bu, sans doute, a, certes, étanché maintes fois sa soif, s'est même enivré pesamment, mais n'a jamais senti ; la sensation ne lui vint pas, il parle. A connu le besoin, le désir, a usé, altéré, de remède ou de poison, s'est drogué assurément, a manqué la sensation. L'anesthésie lui ôte l'esthétique.

Sans doute parce que l'odorat et le goût différencient, alors que le langage, comme la vue et l'ouïe, intègre. La première bouche stocke, la deuxième dépense : les mots s'entassent dans les lexiques, la nourriture, gelée, s'accumule dans les chambres froides, on dirait des comptes en banque, les parfums et les goûts passent, évanouissants, éphémères. Différentiels. La carte se raffine comme une soie légère, une toile d'araignée. Sans stock, sans somme, haillon de temps.

Moire instable, corps mêlé.

Humilité de la deuxième langue : le goût simple, rudimentaire, pauvre comme une raison distingue quatre ou cinq qualités à peine, le doux, l'amer, l'astringent, l'acide... Il demande à l'odorat sa richesse festive. La bouche, avide, nulle, gloutonne et tonnante, parlière ou mangeuse, impérieuse comme se montre la faible, requiert de son nez, de son ouïe aussi, ce dont elle se vante. On entend les barbares à la bouche, parlant de parler, discourant de manger, laissant les odeurs ou saveurs passagères, bavards essorillés, goulus sans flair ni sagacité, entonnoirs, qui mangent ou boivent salé ou sucré pour faire descendre le nez vers la bouche, rabattre l'odorat sur le goût, réduire le raffinement multiple à la grossièreté.

Voici la carte.

Voici la bouteille d'où surgit cet éventail.

Voici le pays de la basse Garonne, rive gauche, où meurt la forêt, où finit la marée, nœud à onze confluences, voici la colline douce, vers Yquem, d'où l'on peut voir se déployer l'éventail ocellé, carte des lieux et nappe du goûter.

La deuxième langue, au milieu des deux autres, l'intarissable et celle qui se voile, pudique, et n'a encore dit ni goûté, demande maintenant silence et temps. Elle n'a jamais ni l'un ni l'autre.

Prenez le temps, taisez-vous, goûtez.

Se déplie doucement le corps strié, nué, chiné, tigré, damassé, moiré, ocellé, hors de la corne d'abondance ou autour du petit corps pattu de l'oiseau de Junon. Peut-on citer ou compter ? Voici passer les fleurs printanières, églantines ou lilas, clématites, les fruits de messidor, jusqu'aux pêches, ceux d'automne ou d'hiver, poires, pommes, raisins, noix, roulent derrière quelques noisettes, le long d'un sous-bois noir aux fougères blettes, voici des truffes dans l'humus gris, l'écorce collante de résine, puis des fragrances rares, minérales, silex, pierres à fusil, animales aussi, musc ou ambre, poil mouillé ou sueurs amoureuses, et voici, derrière les bouquets second et premier, floréal d'abord, bestial et rocheux par après, le fumet, le tiers fumet si difficile, posé comme pizzicati sous la déclamation, hachures parmi un tissu à ramages, essayez de les reconnaître, odeurs éthérées comme l'acétone, aromates : menthe, géranium ; ambroisies : jasmin, vanille et tilleul ; baumes comme le benjoin, l'œillet, le camphre ; empyreumes comme le café, le tabac ; l'Yquem porte la marque de la forêt persistante, garde souvenir du lointain armagnac, cite le grave, son voisin ; voici le déséquilibre, le bord extrême de la nappe, de la queue ocellée, son instabilité ou catastrophe, alliances repoussantes comme les mercaptans, puanteurs de mazout, de goudron et d'égouts, soufre, que se passe-t-il, fermez la porte au vent d'est, la raison monodrome de l'autoroute a piétiné, horde immonde et sotte de Huns, déraciné le vignoble de Sauternes, a tranché l'écu de sa noblesse, a déchiré sa carte, coupé sa langue. Elle traverse la vigne sainte en l'indiquant par un panneau : pour ceux qui passent vite, à cheval sur le tonnerre et laissant, derrière, un panache d'immondices gazeux, le donné se réduit au langage écrit, peint sur la pancarte. La carte routière se dessine rectiligne, droite comme la méthode qui passe la forêt sans la voir, qui tranche, ignoble, l'antique vigne, sans un seul salut.

Ne traversez pas le vignoble comme un bavard passerait la mer, vous n'y verriez, selon, que des feuilles vertes ou rouges, comme l'autre n'y verrait que l'eau. Penchez-vous sur le sillon : terre ou corps strié, nué, chiné, tigré... silice, cailloux, sables, argile et calcaire, dépôts venus de haut ou versés de loin, apportés par la Garonne. Du silice la finesse, du calcaire la puissance, de l'argile l'onctuosité, tout vient des sables et graves. Sol mêlé. Traversez les vignes où la muscadelle a été arrachée, du sémillon vient la suavité, du sauvignon coulent les aromates, rangs tigrés ou zébrés, composites. Il faudrait superposer plusieurs cartes : celle de la géologie, celle de la pédologie, celle des cépages, mosaïque jaune, rose, bleu roi, vert bouteille, composante inattendue, on dirait que le sous-sol, ô surprise, se reproduit en surface, comme si les vieux vignerons, géologues sans le savoir, faisaient voir les secrets noirs de la terre, par ou dans l'arrangement des plans : cartes marines mêlées pour naviguer dans le Bordelais. De même, l'écrivain tente, par l'alliage des syllabes, voyelles, rythmes et assonances, d'évoquer la carte de gisements très enfouis et fait scintiller en surface la moire des veines souterraines. [...]

Miracle de la première langue, quand elle parle français, le temps dit les intempéries aussi : miracle des saisons grandioses ponctuées, à la fortune du pot, de saisons faibles ou nulles. Sur la terre, par la vigne et dans le vin, se marquent la clémence ou l'inclémence du climat ; le mélange du millésime exprime ce mélange de chaud et de froid, d'humide et sec, serein ou troublé, qu'on nomme intempérie, mais qu'on pourrait appeler tempérament ou tempérance, si le monde avait les mêmes humeurs que nos corps, intempérie toujours assez douce dans ce milieu des pays tempérés. Prenez et goûtez ce grand vin, il écrira sur vos langues la carte du temps, les marques inimitables et singulières de cette saison-là. En ces temps-là, souvenez-vous, l'automne, immense, immobile et haut, moiré de notes orange et jaune, léger à en paraître insensible, ne pouvait finir. Verseaux de vents, soleil et pluies, mêlés dans le sauternes, clepsydre d'or [...].

Au relais du bouquet végétal, bien nommé, décomposé aux pourritures des sous-bois, les senteurs animales gagnent en puissance, plus composites et lourdes, moins vaporeuses, plus épaisses et basses que lui. L'ordre descend toujours, des altos vers les violoncelles. Un détritus floral se mêle à l'ordure, la paille noircit en fumier, aux litières, sous le ventre des bœufs, ne vous détournez pas, citadins, l'odeur des vaches, suave, enchante le sagace.

Nous reconnaissons ainsi les corps individuels, nous ne le cédons pas, sur ce point, aux bêtes ; l'exercice seul nous manque ou la vergogne nous accable. Cette estime première fait le bon infirmier, le diagnostic du médecin commence là, que le vétérinaire laisse le métier s'il n'aime le musc ni le suint. La sagacité dépasse l'intuition ou en décide : reconnaît, certes, menthe ou lilas, écorce d'orange ou tige de sauge, mais commence à connaître les hommes aussi, faiblesse, manque, maladie ou explosions de force, leur singularité ; reconnaît la bête qui métamorphose le proche, perroquet, requin, rapace ou porc, se méfie ou fait confiance, fuit ou vient. De cette chambre, de cette étude émane une odeur de haine et de mauvaise digestion, de sueur aigre et de ressentiment. De la bouche printanière sort l'émanation florale, croyez-vous qu'elle parle ? Aimer commence par consentir. Les seules amours heureuses mêlent deux bouquets conspirants, senteurs de sexes mêlés si profondes que parfois nous croyons nous évanouir. Le sagace connaît bien, dans le sens de l'Écriture, qu'y a-t-il dans l'intellect ou dans la connaissance qui passe d'abord par ce sens ? [...]

Sens de la confusion donc des rencontres, sens rare des singularités, l'odorat glisse du savoir à la mémoire et de l'espace au temps ; sans doute, des choses aux êtres.

1. Extrait de *Les Cinq Sens*, par Michel Serres, Grasset, 1985

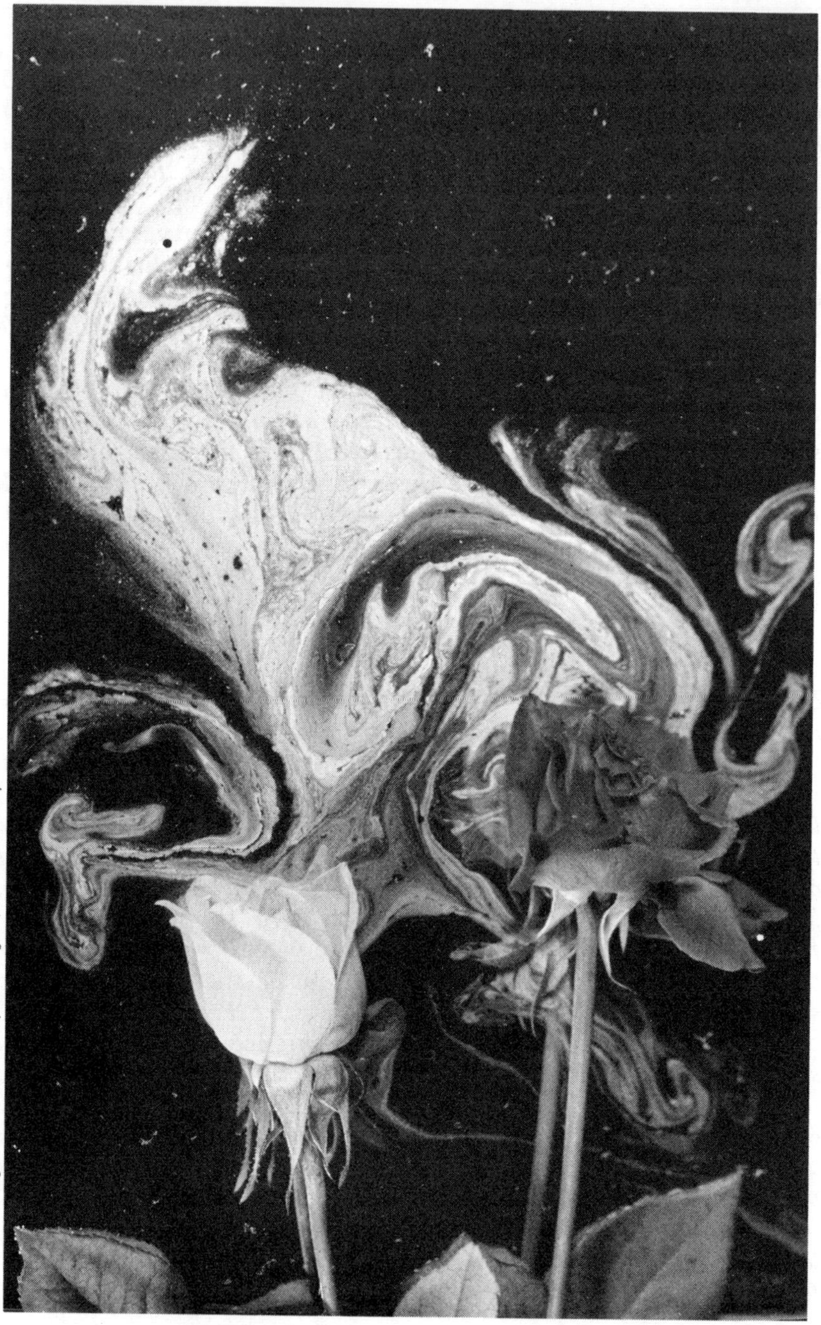

PHOTOGRAPHIER L'AURA DE L'ODEUR OU DE L'ARÔME

Une série exceptionnelle datant de 1938 et signée par Josef Breitenbach, photographe qui eut des contacts avec surréalistes et psychanalystes de l'époque. En plaçant les sources d'odeur (fleur, grain de café, cigare...) sur un support spécial très mince (25 microns) les molécules odorantes se matérialisent sous formes d'effluves visuelles.

1

UN INGRÉDIENT DU QUOTIDIEN

L'odeur est un ensemble diffus de réalités et de rêves. Présente et absente, elle nous renvoie toujours à l'expérience du quotidien.
Quatre histoires inédites, qui balayent notre espace-temps odorant : habitat, usine, souvenirs d'enfance ou mémoires d'un chien, quatre histoires faites pour attraper la passion des odeurs.

LE PLUS COURT CHEMIN DE L'INTIME

Entretien avec
PHILIPPE DARD ET ALAIN BLANCHET

**Philippe Dard, sociologue au CSTB. Auteur de *Quand l'énergie se domestique*, CSTB, coll. « Recherche Plan Construction », juillet 1986.
Alain Blanchet, co-auteur de *L'Entretien*, Dunod, 1985, et de *Les Techniques d'enquêtes en sciences sociales*, Dunod, 1987.**

Un beau jour Philippe Dard et Alain Blanchet furent sollicités pour mener une enquête sur les odeurs dans l'habitat. Ils n'étaient pas orthodoxes. C'est même pour cela que ce cadeau empoisonné leur revint. Personne n'en voulait. Eux, grands explorateurs du quotidien, se piquèrent au jeu.
Ce thème de recherche saugrenu, pour le moins ténu, avait au moins le mérite de représenter une première...
En méthodologues disciplinés, ils s'aventurent dans les archives de toutes sortes. La prospection tourne court. En sociologie, il n'existe rien ou presque rien sur ce sujet. Les deux principaux champs de préoccupations restent l'industrie dans sa version polluante et les parfums dans leur objectif commercial. Mais sur l'odeur de tous les jours et plus spécialement dans l'habitat, les documents sont « anosmiques ». Alors, ils décident d'aller voir, ou plutôt, sentir, chez les habitants eux-mêmes. Les contacts téléphoniques sont pris, au hasard du bottin et d'amis qui servent d'intermédiaires. Jamais cependant, les rendez-vous n'eurent lieu avec des personnes déjà connues. Un échantillon « tout venant » en quelque sorte...
La consigne de départ est volontairement large : « Pouvez-vous me parler des odeurs dans votre vie ? » Dès les premières rencontres, nos deux enquêteurs sont submergés. La question, à peine proférée, c'est un raz de marée verbal ; les gens parlent, parlent... de tout, sauf de l'habitat : du corps, de l'enfance, de leurs compagnons. Impossible d'endiguer ce flot qui draine avec lui des parfums d'intimité insoupçonnés...

Philippe. - Alain comme moi étions surpris de la teneur de beaucoup d'entretiens, complètement débridée, et aussi par cette espèce d'atmosphère, d'ambiance. Jamais au cours de nos précédentes enquêtes nous n'avions entendu ça... Nous avons aussi eu droit à toute une mise en scène pour un certain nombre d'interviews, et pas des moindres. Je veux dire que nous étions accueillis dans des situations qui étaient assez surprenantes.

Alain. - Je me souviens de cette jeune femme, à Paris, qui avait fait brûler des bâtons d'encens et d'autres substances odoriférantes pour que son intérieur « sente » à mon arrivée. Elle avait ainsi créé un environnement en relation avec le thème. En outre, elle m'avait reçu en déshabillé vaporeux... Je dois dire que j'étais ressorti assez mal à l'aise, avec la curieuse impression d'avoir été embobiné.

Philippe. - Moi, je me suis retrouvé face à une femme nue, à peine voilée d'un peignoir transparent, qui m'a parlé pendant une heure et demie des odeurs les plus intimes de son corps et de ceux de ses partenaires : sperme, poils, sueurs, et cela pendant une heure ! Mais à aucun moment je n'ai pu dire s'il y avait de sa part mise en scène, jeu, mensonge, ou complète authenticité.

Alain. - Oui, parce que la parole sur l'odeur est en fait un média, un support instable, un prétexte en quelque sorte, un peu comme un Rorschach sans figuration.

Philippe. - Un autre exemple, celui d'une jeune femme dont l'ami était dans la pièce à côté. Elle m'a reçu dans leur chambre, où il y avait un lit « simili-baldaquin ». Elle s'est assise sur ce lit et m'a assigné un rocking-chair. L'entretien commence, et sa robe, par d'infimes mouvements de son corps, ne cesse de se relever. J'essaie de fuir du regard et je lève les yeux au-dessus d'elle, où il y avait une photo la représentant nue. En fait, elle s'était mise en scène sous sa propre photo nue, elle-même passant son temps à se dénuder avec un petit geste négligent qui ramenait sa jupe, laquelle ne cessait de remonter comme mue par un élastique, sans que rien puisse la retenir. Bref, c'était féerique.

Alain. - C'était à un point tel... les gens nous avaient tellement parlé de leur intimité que, franchement, on n'a pu utiliser que le quart des entretiens. Tout le reste, vous imaginez bien, était extérieur au problème de l'habitat. Je connais une des femmes que Philippe a interviewées, très réservée, vraiment. Quand on lit l'entretien, on est stupéfait de voir à quel point elle a parlé de son enfance d'une façon sensuelle. Elle raconte ainsi comment elle léchait les murs du pays où elle est née. C'est un pays de soleil, la terre est argileuse, et quant il pleut les murs se mettent à exhaler l'odeur de cette terre. Elle dit très bien cet appel irrésistible. Et pourtant, cette femme n'est vraiment pas exhibitionniste, pas du tout...

Philippe. - Ce qui nous a frappé aussi, c'est cet écart entre la première interview et la seconde, passée à quinze jours de différence et, cette fois, très dirigée sur l'espace de l'habitat. Tout était différent. On assistait à une reprise en main rapide. L'empoisonnement et l'enfermement étaient alors les deux thèmes qui structuraient les entretiens. Le premier renvoyait à la mauvaise odeur qui, avalée, pouvait tuer, comme un poison. Le second était lié à des espaces où on est enfermé. Ça sent le renfermé, disons-nous, et il est difficile de savoir ce qui est dû à l'odeur ou à l'espace qui nous emprisonne. Un autre exemple qui montre bien que l'odeur est liée à l'espace dans l'imaginaire : c'est la ville sans odeur, opposée à la campagne qui en regorge.

Alain. - Les mots et les expressions employés pour parler des odeurs ont toujours été excessifs. On voit bien que sous ce que certains évoquent comme « l'enfer des odeurs » il n'y a pas d'odeur. Ça sert de support à d'autres références. En fait, les odeurs au quotidien, c'est inexplorable. On ne sait pas ce qui est dit et à qui c'est dit. La seule méthode pour comprendre la relation aux odeurs, c'est de dire que les gens n'ont pas de représentations. Tout est lié à des moments de vie, à la biographie, mais les représentations se font à force d'y penser. C'est pourquoi c'est une étude difficile sans objet définissable, ou même cernable.

Philippe. - A propos des mauvaises odeurs, moi j'ai un « truc » qui me permet de me sentir bien face à toute odeur, dès l'instant où je sais que je ne peux pas y couper : respirer à fond l'odeur mauvaise, ne pas retenir sa respiration. Qu'est-ce qui se passe, en effet, quand on redoute une odeur ? Il y a fermeture instinctive de la respiration. On se retient. On refuse d'absorber et de se laisser absorber par le lieu ou l'être dont elle émane ; donc on fractionne la respiration. Or — les physiologues vous le diront —, le fractionnement et les aspirations brèves réactualisent l'odeur à tout moment. Si, au contraire, je me mets à respirer l'odeur très profondément, celle-ci est anesthésiée très vite. Si on se détend complètement, tout disparaît.

Alain. - Moi, ça ne me gêne pas. J'ai un seuil de tolérance assez élevé. Par exemple, j'aime toutes les odeurs de « bouffe », donc, à la limite, les détritus pourraient me gêner... Mais même pas. Pour ce qui est des odeurs corporelles, l'odeur des autres... non, rien ne me dérange, je ne suis pas très difficile. Seuls peut-être les parfums entêtants, capiteux...

Philippe et Alain. - Mais dites donc, là, on est en train de faire un entretien très personnel... C'est l'interviewer interviewé. On n'échappe décidément pas aux odeurs !

propos recueillis par
MARTYNE PERROT

ANDRÉ GRELON

LA DERNIÈRE VISITE

Il mit le clignotant et rétrograda avant de tourner pour arriver à la grande entrée. Il salua de la main le gardien qui, le reconnaissant, leva la barrière. Négligeant les grands parkings qu'il avait fait aménager quelques années auparavant, il longea l'imposante et impeccable façade de l'usine, bordée de gazon, avant de se garer loin derrière, au bout d'une allée latérale, à côté de la chaufferie, sur l'emplacement de l'ancien parc à charbon aujourd'hui goudronné. En ouvrant la portière, il eut, comme chaque matin, cette impression immédiate de chaud et d'humidité qui provenait des produits de traitement des eaux : particulièrement calcaires dans la région, elles devaient subir des opérations chimiques avant de passer en chaudière. Il inspira profondément et retrouva alors, familière, l'odeur entêtante du mazout mêlée à celle plus piquante du gaz sulfureux.

Il haussa les épaules : depuis les événements pétroliers des dernières années, les produits étaient raffinés au minimum et de moins bonne qualité ; la teneur en soufre du fioule était maintenant souvent proche de la limite autorisée de 4 %. Par conséquent, calculait-il, pour une tonne brûlée, on sortait donc 80 kg de SO_2 qui faisaient en gros 100 kg d'acide sulfurique envoyés dans l'atmosphère ! Il pensa alors aux roses de son jardin et à son petit-fils qui devait venir jouer tout à l'heure sur la pelouse puis, se reprenant, il leva la tête pour regarder le haut de l'immense cheminée de brique. C'était bien, elle ne fumait pas. Il l'avait répété pendant des années : l'art du conducteur de chaufferie est de régler sa chaudière pour qu'elle ne fume pas ; la fumée, c'est du carbone qui n'est pas brûlé, ce qui fait baisser le rendement de la machine. Maintenant encore, en arrivant le matin, il jetait toujours un coup d'œil.

Il poussa la petite porte du centre des fluides où ronronnaient la pompe à vide et les compresseurs d'air comprimé. Il y régnait une douce chaleur inséparable de fades effluves d'huile de moteur. Il le traversa rapidement pour se diriger vers l'escalier métallique qui conduisait aux bureaux. Là-haut, il longea la paroi vitrée de la grande pièce des dessinateurs où ceux-ci s'affairaient déjà sur leurs planches. Il se souvint alors, amusé, de l'époque où l'on faisait des tirages à l'ammoniaque : on mettait les feuilles dans la boîte en bois pour développer. Les gars appelaient ironiquement l'objet : la pissotière.

Habémont et Delaporte, ses adjoints, étaient déjà là. La veille, il leur avait dit : j'aimerais que demain soit une journée comme les autres. Il sentit pourtant comme une pression plus forte dans leur poignée de main et quelque chose de plus que l'habituelle cordialité qui présidait généralement à leurs discussions. Cette première réunion du matin était toujours brève. On faisait le point sur les problèmes précis, les pannes, les pépins de machines qui avaient pu survenir depuis son départ la veille au soir. Puis il avait coutume d'inviter Habémont, qui devait le remplacer, à l'accompagner pour la rituelle visite d'usine. Mais aujourd'hui, il tenait à faire sa tournée seul.

Il se leva brusquement, remit son chapeau sur sa tête. En quelques pas il se trouvait sur le balcon qui courait le long des bureaux, dominant le grand atelier d'entretien qui avait été son royaume pendant trente ans. Il regarda intensément le spectacle de ces hommes en bleu, au travail, pendant que ses mains empoignaient la rambarde. Il huma fortement l'air chargé d'odeurs d'huile soluble dégagées par les fraiseuses et les tours en pleine action. C'était comme si, aujourd'hui, il voulait incorporer par tous ses sens cette usine qu'il avait tant façonnée. La tête lui tournait un peu. Il se ressaisit et descendit immédiatement les degrés qui menaient au grand hall.

Il avança entre les machines, serrant des mains et adressant à chacun quelques mots. Comme d'habitude, les conversations étaient fonctionnelles. Il savait pourtant qu'à onze heures ils seraient tous à la cantine pour l'accueillir, avec les verres alignés sur les nappes en papier... Il se dirigea vers l'atelier d'électricité, séparé des autres parties du hall par un panneau de bois qui montait à hauteur d'homme. Un jeune ouvrier examinait un petit moteur dont il venait de retirer le couvercle. « Alors, il est dans quel état ? — Sentez vous-même ! » Il tendit le nez au-dessus du bloc et renifla évidemment l'odeur attendue de « cochon grillé » qui s'en dégageait : le vernis des fils de cuivre du bobinage avait cuit et s'était décomposé. Tout était à changer. Heureusement, ce genre d'aventure n'arrivait en général qu'aux petits engins. Les gros moteurs de 300 kW étaient, eux, hyperprotégés : dans toute sa carrière, il en avait peut-être vu griller deux. Là, l'odeur vous prenait à la gorge et les conséquences sur la vie de l'usine étaient tout autres.

UNE GRANDE PARTIE DE SA TÂCHE...

Sa déambulation l'avait amené tout naturellement à la menuiserie, coin pour lequel il avait une secrète tendresse. Les deux menuisiers ne chômaient pas. Ils étaient chargés de l'entretien des portes et fenêtres de tous les bâtiments, réparaient les meubles, fabriquaient des pièces spéciales pour faire des moules. Toutes sortes de bois étaient utilisés. Lui, trouvait toujours un prétexte quelconque pour marquer un petit arrêt et caresser les planches en respirant le parfum résineux du sapin de pays ou celui, plus affirmé, du pin maritime. Il reconnaissait l'arôme et presque le goût du tanin sous sa langue, dans les bois de chêne. Et puis il y avait ces senteurs violentes et étranges, dues au sciage de ces bois exotiques, aux noms d'ailleurs : okoumé, sipo, niangon... si durs qu'ils semblaient se laisser trancher à regret, malgré les gémissements des lames de scie au carbure. Ces odeurs mélangées réveillaient le souvenir ancien d'une de ses premières expériences en usine, dans cette grosse entreprise familiale de contreplaqué, lorsque tous les fils, gendres et cousins avaient regardé d'un œil narquois s'installer le jeune ingénieur.

Il quitta avec une pointe de regret cet îlot incongru d'atmosphère artisanale où, sur l'établi massif, les bédanes et les maillets côtoyaient les pots bavant la colle et les presses enserrant des pièces fraîchement assemblées et replongea dans un monde industriel voué au métal, en abordant la chaudronnerie. Des hommes y donnaient bruyamment des formes aux tôles en leur assenant des coups de marteau ; plus loin, la tête recouverte d'un heaume noir au regard aveugle, un soudeur envoyait une grande gerbe d'étincelles, dans un nuage nauséabond de gaz brûlé. Il passa devant la forge vide et froide, vestige d'une technologie révolue, et se rappela soudain les fers qu'il avait battus au cours de sa deuxième année d'école à Lille, les barres rougeoyantes et l'odeur soufrée du charbon qui brûlait.

Il arrivait au poste de transformation du 20 000 V/380 V qui alimentait l'usine. Il flottait des effluves légèrement amers d'ozone, moins forts évidemment que dans les postes à très haute tension, mais néanmoins nettement perceptibles. Après avoir traversé l'allée et regardé par le gros hublot de sécurité, il poussa un des battants de la porte souple et pénétra dans l'atelier des mélanges. Il reçut à pleins poumons l'odeur caractéristique qui imprégnait toute l'usine, mais qui était particulièrement puissante en ces lieux. Des ouvriers prenaient à pleines mains sur des palettes, de grosses briques marron en caoutchouc naturel qu'ils précipitaient dans les mélangeurs avant d'y ajouter des poudres colorantes et d'autres charges à peu près inodores.

Les premiers temps, il suffoquait lorsqu'il entrait dans cette salle. Puis il s'était accoutumé peu à peu à ce bouquet et, au fil des ans, avait appris à distinguer les senteurs plus suaves, parfois presque sucrées des matières naturelles, de celles plus âpres du Néoprène, du Perbunan et autres synthétiques.

Il était toujours particulièrement attentif à cet atelier. Une panne à cet endroit risquait de provoquer un arrêt de toute la chaîne de fabrication caoutchouc. En discutant avec le contremaître, il faillit buter sur une palette chargée de mélanges refroidis. Chaque pièce était soigneusement talquée pour éviter de coller aux autres sous l'effet du poids. L'atmosphère était légèrement voilée par la fine poussière en suspension. Il éternua à plusieurs reprises. Pour éviter les problèmes de maladie professionnelle, on faisait venir la poudre de Luzenac, une carrière des Hautes-Pyrénées réputée pour sa qualité et sa faible teneur en silice.

... *LUTTER CONTRE LES ODEURS*

Contigu à ce premier atelier, s'étendait la longue salle de fabrication des tissus caoutchoutés. Les mélanges froids passaient d'abord sur des réchauffeurs, dont les gros cylindres écrasaient la matière en faisant claquer bruyamment les bulles d'air qui y étaient emprisonnées. L'odeur de l'amalgame porté à 100° redevenait forte. Une fois prêt, d'autres machines l'appliquaient en fine couche sur un tissu qui se déroulait lentement. Au bout du compte, les pièces achevées étaient envoyées à l'atelier de confection. Là, dans ce local vaste et violemment éclairé, d'habiles ouvrières les découpaient sur de grandes plaques d'acier inoxydable soigneusement nettoyées au trichloréthylène. Lorsqu'on en détachait un morceau de tissu, l'éclat fugitif du métal ensoleillait un bref instant les visages attentifs. Les découpes étaient ensuite assemblées avec des colles dissolvantes, dans un montage complexe qui donnait peu à peu forme à un bateau pneumatique ou un dégivreur d'aile d'avion. Un puissant système de ventilation assurait un renouvellement permanent de l'air. Il constata, amusé, qu'une partie de sa tâche avait en définitive consisté à lutter contre les odeurs, ou plus exactement contre le gaz qui y était associé et qui, outre ses caractéristiques odoriférantes, était caustique ou irritant.

De ce point de vue, le problème le plus délicat avait été celui de l'atelier d'enduction vers lequel il s'acheminait. Il franchit le sas et se trouva dans le lieu où les ouvriers préparaient les dissolutions. Dans les lourdes et bruyantes machines de brassage s'opérait le mélange. Plusieurs solvants, tous extrêmement volatils, étaient utilisés selon la nature du caoutchouc : les différentes essences, A ou F, le trichloréthylène ou encore le méthyléthylcétone. Des précautions draconiennes avaient été prises. L'atelier était sous atmosphère protégée. Pour éviter tout risque d'incendie, les appareillages électriques étaient antidéflagrants, avec évacuation d'électricité statique à la terre. Un système de ventilation basse par des caniveaux grillagés qui couraient autour de toutes les machines permettait l'élimination des vapeurs lourdes du trichloréthylène. Les émanations légères des essences étaient aspirées par la ventilation haute. Les métiers à enduire disposaient en outre d'une hotte placée juste au-dessus du bourrelet d'enduit qui tournait et se tordait sur lui-même, contre la racle, pendant que le tissu se déroulait à une vitesse uniforme. Ainsi l'air de l'atelier était-il entièrement renouvelé plusieurs fois par heure.

Devant cet ensemble de dispositions, il éprouvait une discrète satisfaction. Chaque problème avait été examiné au Comité d'hygiène et sécurité, et les solutions qu'il avait mises en œuvre s'étaient avérées efficaces et fiables. Au fond, estimait-il, à l'heure actuelle, l'air étant parfaitement respirable, malgré quelques odeurs résiduelles, le raffut des engrenages de cette bonne grosse mécanique ancienne reste à peu près la seule question à traiter pour améliorer l'environnement du travail. Il savait pourtant que son successeur aurait à se montrer aussi vigilant, en prévenant les difficultés par une politique systématique de perfectionnements.

DERNIER REGARD AU MONUMENT D'ACIER

Implicitement, il avait organisé la visite de manière à se garder pour la fin ce qu'il considérait comme son grand œuvre. Il pénétra un peu ému dans l'immense cathédrale : l'atelier des plastiques, au milieu duquel, entourée de ses machines annexes, trônait la gigantesque calandre qui produisait sans trêve des kilomètres de feuilles de PVC. C'était la dernière fois qu'il contemplait ce monument d'acier. Tant de souvenirs affluaient : la course contre la montre de toute l'équipe travaillant jour et nuit durant ce fameux mois d'août afin que tout soit prêt pour le retour des vacances en septembre, les discussions, dictionnaire en main, avec les techniciens allemands, l'émotion des premiers essais...

Le PVC, chlorure de polyvinyle, se travaillant à 180°, il s'était vite habitué à son odeur un peu piquante, astringente. Mais dès que la machine dépassait un tant soit peu cette température, le produit avait tendance à se décomposer en donnant du chlore et de l'acide chlorydrique naissant. En même temps que l'on respirait ces vapeurs qui prenaient à la gorge, on voyait le PVC qui, de blanc, virait au marron. Et le chariot électrique n'avait plus qu'à emporter la poubelle de matière inutilisable. Que de mises au point et d'angoisses avant la montée en cadence !

Il passait en revue l'ensemble de la chaîne : les sacs de granulés blancs vidés dans les mélangeurs internes, la mise en bande et le réchauffage du PVC sur les outils à cylindre, la découpe du produit par des ouvriers spécialisés et, immédiatement après, le passage entre les énormes rouleaux brillants de la calandre. Il en sortait une grande plaque blanche luisante, coupée à un rythme régulier par un massicot colossal, et les feuilles glissaient doucement, portées par le large tapis roulant.

En avançant dans l'atelier, il parvint aux machines d'impression. On utilisait encore pour le PVC des encres à base de méthyléthylcétone qui diffusaient des nuages toxiques au goût légèrement acidulé de « bonbon anglais ». Sur toutes ces imprimeuses étaient installées des hottes avec des extractions d'air considérables. Dans un autre angle du grand bâtiment, des machines de doublage étaient en fonctionnement : il s'agissait de chauffer à l'infrarouge deux feuilles de PVC sur du tissu. Dans cet atelier aussi, un système de ventilation haute et basse fonctionnait en permanence.

Arrivé devant la porte, il se retourna et contempla longuement l'immense scène. Le klaxon d'un chariot élévateur le fit sursauter. Il était temps de retourner au bureau. Il décida de rentrer par l'extérieur des ateliers, laissant à main gauche les magasins de produits finis. Le soleil était maintenant haut, et un vent léger et frais s'était mis à souffler. Eh bien, cet automne s'annonçait bien. Il commençait à fredonner quand, soudain, il s'arrêta, saisi par un épouvantable relent d'œuf pourri. Encore une fois le laboratoire d'essais chimiques était en train de faire une expérience mettant en jeu l'hydrogène sulfuré : c'était à croire qu'ils attendaient son passage. Il existait sûrement un moyen d'évacuer cette puanteur de façon rationnelle...

Il sourit et se remit à chantonner : à partir de demain, les seules questions d'odeurs qu'il aurait à traiter seraient de comparer avec ses fils les mérites respectifs des bouquets d'un vieux Bonnezeau et d'un Quart-de-Chaume vénérable, issus des terres de son Anjou natal !

ANDRÉ GRELON

Sociologue au CNRS. A dirigé l'ouvrage : *Les Ingénieurs de la crise : titre et profession dans l'Entre-deux-guerres*, éd. EHESS, 1986.

HENRI-PIERRE JEUDY

UNE ÉMANATION MÉPHITIQUE

Il m'a fait venir pour me dire combien il tient à me montrer, aujourd'hui même, une chose qu'il a gardée secrète. Le moment est solennel : mon vieil oncle rayonnant de santé, et se conduisant pourtant comme si sa mort approchait, m'emmène dans un coin de la cave. Il déplace quelques pierres du mur et déjà une odeur étrange se dégage. Quand il extirpe une boîte des gravats, la puanteur envahit toute la cave. Ce qu'il va me montrer est assurément en état de décomposition. Mais comment a-t-il fait pour garder ce parfum pestilentiel ? Même des défécations, même des bouts d'organes auraient fini par sécher et ne plus rien sentir... L'odeur devient si violente que je ne peux plus lui parler ni le voir, mes deux mains couvrent mon visage, ma respiration se ralentit, j'évite de respirer.

A-t-il décidé de m'asphyxier avec lui ? Je sens bien qu'il me touche le bras pour porter à mon regard l'objet enfermé dans cette boîte. D'un bref écart des doigts, je constate que le couvercle a été soulevé ; et quelle n'est pas alors ma surprise de voir que la boîte semble vide ! D'où vient donc cette odeur horrible ? Mon vieil oncle demeure là, il ne suffoque pas, il continue par son geste à me dévoiler quelque chose d'essentiel à sa vie tandis que je risque d'étouffer.

UN SECRET QUI SENT

Un secret qui sent appelle l'oubli. La mémoire a ses règles : les odeurs ont été faites pour suggérer des souvenirs, tout autre destin de leur exhalaison ouvre la porte des ténèbres quand leur mystère facétieux et démoniaque anéantit les repères des sens. Nul ne mettrait en doute que les senteurs de l'enfance, les lieux investis par des parfums singuliers se redécouvrent sans effort de réminiscence, par le seul jeu des essences et des images qui se prêtent à tous les mouvements de l'évocation. En ce territoire que je croyais si bien reconnaître, la peur me venait d'une confusion immédiate des moindres souvenances. L'odeur énigmatique du secret brouillait la souveraineté de la mémoire.

Sans les effets pestilentiels provoqués par les épidémies, la puanteur ne semble pas créer de panique. Quand les gaz asphyxiants se répandent et que tous les orifices du corps tentent en vain de se fermer, le monde empesté perd tous ses objets, les mouvements de la perception se suspendent et la mémoire n'a même plus la puissance de se souvenir. L'infection hante les moindres désirs pour les exterminer. Toute reconnaissance d'un signe d'altérité devient impossible, les autres sont déjà morts. Les charmes des parfums renouvellent la naissance du monde et l'odeur nauséabonde abolit l'innocence de l'attraction.

Je n'ai pu l'oublier, cette émanation méphitique, je suis resté dans cette maison pour en percer le secret. Elle est encore là, derrière la porte grise de la cave que j'approche chaque jour en croyant vainement l'apprivoiser grâce à la distance qui nous sépare. Parfois, je tente de me persuader, afin d'oublier mon appréhension, que les odeurs finissent par disparaître ou par s'atténuer au point de devenir méconnaissables. Le temps a passé, les lucarnes dont les vitres sont brisées ont sans doute permis un changement d'air, mais j'ai du mal à croire en un effet de tempérance tel que l'atmosphère se serait libérée d'une si grande puanteur.

Je n'ai aucun repère. D'autres senteurs m'évoquent bien des moments et des lieux de décomposition, elles n'ont jamais duré, l'air a toujours été plus fort qu'elles. On peut conserver un virus, des organes, des ongles ou des cheveux, mais une odeur s'échappe, se répand et s'évanouit. Il faut des moyens chimiques pour la reconstituer. Jamais il n'y aura un musée des odeurs ! Elles sont encore si liées à la nature que leur reproduction dépend de la technique, elles continuent à défier leur restitution culturelle. Dans cette cave, je sais déjà d'où viennent les nombreuses émanations, mais cette fermentation épouse un rythme trop naturel. Le moisi n'est pas effrayant, il trahit l'humidité du temps, l'étrange subtilité d'une durée inhumaine de la décomposition. « Tu sens le chien mouillé ! » dit-on, comme si les poils du corps se collaient aux vêtements détrempés pour exhaler ces parfums de la ville ou de la terre qui restituent lentement à l'être sa chair humide. Est-ce la mort qui vient tendrement nous attirer vers l'humus ?

Je tente de me convaincre que je devinerai ce qu'il y a de caché en cette cave si j'évalue ce que l'odeur retenue ne m'évoque pas. Si je réussis à vaincre le pouvoir suggestif des odeurs, j'aurai la certitude, au moment où j'ouvrirai la porte, de trouver ce que je crois attendre. Toutes les images liées à des émanations spécifiques ne m'aideront pas, je veux entrer en contact direct avec cette odeur, la pénétrer tout entière. Je n'ai plus besoin d'images. Au lieu de me donner des souvenirs, elle défie pour moi le désir de me rappeler des scènes de mon enfance. Pourtant, je ne l'ai pas encore rencontrée, je sais qu'elle est là, elle m'a déjà capté et je ne peux plus revenir dans le temps passé ou fuir vers d'autres lieux. Je me soumets au sort qu'elle m'a jeté.

INFILTRÉE DANS MA CHAIR...

Elle me poursuit en l'absence de toute signification que je pourrais lui attribuer pour l'apprivoiser. Elle est si épouvantable qu'elle se moque de la finesse des arômes, prête à envahir les corps, à les posséder en déjouant toute intention de la distinguer et de lui donner des teintes ou une quelconque nuance olfactive. C'est l'odeur la plus immonde qui devient mystérieuse en supprimant ma faculté de discrimination. Elle n'a pas quitté mes organes depuis qu'elle s'est infiltrée dans ma chair malgré mon impuissance à la saisir. Les autres sens sont soumis à l'odorat quand celui-ci est sous l'emprise de cette convergence diabolique des effluves.

Je n'ai plus qu'une odeur en tête. Je reste dans cette maison pour elle. Je reviens près de la porte de la cave, je ne songe pas encore à descendre les quelques marches pour tourner la poignée et passer mon nez dans l'entrebâillement. Je garde ce lieu préservé de l'intrusion de tout autre parfum, comme si mon oncle m'avait légué un message. Il doit rire dans sa tombe. Ne s'est-il pas moqué de moi en ouvrant un coffret dans le fond duquel je n'ai rien vu ? C'est maintenant que la peur me prend et me retire le courage de franchir les limites que mon imagination m'assigne. En toute autre circonstance, il suffirait de se précipiter vers cette cachette déjà dévoilée pour opérer une simple vérification. L'étrange intuition d'un danger de mort m'accule à des précautions même si, de toute évidence, mon oncle n'a jamais voulu me tuer. Une telle odeur me semble outrepasser les intentions de sa manipulation, elle n'est pas le fruit empoisonné d'une quelconque perfidie.

Dans la chambre où repose le mort, sur un beau lit de satin pourpre, les paupières fermées, le menton maintenu par un petit oreiller, les mains jointes sur le drap sans pli, les regards passent, et les vieilles femmes, vêtues de leurs habits noirs, assises dans des fauteuils recouverts de velours déchiré, attendent en gémissant ou en égrenant les boules de leur chapelet. Personne ne semble se soucier de la décomposition déjà commencée. La pièce est assez froide pour que la mort n'ait pas d'odeur. Un rayon de soleil, un peu de vent, une porte entrouverte, quelques jours de retard pour l'inhumation, et le défunt s'altère, répandant cette pointe acerbe d'un parfum mortel qui glisse des narines à l'esprit. L'angoisse advient quand, s'approchant de la joue glaciale, une des vieilles femmes se met à hurler. Les sortilèges de l'odeur exhalent le destin de la décomposition. La puanteur apparaissante vient côtoyer les gens qui se rétractent ou s'esquivent, elle s'empare de l'atmosphère tandis que le défunt sourit d'avoir joué un vilain tour à son entourage. Si le défunt reste encore là, l'odeur de la mort se substituera à la présence de son corps, triomphant de la simple vision de sa disparition.

L'ODEUR MEURTRIÈRE

J'ai demandé à la voisine de me prêter son chien pour m'aider à percer le mystère de cette émanation qui ne semble pas franchir le seuil de la cave. Je tente de l'habituer à se placer là, en haut de l'escalier, escomptant qu'il trahisse quelque signe de son appréhension instinctive par des tremblements ou des glapissements. Je l'observe, et sa nervosité manifeste me fait croire qu'il renifle quelque chose. C'est un caniche noir au regard d'enfant, je me sens honteux d'attendre une lueur de terreur dans ses yeux. A plusieurs reprises il s'échappe dans le jardin. Curieusement, il revient de lui-même pour s'immobiliser sur la dernière marche. Il finit par se coucher là sans exprimer de crainte ou d'attrait. Il reste insensible aux effluves que je souhaiterais qu'il repère. Se moque-t-il de moi ? A mon tour, je cherche à l'attirer vers le jardin, je le nargue, je mime des aboiements, je lui fais des grimaces. Il ne répond plus à mes appels. Je commence à m'inquiéter. Ses yeux perdent leur lueur de malice, ils deviennent glauques, son poil blanchit peu à peu, la forme de son squelette apparaît sous sa fourrure. Tous les signes de sa mort surgissent à une si vive allure que je demeure là, désemparé, incapable d'aller chercher du secours. Il agonise devant moi, je tremble d'effroi.

L'odeur insaisissable l'a tué. Je n'ai absolument rien senti. J'ai la certitude brutale d'avoir voulu sa mort pour me prouver le pouvoir démentiel d'une fragrance inconnue.

Cette fois-ci, je dois entrer dans la cave. Je m'approche aussitôt des pierres qui avaient été descellées par mon vieil oncle. Je les déplace. Un vide apparaît derrière elles, occupé, pour une infime partie, par le cadavre d'une souris. Si le caniche n'était pas mort, je n'aurais prêté aucune attention à cette dépouille insignifiante. J'évite de la toucher, je me recule pour suivre du regard toutes les anfractuosités et les interstices formés par les pierres lézardées ou disjointes. Aucun détail ne doit m'échapper, mais je ne constate pas d'émanation particulière. Au contraire la cave elle-même est semblable à un lieu neutre, dépourvu de toute senteur. Les vapeurs de vin, les restes des bulbes de plantes, la paille pourrie, la chaux humide... rien ne permet plus de saisir une odeur alors que tout est rassemblé pour susciter la variation des parfums. Une telle évaporation est inquiétante. Les tonneaux qui contenaient les mirabelles en macération, le piano et le buffet vermoulus, le garde-manger rouillé, les vieux pièges à rats, les trois vinaigriers, les cartons humides... tous ces objets devraient exhaler des arômes ! Il n'en est rien. Et j'attends de la cave qu'elle sorte de sa torpeur olfactive, chassant l'éventualité d'avoir perdu moi-même mon odorat.

L'odeur sait se moquer de la mémoire. Elle se fait dépositaire invisible d'une accumulation de signes dont les objets ne sont que les artifices de leur représentation. J'ai beau m'appliquer à distinguer les senteurs renaissantes en me disant que l'une renvoie au piano, l'autre au buffet, l'ordre de ma classification s'abolit dans la collision agissante des odeurs. Si je ne rencontre pas la violence de cette putréfaction que je tiens pour le secret du lieu, je resterai soumis aux appréhensions ordinaires. Je garde tellement en mémoire la présence supposée d'un cadavre que mon attente ne parvient pas à se libérer de mes intentions de sens. Mon désir est-il de humer la mort elle-même pour me convaincre qu'elle n'a pas eu lieu ? Les odeurs outrepassent la séparation entre l'animé et l'inanimé, elles se propagent toujours dans un bouillonnement du vivant et se substituent les unes aux autres en se conformant à la continuité d'un temps indéfini. Leur effervescence anéantit l'ordre chronologique. Pour m'approcher du secret, je ne peux même pas avoir recours aux repères antérieurs qui m'apparaissent comme des obstacles dès qu'ils conduisent mon odorat.

MON ONCLE N'ÉTAIT QU'UN VIEUX FOU...

Je me suis assis sur le vieux chais. Je ferme les paupières, je respire le plus lentement possible. Je sens l'acidité dans mes organes. Malgré la faim et la soif qui me tenaillent, je trouve encore la volonté de rester immobile. Je me demande si une force obscure et démoniaque ne commande pas à mon attitude. Mon oncle n'était qu'un vieux fou mais il ne peut pas m'avoir entièrement dupé. Le chien est mort à cause de lui. Je me persuade que je n'ai pas peur de courir un tel risque, même si j'ose croire que mon oncle a eu l'occasion de conserver le gaz de la mort.

Je pense que je ne découvrirai rien de plus et je m'apprête

à sortir pour retrouver la lumière du jour. Je ne parviens pas à quitter ma position, mes jambes et mes bras ne bougent plus, je les sens devenir humides comme si les pores de ma peau sécrétaient de la pluie. Je voudrais me lever, mon ventre, pourtant vide et criant famine, s'est alourdi au point de former cette masse pesante qui m'empêche de faire un geste. Si je ne réagis pas contre une telle force d'inertie, je vais être décomposé ; je n'ose plus ouvrir la bouche, une douce senteur de putréfaction s'en exhume, me provoquant un début de spasmes. J'ai l'impression d'avoir avalé par mégarde un morceau de cadavre que je ne digère pas. Le monde qui m'entoure m'a donné toutes ses odeurs, je suis désormais seul à rassembler tous les relents des morts qui me font entrer dans le temps de la moisissure.

Comme un être lentement avarié, je m'infeste. La graisse suinte à l'intérieur de mon corps, elle se mêle à l'eau, rendant mes organes de plus en plus flasques, mes orifices se ferment, m'empêchant de flairer l'extérieur de ma chair. Mon sens olfactif est vicié, je suis possédé par la puissance démoniaque de cette puanteur qui monte vers mon cerveau, gonfle mon cou, mes joues et mes yeux. Ma tête pourrait éclater d'un moment à l'autre. Je résiste encore à cette pression en imaginant la structure intacte de mon squelette qui, séparée des organes, me délivrerait de tout remugle. Mais je me scinde en vain, j'ai dû avaler le secret de mon vieil oncle, le rythme de sa contamination est irréversible.

HENRI-PIERRE JEUDY

Sociologue au CNRS. Auteur de plusieurs ouvrages sur la publicité, la peur, l'insécurité. A fait paraître en 1986, *Mémoires du social*, PUF.

JEAN-BERNARD POUY

HISTOIRE DE TRUFFE

Les Petits Chefs de Meute commencent sérieusement à me hérisser le poil. Je sais ce que j'aboie, j'ai cinq ans, je suis en pleine force de l'âge, j'ai la truffe sèche, le garrot lustré et le coussinet élastique. Je n'ai pas besoin de muselière, n'ayant de dent contre personne.

J'obéis. Telle est ma vie bâtarde, j'obéis.

Et je travaille, inlassablement je bosse, mon nez entrant dans le monde, le fendant, s'enfonçant dedans comme un coin renifleur dans une masse informe d'odeurs solides.

Mais ouah ! ça suffit, j'ai décidé d'en finir. Aujourd'hui.

Il faut qu'ils comprennent que sentir ne peut être un travail. Je sens, donc je suis. Je ne fais pas. Mais, crotte ! mon grand nez poilu n'est pas un outil, ou un appareil de mesure. C'est une partie de moi qui m'empêche de devenir fou, c'est une partie de moi qui me fait comprendre où je suis, qui je suis, et ce que je fous ici... Et je ne fais pas le cabot en grognant ça.

Mes parents doivent toujours vivre là où je suis né, dans la montagne, courant après le fumet anarchiste des moutons égarés, traversant d'abrutissants champs de lavande, se roulant dans l'herbe humide et fade, tentant vainement d'éviter l'épice insupportable laissée partout par la dizaine de chats de la baraque.

Mais ils sont heureux, eux, car ils vivent avec le Maître, celui dont le parfum a tout de suite remplacé l'odeur de poil mouillé de lait de la mère, celui qui, me perdant volontairement dans ce monde rempli d'odeurs idiotes et dangereuses, me ramenait, le soir, harassé, au bercail où, couché près de la cuisinière sentant cette masse confuse de viande et de soupe, j'ai pu le définir comme mon premier Grand Chef de Meute, avec respect, avec amour, avec crainte.

Et puis le Maître s'est mis dans la tête de me fourrer le museau sur de drôles de champignons noirs, comme de petites patates, à l'odeur grasse et écœurante d'excrément. Il me conduisait, enlaissé, dans la garrigue et me forçait à dénicher, au pied des chênes verts, sous la terre, ces boules terreuses qu'il mettait, hilare, dans un grand panier.

Plus je les trouvais, plus il était content, et j'avais droit alors à des caresses fortes et dures. Pourtant il y avait mille choses, sur la terre, qui sentaient meilleur que ça. Il n'avait pas l'air de comprendre que je sentais mieux les « idées » que les « choses » : un sucre, ça ne sent pas le sucre, mais la bonté. La sueur sent plus la peur que la pisse. L'ironie et l'hypocrisie plus fort que la pâtée immonde qu'il me servait le soir.

Mais j'étais heureux quand il prononçait mon nom.

Un jour, tout a changé, j'avais un peu plus d'un an. Des frères puants étaient arrivés. Le Maître m'a amené dans la glace, plus haut dans la montagne. Pendant six mois, il est resté avec moi, à faire des trous dans la neige, à se cacher dedans. Après, il fallait que je Le retrouve. Un jeu compliqué, je me suis souvent glacé les pattes, et mes reins gelaient. Et puis, Il m'a fait jouer avec d'autres partenaires, tous habillés de bleu, qui se perdaient eux aussi sous la neige, et que je retrouvais à toute vitesse pour Lui faire plaisir. J'étais content, car le Maître me regardait avec fierté.

Une odeur légèrement musquée, la fierté.

Et puis Il a disparu.

Plusieurs fois, on m'a traîné dans de grands tas de neige où beaucoup de petits maîtres criaient, affolés. Le jeu continuait, peut-être le Maître était-il caché quelque part. C'était dur, il y avait plein d'êtres enfouis sous la neige, qui sentaient fort la peur et l'angoisse, ou bien qui étaient en train de perdre leur odeur. Quand je les avais trouvés, je repartais chercher mon Maître, caché quelque part. Le jeu fut très difficile, et très long, et j'ai perdu, car un jour, j'ai senti le Maître dans la pièce à côté : Il avait abandonné le jeu et venait me chercher.

J'étais heureux, même si je ne comprenais plus rien.

Il m'a mené à la ville. Odeurs d'essence et d'autres moi-même. Là, il m'a confié à d'autres Petits Maîtres, encore habillés de bleu, et le jeu a continué. Si je repérais, dans des paquets, des valises, des sacs, l'odeur âcre d'une sorte de poudre, j'avais droit à de rudes caresses, celles qu'ils donnent en criant des mots d'enfants, et, surtout, je gagnais une journée de repos avec mon Maître. On se promenait dans des sortes de hangars dégueulasses, pleins d'huile et de papier, avec un bruit terrible, des sifflements venus du ciel, tout le temps, tout le temps, je n'avais plus tellement envie de courir, à perdre le souffle, comme avant, mais j'étais content, le Maître me regardait encore souvent dans les yeux.

Et pourtant, j'en sentais, des odeurs, attaché que j'étais devant ces ombres qui défilaient, leurs valises à la main. Des odeurs de vieux pieds, de chaussettes, de cigarettes, des odeurs de fatigue surtout. Et dans les sacs, il y avait mille trucs, des odeurs de gâteaux inconnus, des odeurs de bêtes, de montagne, de poisson. Des trucs pas très intéressants mais, en tout cas, bien plus agréables que l'odeur un peu acide de cette farine qu'il me fallait trouver, pour que le jeu continue. C'était facile. Elle accompagnait presque toujours celle, plus tonitruante, de la peur et de l'angoisse. Ou du poivre, jeu suprême.

Je trouvais toujours, mais mon Maître ne reparaissait pas. Peut-être que je n'en trouvais pas assez. Alors, j'ai continué, la mort dans l'âme, le nez en avant, la truffe aux abois, chauffée à blanc par tous ces reniflements successifs. On était content de moi. On m'a pris en photo. Ils m'ont aveuglé plusieurs fois, fiers de me tenir en laisse, la main sur mon poitrail. Les cons.

Et le Maître chéri est revenu un jour. Avec un autre comme moi, que j'ai mordu à la gorge. J'ai été battu. Puis caressé. Je ne comprenais plus rien. Il me fallait chercher maintenant avec lui, qui n'était même pas un frère, et plus vite que lui, si je voulais repartir avec mon Maître, chercher une autre odeur, celle de petits paquets de pâte brune, ou des bâtonnets de matière grisâtre que personne n'aimait, car je sentais la peur, quand j'en trouvais. Et on m'emmenait loin d'eux, à toute vitesse.

Aujourd'hui, cela fait trop longtemps que le Maître n'est pas revenu. Je ne suis pas crétin au point de me rendre compte qu'Il a choisi l'autre. C'est fini, je ne reviendrai plus dans la montagne où mes parents courent encore après la trace un peu forte des lièvres. Je suis, aujourd'hui, trop loin du soleil et du vent. Je suis sous la terre, dans une sorte de train tellement puant qu'il m'est impossible de savoir ce que ça sent, et je dois jouer à ce jeu qui ne me plaît plus, à ce jeu où l'on me tient, presque étranglé à une laisse de cuir, avec des Petits Maîtres suintant la peur, et beuglant pour la tromper. Je ne comprends plus pourquoi je devrais trouver ces paquets dont ils ne se servent même pas, ces paquets qu'ils ne sont même pas contents de trouver.

Il faudrait qu'ils sachent qu'on ne sent pas, mais qu'on est ce que l'on sent. On est le champignon, le maître sous la neige, le lapin dans le sous-bois. Je ne parviens pas à être cette poudre blanche ou cette pâte grisâtre. Mais comment leur dire ?

D'ailleurs, sous la banquette, il y en a un. Un paquet. Un gros. Je ne fais rien, je passe à côté. Je m'en fous. J'en ai plein le pedigree. Je ne peux plus les sentir.

On me crie dans les oreilles et on m'emmène.

Un grand éclair, un grand bruit, et une grande chaleur me passe sur l'échine.

JEAN-BERNARD POUY

Écrivain, scénariste. Auteur de plusieurs romans noirs.

2

DES CLÉS DE LA MÉMOIRE

Symboles ou métaphores, les odeurs jouent souvent le rôle de catalyseur pour faire resurgir le passé. Mythes, histoire et philosophes leur ont donné des formes et des pouvoirs très variables. Qu'y a-t-il en effet de commun entre les parfums de la « Maison du Jouir » et les inquiétants effluves du chaudron de Jean-Baptiste Grenouille ?

RUTH SCHEPS

LES DIEUX, L'AMOUR, LA MORT

Invisibles, impalpables, indicibles, les odeurs semblent défier la raison. Médiatrices, évocatrices et protectrices, elles œuvrent dans l'ombre au rapprochement de la matière et de l'esprit, relient les hommes et les dieux et tissent les sociétés sexuées et mortelles. Quintessences fugaces du monde et des êtres, elles insufflent à l'esprit, par-delà leur confusion, le sentiment d'une évidente unité entre le dedans et le dehors, le passé et le présent, la vie et la mort.

« [...] Quand d'un passé ancien rien ne subsiste, après la mort des êtres, après la destruction des choses, seules, plus frêles mais plus vivaces, plus immatérielles, plus persistantes, plus fidèles, l'odeur et la saveur restent encore longtemps, comme des âmes, à se rappeler, à attendre, à espérer, sur la ruine de tout le reste, à porter sans fléchir, sur leur gouttelette presque impalpable, l'édifice immense du souvenir[1]. »

Errantes et volatiles, les odeurs parcourent ainsi l'espace de toute éternité, motivations essentielles mais silencieuses de la sexualité, de la prédation et des religions. Cette médiation omniprésente et multiforme s'accomplit pour les humains sous le signe de l'évocation : rappel des causes physiques (le musc, la rose, le putride) ou des effets (le capiteux, le nauséabond), mais aussi renvoi aux catégories morales du bien et du mal (odeurs de vertu ou de sainteté, puanteur diabolique).

LES DIVINS PARFUMS

Connues dès l'origine des civilisations, les essences parfumées furent d'abord utilisées à des fins sacrées : embaumement des morts, onction des élus, sacrifices aromatiques aux ancêtres et aux divinités apparaissent comme des constantes du monde antique, de la Chine à la Perse et de l'Arabie à la Grèce[2, 3]. Dans la tradition védique, des bois odorants sont brûlés aux quatre points cardinaux en l'honneur de Brahma, Vishnou et Shiva. En Égypte, puis en Grèce, les parfums nourrissent et réjouissent les dieux.

En Égypte, le dieu-soleil Râ reçoit des résines à son lever, de la myrrhe à son zénith, et un mélange de seize ingrédients à son coucher ; sur les autels d'Isis brûle le bœuf aux aromates arrosé d'huile de senteur, et chaque divinité jouit de cet art des parfums que le dieu Thot enseigna à ses prêtres[4]...

C'est donc des Égyptiens que les Hébreux, qui furent esclaves en Égypte, apprendront cet art ; d'où, peut-être, la recette de l'huile sacrée, destinée à oindre les prêtres et les tabernacles, que décrit la Bible au Livre de l'Exode.

Dans l'univers mythologique grec, la bonne odeur *(euōdia)* manifeste la condition surnaturelle des dieux ; et s'ils se nourrissent d'odeurs, c'est à la fois grâce à une ruse de Prométhée et à la volonté de Zeus : « C'était aux temps où se réglait la querelle des dieux et des hommes mortels, à Mécôné. » Distribuant entre les hommes et les dieux les parts de la première victime animale, Prométhée fait un partage inégal : « Pour l'un des deux partis, il avait mis sous la peau chairs et entrailles lourdes de graisse, puis recouvert le tout du ventre du bœuf ; pour l'autre il avait, par une ruse perfide, disposé en un tas les os nus de la bête, puis recouvert le tout de graisse blanche. » Sommé de choisir sa part, Zeus se réserve les os et la graisse : « Aussi bien est-ce pourquoi, sur la terre, les fils des hommes brûlent aux Immortels les os nus des victimes sur les autels odorants[5]. »

Dès lors, la séparation entre les dieux et les hommes est achevée : aux dieux l'immortalité et les nourritures subtiles ; aux hommes la condition mortelle et les tourments de la faim. Cette attirance des divinités grecques pour les aromates est confirmée par le mythe de la belle Leucothoe, amante du Soleil : enterrée par son père jaloux, elle renaîtra aromatique grâce au nectar odorant versé sur elle par son amant ; aussitôt « le corps se dissout, il emplit la terre de son parfum, et à travers la glèbe où elle a poussé ses racines, surgit une tige d'encens, dont la pointe brise le tombeau[6]. » Ainsi, les offrandes de myrrhe et d'encens initiant le rituel sacrificiel visent non seulement à neutraliser l'odeur des viandes et des graisses brûlées, mais aussi, et surtout, à attirer les dieux friands de parfums.

Mais les nourritures aromatiques ne sont pas réservées aux seules divinités : la tradition pythagoricienne parle d'aliments ayant le pouvoir de supprimer la faim et la soif (en l'occurrence un mélange de mauve et d'asphodèle dont le mage Epiménide aurait découvert les vertus) et Pythagore lui-même passe pour s'être nourri de cette manière. D'autres légendes pythagoriciennes, rapportées par Plutarque, évoquent « d'étranges vivants qui ne mangent ni ne boivent : ce sont les habitants de la lune, cette terre éthérée, des gens sans bouche qui se nourrissent des seules odeurs...[7] ».

Le mythe du phénix met en scène un oiseau extraordinaire : consumé jusqu'à la cendre dans son nid d'aromates, il en renaît périodiquement sous la forme d'un vermisseau ; sa vie, qui dure entre cinq cents et mille ans, l'apparente aux Immortels, et ses nourritures sont merveilleuses : purs rayons du soleil, vapeurs éthérées apportées par les vents marins, larmes d'encens, suc d'amome... Les versions varient selon les auteurs, certains prétendant même qu'il ne s'alimente pas du tout ! Quoi qu'il en soit, il ne produit aucun excrément, si ce n'est ce « ver qui devient le cinnamome dont se servent les rois et les princes [8] ».

Plus près de nous, l'Occident médiéval chrétien a rêvé d'orients balsamiques, « paradis de volupté » pour les saints ou pour les êtres simples : « La tradition veut [...] que les peuples qui habitent près de la source qui donne naissance au Gange ne prennent aucune nourriture mais se nourrissent seulement d'odeurs de pommes sauvages [...] et ils supportent si mal la puanteur que, de même qu'une bonne odeur les nourrit, de même une odeur corrompue les tue » (Pétrarque [9]).

De nos jours, c'est en Jean-Baptiste Grenouille, héros du roman de Patrick Süskind *Le Parfum* [10], qu'on peut retrouver le dernier avatar fantasmatique d'une olfaction toute-puissante : « Il ne voyait rien. Il n'entendait et ne ressentait rien. Il sentait uniquement l'odeur du bois qui montait autour de lui [...] Il buvait cette odeur, il s'y noyait, s'en imprégnait par tous ses pores et jusqu'au plus profond, devenait bois lui-même. »

Nourriture des dieux, des saints et des héros, les parfums alimenteront maints autres rêves paradisiaques.

Dans le *Djennet Firdous* (ou Jardin du Paradis) on trouve, dit Mahomet, un étang « dont les eaux sont plus blanches que le lait et plus odoriférantes que le musc » et des houris, charmantes nymphes qui « ne sont pas faites de chair et d'os comme de simples mortelles, mais du musc le plus pur [11] ».

Pour les Grecs s'élève au milieu des Champs-Élysées « une ville d'or [...] aux portes de cinnamome. Autour des murs coule le fleuve des Parfums [...] Les bains sont des édifices de cristal soutenus sur des piliers de bois de senteur, et dans les baignoires coule sans cesse une rosée tiède et odoriférante [12] ».

Dans une prédication jésuitique du XVIIe siècle, le lieu de la résurrection comporte « pour les narines, ambre, civette, fragrances, parfums, les extraits de toutes les senteurs [13] ».

Condiments obligés de la beauté dans l'au-delà, les bonnes odeurs seront aussi le signe du bien ici-bas. Dans *Le Banquet,* à l'un des convives qui lui demandait : « Quelle odeur devons-nous exhaler ? » Socrate répond : « L'odeur de la vertu. » Et pour les Indiens : « La vertu comme le musc répand partout sa bonne odeur [14]. »

A l'odeur de vertu dégagée par les vivants répondra « l'odeur de sainteté », une odeur chrétienne « très suave » entourant les cadavres des bienheureux, et des vierges consacrées à Dieu [15]. C'est donc à l'olfaction que l'absence de péché se signale de la manière la plus irréfutable, car « il y a une évidence du parfum qui est plus convaincante que les mots, que l'apparence visuelle, que le sentiment et que la volonté [16] » ; et « la bonne odeur des nourrissons » évoquée par Süskind dans *Le Parfum* n'est sans doute rien d'autre que l'odeur de l'innocence.

LA PUANTEUR DU MAL

Dans la dialectique olfactive du Bien et du Mal, l'envers du Bien parfumé, c'est le Mal puant : mal du Diable et du péché, de la maladie et de la mort, ou encore de la séparation et de l'aliénation.

Pour les Grecs, la même odeur nauséabonde se dégage des démones Harpies, messagères infernales, et des vautours aux plumes pourries qui fondent sur les chairs corrompues, et « si les vautours s'éjouissent à l'odeur putride des cadavres, ils haïssent tellement les parfums que jamais ils ne toucheraient à une bête crevée dont les chairs seraient couvertes d'aromates [17] ». Odeur nauséabonde, « odeur de jeûne » marquant la disjonction provisoire des couples lors des Thesmophories (fête des semailles et des épouses légitimes, vouée à Déméter Thesmophore) ; puanteur extrême connotant la séparation définitive entre les sexes, lors des Lemniennes (commémoration de l'assassinat collectif des êtres de sexe masculin par les femmes de Lemnos, épouses délaissées en raison de leur odeur repoussante [18]).

Alors même qu'elle signe la condition mortelle, l'odeur fétide de la putréfaction est source d'angoisse : « Après l'homme le ver, après le ver la puanteur et l'horreur », dit saint Bernard [19]. Pour échapper à l'horreur, il faut donc lutter sans relâche contre la décomposition des chairs ; toutes les techniques d'assaisonnement et d'embaumement des corps, pratiquées de l'Égypte à Rome, témoignent de cet universel souci de conservation. Les cadavres embaumés seront alors prêts pour la résurrection et la vie éternelle, tandis que les viandes resteront plus longtemps comestibles...

Dans tout le monde prémoderne, la pourriture corporelle va de pair avec la corruption morale qu'elle dénonce : aux démons et vautours grecs dégoûtés par les parfums répondent, dans l'univers chrétien, les esprits repoussés par les senteurs fortes... D'où l'utilisation classique de fumigations aromatiques lors des séances d'exorcisme... Et pour la pensée païenne et magique, les parfums sont aussi des médicaments : Criton, Galien et Hippocrate les utilisaient ainsi, et celui-ci s'en servit même pour chasser la peste d'Athènes... Mais après tout « pourquoi le parfum ne serait-il pas le contre-poison du miasme[20] ? » Avec la rationalité moderne, le mal moral devient maladie mentale : réelles ou présumées, les odeurs importent moins désormais que les mécanismes de l'olfaction ; le sens du sacré devient sens de l'intime, livré aux explorations de la psychologie et de la littérature. Diverses catégories de l'olfaction apparaissent alors : l'anosmie (perte de l'odorat) s'oppose à l'hyperosmie, et la phobie de l'odeur propre aux autres délires olfactifs[21].

Dans *Le Parfum*[22], l'hyperosmie quasi absolue de Grenouille est d'une évidence inquiétante : « Il semblait à Terrier que l'enfant le regardait avec ses narines [...] cette exploration olfactive paraissait même traverser sa peau et le pénétrer en profondeur. » Le corollaire de cette hyperosmie est une nouvelle catégorie du monstrueux : l'absence d'odeur propre, vécue par Grenouille tout d'abord de manière phobique, comme anosmie de lui-même ; dans un de ses rêves, « ce qui était atroce, c'est que Grenouille, bien qu'il sût que cette odeur était *son* odeur, ne pouvait la sentir. Complètement noyé dans lui-même, il ne pouvait absolument pas se sentir... ». Ayant pris conscience de son infirmité, « la peur qu'il éprouvait maintenant, c'était celle de ne pas savoir à quoi s'en tenir sur lui-même ». Après les phobies, les délires obsessionnels : il s'agit pour Grenouille en premier lieu de prouver son appartenance à l'espèce humaine en se forgeant un répertoire d'odeurs propres : « Il voulait [...] prendre cette odeur d'être humain qu'il ne possédait pas [...] La plupart des gens vivaient dedans et s'y sentaient bien à l'abri, et il suffisait d'exhaler cette répugnante odeur universelle pour être reconnu comme l'un des leurs. »

On retrouve dans d'autres contextes cette qualité identificatoire de l'odeur propre ; depuis les Égyptiens (chaque momie étant dotée d'un parfum personnel en vue de son identification dans l'autre monde) jusqu'à la xénophobie olfactive contemporaine, qu'elle soit réelle ou imaginée, comme cette désagréable « odeur de voyage temporel à sens unique » qu'ont les gens d'une autre époque dans un roman de A.E. Van Vogt[23].

Mais pour Grenouille, aucune des odeurs humaines qu'il revêt ne lui appartient en propre ; pour cet être inodore, prendre odeur humaine est un acte tragiquement délibéré car la seule odeur que ce « dieu tout-puissant du parfum » ne puisse créer, c'est précisément celle qui ferait de lui un humain à part entière ; lorsque Grenouille parvient lui-même à cette conclusion, il lâche prise : « S'il ne pouvait se sentir lui-même et si donc jamais il ne savait qui il était, alors il s'en fichait : il se fichait du monde, de lui-même, de son parfum[24]. » Patrick Süskind invente ici rien de moins qu'une nouvelle association entre l'odeur et le mal : après la mort fétide et les démons puants, il faudra compter avec le malheur inodore...

LE PÉCHÉ POUR PARFUM

« O prodige, une singulière rougeur, autour de laquelle se répand une odeur enivrante de chevelures secouées, tombe en cascade du ciel obscurci ! Est-ce une avalanche de roses ayant le péché pour parfum? — Est-ce du fard ? — Est-ce du sang ? » (Mallarmé, *Charles Baudelaire*).

Entre le bien et le mal, la séduction occupe une position ambiguë, voire paradoxale : artificielle par nature, elle réunit le sacré et le profane, l'amour et la mort.

La mythologie des aromates en Grèce indique clairement cette double appartenance : Adonis lui-même, le séducteur-né — sa mère est Myrrha, l'arbre à myrrhe[25] —, mourra impuissant dans une laitue pourrie, après avoir mené une double vie entre ses maîtresses Aphrodite et Perséphone... Cet aspect mortifère de la séduction est confirmé par le rituel des Adonies, fêtes d'un Adonis irrésistible mais stérile, tout comme les aromates desséchés, trop vite récoltés dans ses jardins[26].

De ces jeux parfumés de l'amour et de la mort, Théophraste donne un autre exemple légendaire chez les Grecs : il s'agit de la « merveilleuse odeur » de la panthère, grâce à laquelle elle subjugue ses proies et les capture sans peine.

Cette fatalité du parfum apparaît aussi dans le roman de Süskind : véritable Prométhée de l'odeur, Jean-Baptiste Grenouille[27] se fixe pour but ultime de piéger les meilleures senteurs du monde — provenant des corps fraîchement tués de vingt jeunes filles nubiles — pour composer « un parfum non seulement humain mais surhumain ; un parfum angélique, si indescriptiblement bon et si plein d'énergie vitale que celui qui le respirerait en serait ensorcelé et qu'il ne pourrait pas ne pas aimer du fond du cœur Grenouille, qui le porterait ». Parfum quintessentiel, aussi sacré pour Grenouille que sacrilège pour les autres, et qui va lui conférer « un pouvoir plus fort que le pouvoir de l'argent, ou que le pouvoir de la terreur, ou que le pouvoir de la mort : le pouvoir invincible d'inspirer l'amour aux hommes ». Mais l'amour qu'inspire un tel pouvoir ne peut être qu'une folle passion, un amour dévorant... Pour en finir avec une vie inexistante à ses propres yeux, Grenouille décide alors de se livrer en pâture au désir universel qu'il suscite : « Il s'était aspergé des pieds à la tête avec le contenu de cette petite bouteille et était apparu tout d'un coup inondé de beauté comme d'un feu radieux. » Tel un bonze arrosé d'essence et qui s'offre aux flammes purificatrices, Grenouille s'offre à une dévoration cannibale sans résidu, faisant ainsi commettre par d'autres son dernier exploit alchimique de chasseur d'odeurs...

« Né sans odeur à l'endroit le plus puant du monde », Grenouille devient sublime dans cette mort qui l'affranchit enfin de la matière ; mort parfumée qui vient nous rappeler la précarité des significations olfactives, tant il est vrai que le monde des odeurs est le lieu de tous les possibles.

RUTH SCHEPS

Journaliste à *France-Culture* et à *Radio Suisse-Romande*.

1. Marcel Proust, *A la Recherche du temps perdu*, Gallimard, 1954.
2. Eugène Rimmel, *Le Livre des parfums*, C. Mugnardt (H. Merzbach, successeur), Bruxelles, Gand, Leipzig et Paris, chez Dentu, 1870.
3. Ruth Winter, *Le Livre des odeurs*, Paris, Seuil, 1978.
4. Eugène Rimmel, *op. cit.*
5. Hésiode, *Théogonie*, Les Belles Lettres, 1982.
6. Ovide, *Métamorphoses*.
7. Marcel Detienne, *Les Jardins d'Adonis : la Mythologie des aromates en Grèce*, Paris, Gallimard, 1972.
8. Pseudo-Baruch *in* Marcel Detienne, *op. cit.*
9. Piero Camporesi, *La Chair impassible*, Paris, Flammarion, 1986.
10. Patrick Süskind, *Le Parfum : Histoire d'un meurtrier*, Paris, Fayard, 1986.
11. Eugène Rimmel, *op. cit.*
12. *Ibid.*
13. Piero Camporesi, *op. cit.*
14. Eugène Rimmel, *op. cit.*
15. Piero Camporesi, *op. cit.*
16. Patrick Süskind, *op. cit.*
17. Denys le Periegète, *in* Marcel Detienne, *op. cit.*
18. *Ibid.*
19. Piero Camporesi, *op. cit.*
20. Eugène Rimmel, *op. cit.*
21. Hubertus Tellenbach, *Goût et Atmosphère*, Paris, PUF, 1983.
22. Patrick Süskind, *op. cit.*
23. A.E. Van Vogt, *Quête sans fin*, Presses Pocket, Alsemberg (Belgique), 1970.
24. Patrick Süskind, *op. cit.*
25. Ovide, *op. cit.*
26. Marcel Detienne, *op. cit.*
27. Patrick Süskind, *op. cit.*

JEAN-CHARLES BLANC

NOA-NOA

I

« Dans les rues, les égouts exhalent leur puanteur et pourtant je respire mieux : il me semble que je suis autrement que tout à l'heure. En descendant le boulevard je me dis : si nous allions encore une fois au 17° de latitude ? Là les nuits sont toutes belles. »

Cela se passait au mois de mai 1894, à Paris. Et c'est ainsi que Paul Gauguin terminait un article intitulé « Sous deux latitudes ».

Sept mois après son retour, la nostalgie du paradis perdu, de l'île embaumée, l'avait envahi. Et, rue de Rochechouart, il prit la décision de retourner à Tahiti.

« Ici près de ma case, en plein silence, je rêve à des harmonies violentes dans les parfums naturels qui me grisent. Délice relevé de je ne sais quelle horreur sacrée que je devine, vers l'immémorial. Autrefois, odeur de joie que je respire dans le présent. »

A Tahiti, Gauguin vivait l'air de « son » temps. Il avait fui l'air confiné des boudoirs parisiens que Huysmans respirait auprès de Des Esseintes. Il avait fui l'air fleuri des jardins impressionnistes, sentant trop fort l'huile de lin. Il avait fui l'air des dessous du Bois-d'Amour, trop envahi par les humeurs des peintres de Pont-Aven.

II

En mai 1895, Gauguin confia au journaliste Eugène Tardieu :

« Avant de partir je vais faire paraître, avec mon ami Charles Morice, un livre où je raconte ma vie à Tahiti et mes impressions d'art. Morice commente en vers l'œuvre que j'en ai rapportée. Cela vous expliquera pourquoi et comment j'y suis allé.

— Le titre de ce livre ?

— *Noa-Noa*[1], ce qui veut dire en tahitien : odorant ; ce sera ce qu'exhale Tahiti. »

Gauguin fut sans aucun doute séduit par la sonorité de ce mot qui revient souvent sous sa plume, comme un leitmotiv. Rythmique, ce mot a quelque chose d'enfantin et de primitif. Il a un son à la fois de flûte nasale et de tambour. Il est bref et capiteux comme une exhalaison de tiaré. Il évoque rapidement ce que le peintre voulut nous dire de son séjour au paradis. Ce jardin des délices, il en rêva en lisant l'histoire de *Rarahu* contée par Pierre Loti. Chaque page de ce roman sent le monoï et l'hibiscus.

Noa-Noa parut à la librairie de La Plume, le 1er mai 1901. L'éditeur annonça « Des bonnes feuilles de ce livre qui fleure si puissamment le parfum, l'essence double de la nature et de l'art — ces deux divines sauvageries. »

Lecteur passionné des *Fleurs du mal*, Gauguin se dut d'épeler le titre de son récit : *p-a-r-f-u-m*.

III

La Fleur qui écoute. C'est le titre d'un tableau peint à Tahiti. Ou encore : « Elle avait une fleur à l'oreille qui écoutait son parfum. » Ceci pour décrire, dans *Noa-Noa*, la femme qui posa pour *Vahiné no té tiaré*. « Une de ces femmes qui répandent autour d'elles ce mélange d'odeur animale et de parfum de santal, de tiaré. »

Et comme, au paradis, les odeurs deviennent musique, les sons, couleurs et les images, caresses, Gauguin ne se lassait pas de ce noa-noa des bouquets de fleurs dont il faisait des natures mortes. L'une d'elles figure en page de garde du second manuscrit de *Noa-Noa*.

Le peintre s'attardait dans le noa-noa des paysages qu'il rêvait comme des chromos, s'inspirant des photographies coloriées à la main dont il collectionnait des albums.

Il s'aventurait sous le noa-noa des fougères géantes et de la terre mouillée par *l'Eau mystérieuse* qui jaillit de la roche. Il respirait le noa-noa du jeune éphèbe qui l'accompagnait dans la montagne pour y tailler le bois de rose de ses sculptures. Mais surtout, jamais, il ne se lassait du noa-noa des femmes au bain : « Ainsi nue, elle semblait couverte du vêtement de pureté, jaune orangé, le manteau jaune de Bhixu. Belle fleur dorée dont le noa-noa tahitien embaumait, et que j'adorais comme artiste et comme homme. » Suzanne au corps ruisselant de monoï : « Elle a les seins les plus ronds et les plus charmants que vous puissiez imaginer. Je vois ce corps doré presque nu se diriger vers l'eau fraîche. Prends garde à toi, chère petite ; le gendarme poilu, gardien de la morale, mais faune en cachette, est là qui te guette... Mais d'avoir vu la petite Vaitauni, pensant à cette matière cornée, je sens mes sens qui battent la campagne, je prends mes ébats dans la rivière. Tous deux nous avons ri sans feuille de vigne et... »

Aux Iles Marquises, tous les jours, Gauguin assistait au bain des femmes pour renifler *l'Or de leur corps.*

IV

A Arles, Van Gogh lui fit cadeau des *Tournesols* pour qu'il décore sa chambre. A partir de ce jour, il s'appliqua à mettre des fleurs dans ses tableaux, comme pour chasser l'odeur lancinante de la térébenthine. Des fleurs aussi, dans les monotypes, pour adoucir l'odeur de l'encre. Des fleurs encore, dans les aquarelles, pour que l'eau s'évapore.

V

Lorsqu'il posait pour la photo, Gauguin aimait se placer de profil. Il fit souvent de même dans ses autoportraits. Comme pour bien montrer son nez. Il avait un profil d'aigle, et en même temps celui d'un chien battu. Ce n'est pas pour rien qu'il peupla ses tableaux de chiens renifleurs. Il pratiquait la boxe et la savate. Il se brisa la cheville. Mais son nez resta busqué. Un nez qui humait l'air marin pour y trouver l'air des tropiques. Un nez à la recherche des senteurs délicates, mais facilement importuné :

« Une chose cependant m'ennuie aux Marquises : c'est ce goût exagéré pour les parfums ; car c'est alors que le marchand leur vend une parfumerie épouvantable de musc et de patchouli. Réunis dans une église, tous ces parfums deviennent insupportables. »

VI

« Ah que le thé a un bon parfum, quand on le boit dans une tasse qu'on a faite soi-même, si librement décorée », s'exclame Gauguin dans *Avant et Après,* le dernier manuscrit qu'il écrivit dans la Maison du Jouir.

Il ne lui restait alors que peu de temps à vivre dans cette case qu'il construisit et décora de ses propres mains. Dans cette dernière demeure, située au fond de la baie des Traîtres, à Atuana, il flottait les odeurs de l'amour. Gauguin avec ses amies et ses amis des Marquises célébrait au cours de bacchanales tardives les derniers moments d'une civilisation fanée : « 8 heures du soir. L'immense, la belle Toutoua en son logis gazouille chemise entrouverte, laissant voir de mystérieuses choses aux âcres senteurs, dont la vue aurait eu des vieillards éteints rallumé le feu de Vénus. »

A Cythère, la fête s'achevait. Gauguin sentait ses dernières forces le quitter. Son souffle devenait court. Le peintre n'avait plus la force d'aller au bain pour nettoyer les plaies de son corps malade. Une à une les femmes le quittèrent. Il sentait trop mauvais. Dans son dernier tableau, un autoportrait, les fleurs ont disparu.

Le 8 mai 1903, Gauguin-Koké mourut. Le lendemain, son corps en pleine décomposition fut rapidement mis en terre.

Sous le 17e degré de latitude, on préfère l'odeur du tiaré à celle des esprits *tupapau.*

VII

Dans le second manuscrit illustré de *Noa-Noa,* celui du musée du Louvre, les odeurs sont partout, à toutes les pages. Il est cependant bien difficile de dire d'où elles viennent. A l'exception de ce dessin aquarellé : un couple faisant l'amour dans les pétales d'une fleur.

1. *Noa-Noa*, substantif, signifie parfum ; adjectif, il se traduit par odorant.

JEAN-CHARLES BLANC

Artiste. A paraître aux éditions de La Différence, *La Case mystérieuse.*

ANNICK LE GUÉRER

LES PHILOSOPHES ONT-ILS UN NEZ ?

L'odorat a si souvent été maltraité par les philosophes que l'on peut se demander si ceux-ci ont un nez.

Platon et Aristote l'accusèrent à l'origine de plaisirs moins purs que ceux de la vue et de l'ouïe. Kant le considère comme un sens « ingrat »[1] procurant davantage de désagréments que de satisfactions et juge par conséquent inutile de le cultiver. Hegel l'exclut de l'esthétique car il ne permet ni la vraie connaissance du monde, ni la vraie connaissance de soi[2].

Sens ambigu, à la charnière de ceux de la distance (la vue et l'ouïe) et de ceux du contact (le goût et le toucher), sens animal, primitif, instinctuel, voluptueux, érotique, égoïste, impertinent, asocial, contraire à la liberté ; nous imposant, bon gré mal gré, les sensations les plus pénibles, inapte à l'abstraction, incapable de donner naissance à un art et encore moins de penser, impuissant à sortir du solipsisme originaire de la subjectivité. Les raisons de dénigrer l'odorat sont nombreuses. Encore faut-il y ajouter la fugacité et l'évanescence de son objet, qui rendent difficile la désignation des odeurs et fournissent un argument supplémentaire à tous ceux qui tiennent l'olfaction pour résolument inférieure.

Certains philosophes, peu nombreux il est vrai, se sont cependant insurgés contre ce discrédit. Le mouvement de réhabilitation commence véritablement au XVIIIe siècle, avec les sensualistes. En opposition avec les philosophies intellectualistes du siècle précédent, ils affirment l'importance de la sensibilité dans la connaissance et observent que l'odorat a été injustement décrié. L'abbé de Condillac montre que, avec ce seul sens, une statue peut entrer en possession de toutes les facultés. Diderot déclare qu'il est capable d'abstraire et Rousseau en fait le sens de l'imagination.

LE SYSTÈME AROMAL DE FOURIER

Au XIXe siècle l'odorat trouve ses plus éloquents défenseurs. Né de parents qui tenaient un commerce de draps et d'aromates, Fourier a rêvé de faire des arômes l'objet d'une véritable science. Tenait-il de sa mère, née « Muguet », son engouement pour les parfums et les fleurs ? Toujours est-il qu'il fallait qu'il eût toutes les variétés de chacune des espèces qu'il cultivait et qu'il essayât tous leurs modes de culture. C'est dans une chambre transformée en serre chaude, encombrée par des plantations odorantes, n'offrant qu'« un sentier de libre au milieu, pour aller de la porte à la fenêtre[3] », qu'il élabore son « mouvement aromal, ou système de la distribution des arômes connus ou inconnus, dirigeant les hommes et les animaux, et formant les germes des vents et épidémies, régissant les relations sexuelles des astres et fournissant les germes des espèces créées[4] ». Cet ardent partisan du désir et de la passion ne craint pas d'offenser un siècle qui se pique d'être éclairé, en lui reprochant d'ignorer certaines sciences et de ne posséder sur d'autres que de fausses lumières.

Une « étrange lacune » existe dans l'exploration scientifique : le mécanisme aromal, qui joue pourtant un rôle supérieur dans l'harmonie de l'univers matériel, n'a jamais été l'objet d'aucune étude ! « On ne connaît ni ces arômes en système régulier, ni les causes des influences qui leur sont départies, surtout en conjugaisons d'astres qui sont réglées par affinités aromales » écrit-il dans sa *Théorie de l'unité universelle.* Liés à l'attraction et à la passion, opérant activement et passivement « sur les créatures animales, végétales et minérales », les arômes acquièrent enfin une dignité théorique. L'importance qui leur est attribuée apparaît fondamentale puisque toute la création est conçue par « copulations aromales » des astres : au départ de tout ce qui existe, les planètes se reproduisent par jets d'arômes. Et pour ce philosophe du désir et de l'amour, la jouissance s'associe si intimement à l'odeur que c'est sous la forme de corps aromaux voguant en tous sens sur la coque aromale, semblable à une bulle de savon qui entoure chaque planète, qu'il envisage le séjour des âmes dans le monde céleste.

Mais que sybarites, gastronomes et autres, qui craignent de ne pas y trouver table mise se rassurent : l'élément aromal dont ils seront alors constitués se prêtera bien mieux aux saveurs que leur actuelle structure terreuse et aqueuse. Aussi pourront-ils entre autres voluptés tirer une « foule de saveurs, tant des autres planètes que de l'intérieur de la terre[5] » dont ils exploiteront les sucs. Cette vision d'un au-delà où l'arôme participe de façon essentielle au plaisir n'est pas sans affinité avec le monde lunaire imaginé par Cyrano de Bergerac où « l'âme invisible des simples » réjouit les narines du voyageur et où l'on vit de fumées odorantes car « l'art de cuisinerie est de renfermer, dans de grands vaisseaux moulés exprès, l'exhalaison qui sort des viandes en les cuisant[6] ». La théorie du philosophe rejoint ici la rêverie du poète.

L'odorat va recruter d'autres partisans, qui pour être moins imaginatifs n'en sont pas moins convaincus. Fustigeant tous les penseurs qui rejettent le corps pour pouvoir mieux spéculer et qui trouvent dans l'idéalisme désincarné d'Hegel leur modèle le plus achevé, Feuerbach déplore qu'il leur manque un nez. L'absence de cet appendice les condamne à élaborer des théories creuses. Contrairement à Hegel qui exclut l'odorat de la sphère de la connaissance et de l'art, il proclame que ce sens est aussi susceptible que la vue de se dégager du besoin bestial et de s'élever à une « signification et une dignité autonomes, théoriques[7] ». Loin de n'avoir que des rapports de consommation avec les objets, il est apte à des « actes spirituels et scientifiques ». On ne saurait imaginer réhabilitation plus totale.

Mais c'est Nietzsche qui a porté la critique la plus virulente contre les détracteurs de l'odorat. Leur refus de le considérer comme un moyen de connaissance s'enracine dans le rejet de l'animalité pourtant inséparable de l'être humain, ainsi que dans une parallèle surestimation de la raison. Jugé « trompeur » parce que ne retenant du monde que ses apparences et non son être réel et « vrai », le témoignage sensoriel a été tenu pour suspect, et la dépréciation qui l'affecte est particulièrement forte en ce qui concerne l'odorat, étroitement lié à la vie instinctuelle et affective.

Contre ces préjugés rationalistes, Nietzsche s'efforce de redonner aux sens la place qu'ils méritent. « Le nez, par exemple, dont aucun philosophe n'a jamais parlé avec vénération et reconnaissance, le nez est même provisoirement l'instrument le plus délicat que nous ayons à notre service : cet instrument est capable d'enregistrer des différences minima dans le mouvement, différences que même le spectroscope n'enregistre pas[8]. »

Seul au sein de la gent philosophique, Héraclite parvient à trouver grâce à ses yeux. Ce traitement de faveur peut surprendre dans la mesure où le philosophe grec aboutit lui aussi à traiter les sens de menteurs. Mais il a l'immense mérite de ne pas avancer les accusations habituelles concernant leur inconstance. Et il semble bien que Nietzsche se soit souvenu de ce fragment héraclitéen qui établit, apparemment, un rapport entre l'olfaction et la connaissance : « Si toutes choses étaient fumée, les narines les connaîtraient[9] », lorsqu'il affirme : « Tout mon génie est dans mes narines[10]. »

DE L'ODEUR DE CROQUE-MORT AU « FLAIR » DE NIETZSCHE

Hormis cette exception, tous les philosophes sont englobés dans une même condamnation et en particulier Schopenhauer. Pourtant, en faisant de l'odorat le sens de la mémoire, celui-ci s'écarte d'un courant philosophique qui ne reconnaît à l'olfaction aucune faculté intellectuelle. Mais il tombe dans l'erreur qui consiste à privilégier les sens les plus abstraits au détriment des plus charnels, l'odorat et le goût. Ceux-ci servent, selon lui, le désir insatiable, source de souffrance dont il faut s'affranchir par la négation de la volonté de vivre, du « vouloir ». L'idée que la douleur constitue le fond de toute vie détermine une morale pessimiste dont les maîtres mots sont ascétisme et chasteté. De cette philosophie « sombre », à « l'odeur de croque-mort » qui se retourne contre la vie, Nietzsche décide de prendre « l'exact contrepied ».

Sa revalorisation de l'odorat prend immédiatement une forme métaphorique puisque, se confondant avec celle de l'instinct, elle s'étend à celle de la connaissance intuitive. Au mépris de tous les contempteurs du corps pour le sens le plus animal, il répond par celui de son « flair » pour la raison. Les liens de l'odorat avec la sagacité, la pénétration d'esprit[11], et la sympathie[12] destinent ce sens à être celui du psychologue qui se guide de façon instinctive et dont tout l'art ne consiste pas à raisonner mais à *subodorer*. Et le psychologue-né qu'est Nietzsche se targue d'être particulièrement bien pourvu sous ce rapport : « Je suis le premier à avoir découvert la vérité, par le seul fait que je suis le premier à avoir senti — à avoir flairé — le mensonge comme mensonge[13]. »

Véritable moyen de connaissance psychologique et morale, le « flair » permet de détecter la lâcheté, l'hypocrisie, la décadence, tapies dans les intimités les plus secrètes et que ni l'œil ni le raisonnement ne sont à même de percer. A l'arme philosophique par excellence, la dialectique, il oppose ce redoutable allié de la vérité qui sait sonder les âmes et les cœurs : « Oserai-je évoquer un dernier trait de ma nature qui, dans mon commerce avec les hommes, ne me facilite guère les choses ? Je me distingue par une sensibilité absolument déconcertante de l'instinct de propreté, de sorte que je perçois physiquement, ou que je flaire les approches — que dis-je ? — le cœur, l'intimité secrète, les "entrailles" de toute âme... Cette sensibilité constitue chez moi de véritables antennes psychologiques qui me permettent de saisir et de palper tous les secrets : l'épaisse crasse cachée au fond de plus d'une nature, qui vient peut-être d'un sang vicié mais que recouvre le vernis de l'éducation, j'en prends conscience presque dès le premier contact. Si mes observations sont exactes, ces natures qui s'accordent mal avec mon sens de la propreté ressentent de leur côté la circonspection que m'inspire ce dégoût : cela ne les rend pas moins malodorantes[14]. »

C'est encore grâce à ce subtil outil olfactif qu'est mise au grand jour la nature maladive du civilisé castré par une morale qui lui apprend à rougir de ses instincts. Ne pouvant plus les développer librement, il les refoule et se détruit. La mutation de ce « fauve humain » en homme de la « mauvaise conscience » exhale une puanteur : celle d'un être en train de perdre son animalité, sa « volonté de puissance » : « En passe de devenir un ange (pour ne pas employer un mot plus dur) l'homme s'est attiré cet estomac gâté et cette langue chargée qui non seulement lui ont inspiré le dégoût pour la joie et l'innocence de l'animal, mais lui ont rendu la vie même insipide :

de sorte que parfois il se penche sur lui-même en se bouchant le nez et, avec le pape Innocent III, dresse d'un air morose le catalogue des infirmités de sa nature : "procréation impure, nutrition dégoûtante dans le sein de la mère, mauvaise qualité de la substance dont l'homme tire son développement, mauvaise odeur, sécrétion de salive, d'urine et d'excréments"[15]. »

Fin limier, Nietzsche « flaire de loin » la corruption qui empuantit les morales les plus édifiantes et la décomposition de ces pensées déclinantes, l'idéalisme et le christianisme, qui fuient la réalité et se tournent vers l'au-delà : « Il suffit de lire n'importe quel agitateur chrétien, saint Augustin, par exemple, pour comprendre, pour sentir à plein nez, quelle sorte de malpropres compères avaient à cette occasion pris le dessus[16]. » A maintes reprises, les effluves nauséabonds de « cette officine où l'on fabrique l'idéal » et qui « sent le mensonge à plein nez » le contraignent à se « boucher le nez ». La campagne contre la morale et ses fausses valeurs s'ouvre sans « la moindre odeur de poudre » : ce sont des « parfums tout autres et bien plus agréables » qu'il se propose d'offrir aux « narines assez subtiles ».

Sens de la vérité parce qu'il puise aux sources sûres de l'instinct animal qui confère au corps sa grande sagesse, instrument du psychologue qui traquè le faux semblant et l'illusion, l'odorat détrône dans la recherche du vrai la froide logique née d'une lutte contre l'instinct. Au-delà de sa fonction première, il assume donc celle d'un « sixième sens » : celui de la connaissance intuitive.

L'ODORAT REFOULÉ : DÉPART DE LA CIVILISATION ?

Le plaidoyer de Nietzsche en faveur de l'odorat n'a cependant pas trouvé beaucoup d'écho, et les quelques tentatives de mise en valeur de ses possibilités scientifiques et esthétiques n'ont pas connu de développements notables au siècle suivant. Le coup de grâce leur a sans doute été donné par la psychanalyse. En établissant un lien entre l'effacement de l'odorat et le développement de la civilisation, Freud renvoie ce sens à son animalité. Comme l'avait fait Darwin en 1871, Freud émet, en 1930, l'hypothèse d'un odorat primitif supérieur à celui du civilisé, mais les conclusions qu'il en tire sont bien différentes. Selon lui, le rôle de l'olfaction se serait estompé lors du redressement de l'homme, point de départ de la civilisation. Cette « verticalisation », en le soustrayant à l'importance des stimulations olfactives, aurait permis aux sensations visuelles, favorables à la durabilité du processus sexuel et à l'attachement du partenaire, de devenir prépondérantes et de prendre le relais du pouvoir excitant des odeurs menstruelles. D'intermittente, l'excitation sexuelle serait devenue régulière, rendant possible la fondation de la famille, premier pas vers la civilisation. Victime d'un véritable « refoulement organique[17] », l'odorat apparaît comme le plus lourd tribut exigé par le processus civilisateur. En dépit des restrictions qu'il impose à la libido, son affaiblissement est néanmoins la condition d'un non-retour à une phase antérieure du développement humain. Dans le sillage de Freud, Lacan déclarera même : « La régression organique chez l'homme de l'odorat est pour beaucoup dans son accès à la dimension Autre[18]. »

ANNICK LE GUÉRER

Achève, à Paris-V, une thèse intitulée *Le Sang et l'Encens*, essai anthropologique sur l'odeur et l'odorat.

1. E. Kant, *Anthropologie du point de vue pragmatique* (1798), Paris, Vrin, 1979, trad. M. Foucault, p. 40.
2. M. Pradines, *Traité de psychologie générale* (1943-1950), Paris, PUF, 1958, p. 513.
3. Ch. Pellarin, *Vie de Fourier*, Paris, 1872, p. 33.
4. Ch. Fourier, *Théorie des quatre mouvements et des destinées générales* (1802), in *Œuvres complètes*, Paris, 1846, p. 30.
5. Ch. Fourier, *Théorie de l'unité universelle, op. cit.*, vol. I, tome II, p. 192.
6. Cyrano de Bergerac, « Histoire comique des États et Empires de la lune » (1649) in *Voyages fantastiques aux états et empires de la lune et du soleil*, Paris, éditions L.C.L., 1967, p. 29.
7. L. Feuerbach, « Principes de la philosophie de l'avenir » (1843) in *Manifestes philosophiques*, trad. L. Althusser, Paris, PUF, 1960, p. 197.
8. F. Nietzsche, *Le Crépuscule des idoles* (1888), Paris, Denoël, trad. H. Albert, p. 29.
9. J. Bollack et H. Wismann, *Héraclite ou la séparation*, Paris, éd. de Minuit, 1972, fragment 7, p. 77.
10. F. Nietzsche, *Ecce homo* (188) in *Œuvres philosophiques complètes*, Paris, Gallimard, trad. J.-C. Hémery, p. 333.
11. Chez Cicéron, par exemple, la *sagacitas* désigne aussi bien la sagacité et la pénétration d'esprit que la finesse de l'odorat chez les chiens, et il appelle « chiens de chasse », les agents de Verrès, habiles à flairer et à dépister tout gibier bon à prendre. *Cf.* Cicéron, *Discours*, Paris, Les Belles Lettres, 1925, trad. H. de la Ville de Mirmont, tome II, p. 188.
12. Pour Cabanis, ce sens est celui de la sympathie et de l'antipathie. Cf. P.-J.-G. Cabanis, *Rapports du physique et du moral* (1802) in *Œuvres complètes*, Paris, PUF, 1956, p. 570-571.
13. F. Nietzsche, *Ecce homo, op. cit.*, p. 333.
14. *Ibid.*, p. 255-256.
15. F. Nietzsche, *La Généalogie de la morale* (1887), Paris, Gallimard, 1964, trad. H. Albert, p. 92.
16. F. Nietzsche, « *L'Antéchrist* » (1888) in *Œuvres philosophiques complètes, op. cit.*, trad. J.-C. Hémery, p. 230.
17. S. Freud, *Malaise dans la civilisation* (1930), Paris, PUF, 1971, p. 50 (trad. par Ch. et J. Odier).
18. J. Lacan, *L'Identification*, séminaire, 1961-1962.

ANNICK LE GUÉRER

LA PANTHÈRE PARFUMÉE

« ... dès que Swann eut, en serrant la main de la marquise, vu sa gorge de tout près et de haut, [...] ses narines, que le parfum de la femme grisait, palpitèrent comme un papillon prêt à aller se poser sur la fleur entrevue[1] »... Mais les effluves captivants de Mme de Surgis contrastent avec ceux qu'évoque en termes crus le baron de Charlus : « Ce qui m'empêcherait de l'interroger sur ces époques passionnantes, c'est la sensibilité de mon appareil olfactif. La proximité de la dame suffit. Je me dis tout d'un coup : "Oh ! mon Dieu, on a crevé ma fosse d'aisances", c'est simplement la marquise qui, dans quelque but d'invitation, vient d'ouvrir la bouche[2]. »

Attraction ou répulsion sont les réactions primaires, immédiates et extrêmes, suscitées par l'odeur et qui déterminent deux de ses fonctions fondamentales : la capture et la discrimination. Attirante, l'odeur saisit, enserre, est instrument de chasse, de magie ou de séduction. Elle permet aussi de discriminer parmi les choses et les êtres ceux qui seront élus parce que correspondant à un certain goût, à une certaine norme olfactive. Repoussante ou simplement désagréable, l'odeur incite en revanche au rejet, à la mise à distance, au refus.

Exclues du champ sémantique, « symboles par excellence »[3], les odeurs se sont toujours prêtées aux représentations mythiques et fantasmatiques.

LA SÉDUCTION DU FÉLIN

« D'où vient-il, s'interroge Aristote, qu'aucun animal n'a une odeur plaisante sauf la panthère, qui est agréable aux bêtes elles-mêmes car on dit que les bêtes sauvages la reniflent avec plaisir[4] ? » Dans le mythe antique, cette bonne odeur implique, tout à la fois, la chasse, la magie, la séduction amoureuse et, par une curieuse transmutation, elle va même devenir, dans le symbolisme chrétien, l'image d'une capture mystique, celle qu'opère la parole du Christ sur les âmes.

Selon les Grecs, la panthère se sert de son parfum pour attirer et saisir ses proies. « La panthère exhale une odeur qui est agréable à toutes les autres bêtes, c'est pourquoi elle chasse en se tenant cachée et en attirant les bêtes vers elle grâce à son parfum[5] », affirme Théophraste. Plutarque et Elien précisent que ce sont surtout les singes qui sont sensibles à ses exhalaisons.

La panthère, animal à part, chasseur et non chassé, hormis par l'homme qui sait utiliser les mêmes armes qu'elle et la piéger avec l'arôme du vin dont elle est friande[6], possède les vertus de prudence et d'intelligence. Elle sait procéder par ruse. Son piège, c'est son odeur délicieuse, instrument de séduction mortifère : « La panthère, à ce qu'on dit, a en privilège de répandre un parfum admirable, auquel d'ailleurs nous ne sommes pas sensibles, et elle connaît ce privilège. Aussi bien les autres bêtes le connaissent-elles en même temps que la panthère, et elles sont prises de la façon suivante. Quand la panthère a besoin de nourriture, elle se cache dans un fourré profond ou sous un épais feuillage ; on ne peut la découvrir, elle se borne à respirer. Alors les faons, les gazelles, les chèvres sauvages et ces sortes d'animaux sont attirés par cette bonne odeur comme par une sorte d'*iunx*[7] et ils s'approchent. La panthère alors bondit hors de sa cachette et se saisit de sa proie[8]. »

Cette référence à l'*iunx* est remarquable car elle introduit dans le mythe la dimension de la magie.

Pour les Grecs, la panthère symbolise la belle courtisane, le même mot *pardalis* servant à désigner le félin et l'hétaïre. C'est aux sortilèges aromatiques de celle-ci, eux aussi comparés à la rouelle magique, que renvoie la bonne odeur de la panthère qui devient ainsi le symbole de toutes les captures et de toutes les séductions.

LE CRI AROMATIQUE

Le christianisme va s'emparer de cette croyance et, par une transformation hardie, en faire un élément de sa symbolique, la panthère parfumée devenant l'image même du Christ. Cette récupération semble d'ailleurs s'être réalisée en plusieurs étapes. C'est en particulier à travers les différentes versions du *Physiologus* parvenues jusqu'à nous que l'on peut suivre cette évolution[9]. La première version, éditée par Sbordone, établit un parallèle entre le cri de la panthère au sortir d'un sommeil de trois jours — cri aromatique qui charme les autres bêtes — et celui du Christ, trois jours après sa mort, qui parfume les hommes de façon exquise : « Quand elle a mangé et s'est repue, elle dort dans son repaire, puis s'éveille du sommeil le troisième jour, et crie d'une voix forte, et les bêtes attirées à la suite de ce parfum du cri viennent auprès de la panthère. Tout de même, Notre Seigneur Jésus-Christ, ressuscité des morts le troisième jour, a crié : "Aujourd'hui salut pour le monde, aussi bien le visible que l'invisible", et il nous est venu à tous une totale bonne odeur, à ceux de loin et à ceux de près, et paix, comme dit l'Apôtre[10]. »

Dans la troisième version publiée par Sbordone, la comparaison se précise et l'haleine parfumée de la panthère symbolise la parole du Christ qui entraîne et réconforte : « La panthère prend le masque et l'image de Notre Seigneur Jésus-Christ. Car, une fois que fut venu du Père N.S.J.C. et qu'il se fut montré comme homme dans le monde, de l'enseignement de sa bouche s'exhala une bonne odeur, et en vertu des parfums de sa bouche accoururent vers lui les prophètes, les apôtres et les martyrs, et tout le chœur des saints et ils s'en retournèrent tous en joie dans leurs demeures propres[11]. » Cette identification provoque une métamorphose du félin qui, de redouté, solitaire et féroce, devient sociable et bon : « Il y a un animal nommé panthère. Le *Physiologus* dit de lui qu'il est de loin le plus beau et digne d'être chéri de toutes les bêtes. Lorsqu'il dort, il sort de sa bouche un parfum, et en vertu de cette bonne odeur toutes les autres bêtes font cercle autour de la panthère, et en tirent du plaisir et, quand elles se sont réjouies, chacune d'elles, elles s'en vont en joie et en liesse dans les fourrés et les champs[12]. » Inversion complète : son parfum n'est plus un piège mortel mais un présent généreusement offert aux autres bêtes. Le fauve n'apporte plus la mort mais le bien-être.

Mais ce sont les bestiaires du Moyen Age, intégrant maints éléments du *Physiologus*, qui offrent les formes les plus achevées de cette symbolique. Dans le *Bestiaire Ashmole*[13], par exemple, la beauté du félin incarne la splendeur divine, et les mouchetures de sa robe, semblables à des « yeux d'or », représentent les multiples facettes de cette perfection : « Le pelage bigarré de la panthère symbolise ce que dit Salomon de Notre Seigneur Jésus-Christ, qui est Sagesse de Dieu le Père, Esprit d'Intelligence, Unique, Multiple, Vrai, Doux, Parfait, Clément, Ferme, Stable, Sûr, Esprit qui peut toute chose, qui voit toute chose. » La panthère est belle, et David de dire de Jésus-Christ : « Il est le plus beau entre tous les fils des hommes[14]. » Sa douceur est l'image de la bonté divine : « La panthère est douce », et Isaïe de dire : « Réjouis-toi et que ton cœur s'emplisse de liesse, ô fille de Sion, et proclame, ô fille de Jérusalem, que ton roi vient à toi le cœur plein de douceur[15]. »

L'identification de son haleine parfumée à la parole du Christ s'affirme, mais l'accent est mis sur leur attrait irrésistible et instinctuel : « Ainsi, au doux parfum qu'exhale la bouche de la panthère, toutes les bêtes, tant des alentours que des contrées lointaines, accourent toutes à la fois et se mettent à la suivre ; ainsi, tant les Juifs qui parfois avaient l'instinct des animaux et qui se trouvaient proches par la religion qu'ils observaient, que les Gentils qui se trouvaient loin, parce que dépourvus de religion, entendirent la parole du Christ et le suivirent en disant : "Que tes paroles sont douces à mes lèvres, plus douces encore que le miel ; la grâce est répandue sur tes lèvres ; c'est pourquoi Dieu t'a béni pour toujours"[16]. »

Enfin la panthère, comme le Christ, triomphe des forces du mal. Son odeur fait fuir le dragon comme la parole du Christ fait reculer Satan : « ... le dragon se met à trembler de peur et court se terrer dans son antre souterrain ; incapable de supporter le parfum de la panthère, il sombre et s'engourdit dans sa propre torpeur et reste ainsi dans son trou, inerte, comme s'il était mort. Ainsi Notre Seigneur Jésus-Christ, la vraie panthère, est descendu du ciel pour nous soustraire à l'emprise du Diable »[17]. Comme en un triptyque, la panthère parfumée des Bestiaires médiévaux illustre à la fois la splendeur du Christ et les deux aspects de sa mission terrestre : attirer les hommes vers la lumière de la vérité, et les libérer de l'esprit des ténèbres.

ANNICK LE GUÉRER

---

1. M. Proust, *Sodome et Gomorrhe* in *A la recherche du temps perdu*, Paris, Gallimard, « Bibl. de la Pléiade », 1954, t. II, p. 707.
2. *Ibid.*, p. 700.
3. D. Sperber, *Le Symbolisme en général*, Paris, Hermann, 1974, p. 130.
4. Aristote, *Problèmes*, XIII, 9, 4, 907 b 35.
5. Théophraste, *De causis plantarum*, VI, 5, 2.
6. Cf. A. J. Festugière, « Le bienheureux Suso et la panthère », in *Revue de l'histoire des religions*, Paris, PUF, 1977, n° 191, p. 82. Cf. aussi M. Detienne, *Dionysos mis à mort*, Paris, Gallimard, 1977, p. 95.
7. Petite roue percée attachée à une cordelette, l'iunx est en effet un instrument qui produit un vrombissement étrange et exerce un pouvoir de fascination. Le rapprochement avec l'odeur de la panthère apparaît d'autant plus significatif que cet objet est surtout utilisé dans la magie érotique. Les liens qui existent entre l'iunx, l'érotisme, la magie et l'appel du parfum ont été montrés de façon magistrale par Marcel Detienne, *Les Jardins d'Adonis, la mythologie des aromates en Grèce*, Paris, Gallimard, 1972, p. 164-165.
8. Elien, *De natura animalis*, v. 40.
9. Il existe, dès le vᵉ siècle, des traductions latines de diverses versions grecques du *Physiologus*. Les plus anciens manuscrits enluminés de ce texte datent de l'époque carolingienne.
10. *Physiologus*, édité par F. Sbordone, Milan-Rome, 1936, p. 61.
11. *Ibid.*
12. *Ibid.*
13. *Le Bestiaire Ashmole* (du nom du célèbre collectionneur anglais Elias Ashmole, 1617-1692), conservé à la Bodleian Library d'Oxford, peut être daté de la fin du XIIᵉ ou du début du XIIIᵉ siècle. Une traduction en a été donnée par Marie-France Dupuis et Sylvain Louis, Club du Livre, 1984.
14. *Bestiaire Ashmole*, *op. cit.*, p. 84.
15. *Ibid.*
16. *Ibid.*
17. *Idem.*

NICOLE BENOÎT-LAPIERRE

DE MÉMOIRE

Dans ma vie de petite fille, il n'y eut pas de confitures « maison » ; je veux dire simplement que ma maison n'a jamais senti la confiture chaude, c'est tout. Ce n'est pas triste et je n'en ai aucun regret. Ce fut une enfance heureuse, qui n'a manqué ni de douceurs, ni d'amour. Quand ma mère me cajolait, elle m'appelait Boubele ; c'est le nom, en yiddish, d'un petit gâteau au beurre rond et tendre. Les confitures, elle les achetait toutes faites, dans des pots côtelés évoquant une fabrication artisanale (la marque « Bonne Maman » existait-elle déjà ? je ne sais plus).

Je suis pourtant attachée au goût et surtout au parfum des confitures, respiré bien plus tard chez Téma, en Pologne. Son appartement me fut un havre lors d'un court séjour à Varsovie, un foyer de passage, un refuge dans la froidure de l'automne polonais et dans cette ville où j'étais venue sentir l'effacement glacé de la vie juive. Chez Téma, vieille dame juive énergique, bavarde et chaleureuse, aux yeux pétillants sous une mousse de cheveux roux, il faisait bon. Mais aussi un peu lourd. Car depuis trois jours, elle faisait cuire à tout petit feu, dans une marmite festonnée de coulures brunes, une épaisse confiture de quetsches. Les bulles crevaient lentement sur le pourtour de la pâte sombre, et les effluves qui s'en dégageaient étaient également épais, denses, adhérants, attirants et écœurants à la fois. Chaque matin, nous étirions un peu de ce caramel fruité sur des tartines de fromage blanc et je n'en prenais jamais assez, au goût de mon hôtesse nourricière !

La saveur et l'odeur des confitures collent souvent aux souvenirs de l'enfance, réminiscences gourmandes associées à de menues rapines domestiques, à l'attrait du fruit défendu, au plaisir fondant des récompenses, à de suaves gloutonneries. Pour Téma, son amie Chana et d'autres, elles évoquent aussi des moments privilégiés de sociabilité joyeuse, éclats brillants sertis dans la mémoire douloureuse d'un monde juif perdu : celui de l'enfance, mais aussi celui qu'un jour elles ont quitté pour émigrer, et qui ensuite fut détruit.

Un peu avant les grandes fêtes de Yom Kippour (Grand Pardon) et de Rosh Hashana (Nouvel An), à l'automne, un homme venait dans les cours et les passages du quartier juif de Plock, leur ville natale, et installait un grand chaudron, sur un feu de bois. La veille, les voisines se réunissaient pour dénoyauter les grosses prunes violettes, les enfants aidaient et butinaient alentour. Le confiturier itinérant faisait cuire les fruits une journée entière, surveillant le feu et tournant la mixture que les gamins venaient humer en sortant de l'école. Le soir, on emplissait de nombreux pots de grès et chacun rentrait avec sa provision.

Il y avait aussi des bassines de confitures brûlantes, odorantes et qui semblaient immenses à la petite Chana, autrefois, dans les vergers où elle accompagnait ses parents. A la fin de l'été, de nombreux juifs, artisans et citadins, louaient des plantations d'arbres fruitiers à des propriétaires terriens, polonais et chrétiens. Ils assuraient la récolte et la vente. Des familles entières s'installaient alors sur place, dans de rudimentaires cabanes de bois, pour la durée de la cueillette, les plus riches se faisant aider par quelques journaliers. Pour les enfants, c'était une excitante et savoureuse partie de campagne ; émerveillés par l'agitation et la profusion, gavés de fruits, soûlés de bruit, ils grimpaient aux arbres et sur les charrettes, couraient autour des grandes fosses grillagées où, au-dessus d'un feu, séchaient les prunes. « Respire, l'air est bon ! » disait sa mère. Chana aimait surtout renifler les odeurs de fruit tiède et de caramel qui se dissipaient au gré du vent.

Il n'y avait pas d'aération dans la cuisine de Téma ; dehors il faisait froid, la fenêtre bien close était bordée d'un gros bourrelet et l'air était saturé de vapeurs sucrées. Mais c'était bien ainsi, car, jadis, sa mère à elle disait : « Une maison heureuse est une maison qui sent bon, tu t'en souviendras ! » C'était une de ces mères juives naïves et péremptoires, qui entendent régenter l'avenir en y projetant l'omniprésente exigence d'un bonheur à leur image... Moi, j'étais là justement pour entendre les souvenirs de petite fille de ces vieilles dames qui auraient pu être mes grand-mères. Nous étions en odeur de mémoire.

Je n'ai pas eu plus de grand-mère que de confitures « maison » ; je veux dire que ma maison n'a jamais résonné de cet accent yiddish que j'aime tant aujourd'hui. Celle dont je porte le prénom est morte en déportation. Prétendre que j'en ai tristesse et regret, là aussi serait faux : je ne l'ai pas connue. Comme pour bien d'autres juifs nés après guerre, ce qui plane est plutôt une gravité sourde et une carence diffuse, défaut d'antériorité, d'histoire, de roman familial. Le silence, dans beaucoup de familles, après le génocide, a englouti tout le passé.

Mais à vouloir le rompre, on se prend à des identifications factices et l'on s'englue dans une nostalgie douceâtre, recomposition magique d'un passé réinventé hors l'histoire, sans fracture ni tension, idéalisé, dilaté dans la permanence, homogène. « On vivait collés les uns aux autres, tellement proches, tellement liés », racontait Téma. Cette communauté imaginaire, conviviale et solidaire, est une vision à laquelle elle et beaucoup d'autres s'accrochent et s'attachent. L'âpreté des conditions d'existence, la profondeur des différences sociales et des divergences idéologiques, la déstabilisation d'un monde juif traditionnel aux prises avec les aspects multiformes de la modernité, tout cela relève de l'histoire, mais non de la mémoire, cristallisée, elle, sur un mythe précieux.

Le jour de mon retour à Paris, Téma a empli trois bocaux de confitures qu'elle a laissés refroidir à côté de l'évier, trois bocaux pour trois générations : un pour mon père, comme elle né à Plock, afin qu'il se rappelle ; un pour moi, et l'autre pour ma fille, afin qu'elle aussi connaisse l'adragante gâterie. On transmet ce que l'on peut au moment des départs, conserves du passé pour anticiper les manques et nourrir les souvenirs. Les bagages des émigrés, de Plock ou d'ailleurs, étaient toujours lourds de nombreuses victuailles — envahissants pots et paquets —, il n'était pas question de refuser ces gages et gavages d'amour.

Ainsi lestés, ils laissaient derrière eux un univers qui leur paraissait souvent étouffant.

Peu avant de prendre le train pour Paris, en 1938, Chana rendit visite à sa grand-mère, dans un petit village, non loin de Plock. La vieille dame l'embrassa et la renifla avec avidité. Elle voulait, disait-elle, s'imprégner une dernière fois de son odeur. La veille du voyage, sa mère voulut qu'elle dormît à ses côtés, pour la sentir, elle aussi, une fois encore. Une odeur — comme une empreinte familière, une expérience fugace — qui pour Chana, depuis, s'est inscrite dans un regret aussi torturant que tenace. Même si cette année-là, l'avenir s'assombrissait déjà beaucoup pour les juifs de Pologne, nul ne pouvait imaginer l'ampleur du désastre à venir, et Chana pensait revenir voir l'une et l'autre.

Plus de cinquante ans plus tard, retournant pour la première fois en Pologne, assise là dans la cuisine de Téma, comment pourrait-elle se remémorer ce dont elle n'a jamais pu faire le deuil, autrement qu'en une évocation meurtrie, nouée autour de quelques impressions, des sociabilités denses, des chaleurs, des senteurs, des intimités détruites ? Toutes choses pas vraiment transmissibles, comme les qualités du parfum, les méandres du rêve et les volutes de la mélancolie.

La mémoire de beaucoup de juifs de la génération de Téma et Chana, tue dans les familles, évoquée pour moi qui occupe ainsi, le temps d'un récit, la place incertaine d'enfant illégitime — mémoire cristallisée sur des moments que le destin ultérieur a rendus essentiels, confite en une nostalgie dense, close sur une vision matricielle et mythique. Sans doute est-ce la seule expression possible de leur fidélité à un monde aboli, et c'est une mémoire puissante, insistante, enveloppante, comme l'odeur qui, parfois, l'a fait surgir.

Lorsque Téma est revenue en Pologne après guerre, elle a voulu interroger des témoins, des paysans polonais qui demeuraient près du camp d'Auschwitz. Ils n'avaient rien vu, rien entendu, rien su et se souvenaient seulement que certains jours, le vent rabattait une fumée âcre et fétide. Cette odeur-là, seule, traversait la couche étanche de leur amnésie.

NICOLE BENOÎT-LAPIERRE

Sociologue au CNRS. Mène des recherches sur la mémoire juive, qui ont donné lieu à de nombreux articles.

ÉVELYNE DESBOIS

LA SENTINELLE AVANCÉE

« Le nez fait toujours fonction de sentinelle avancée qui crie : Qui va là ? »
BRILLAT-SAVARIN [1].

Une vie peut se dérouler sans être mêlée de près aux grands événements qui font l'actualité ; c'est ailleurs que ça se passe, ou avant, ou après. Ces épisodes que peut-être pour rien au monde on n'aurait voulu vivre, fascinent ; ils font défaut à notre expérience du monde. L'Histoire les a retenus et leurs protagonistes en gardent un souvenir si vif qu'il semble qu'ils n'aient rien vécu de plus important dans leur vie, même dans le cas d'événements ayant entraîné souffrances et blessures. Ces moments exceptionnels restent inaccessibles aux profanes car, pour en parler, il faut les avoir physiquement vécus. Les guerres notamment. Rien dans notre vie quotidienne ne peut nous rapprocher de ces situations. Comment être sur le terrain, par personne interposée, quand ce terrain porte le nom de « champ d'honneur » ?

En premier lieu, on peut interroger ceux qui y étaient. Une enquête avait été réalisée auprès des rappelés de la guerre d'Algérie, après leur retour en France. A la question « De quoi avez-vous le plus souffert ? », une très grande majorité répondait ce que chacun, sans y avoir été, aurait pu imaginer qu'il répondrait : de la peur, de la haine, des misères de la guerre, de l'éloignement, etc. Des réponses sans aucun doute sincères, mais sans surprise, et qui auraient pu convenir pour tout conflit. Quelques individus ont répondu : « de la chaleur » et d'autres, encore plus rares : « de la nourriture ». Ces rares réponses non stéréotypées ouvrent une piste. Elles donnent prise sur l'événement et laissent entrevoir des émotions, des sensations ressenties par les soldats.

On peut aussi lire les mémoires des protagonistes. Mais allez donc raconter dans vos mémoires de guerre que vous avez été incommodé par la chaleur, quand d'autres y ont laissé leur peau ! Ces détails futiles sont tout juste bons pour les journalistes, mais eux n'y étaient pas, ou trop loin de l'action.

Seuls de très grands écrivains, comme Céline dans *Casse-Pipe* et Henri Barbusse dans *Le Feu,* ne dédaignent pas ces misérables impressions qu'ils ont consignées dans leur carnet de notes sur le terrain. C'est donc à la source qu'il faut chercher l'information, non pas auprès de la personne qui peut rendre compte de l'événement encore aujourd'hui, quarante ans, dix ans ou six mois plus tard, mais auprès d'elle, ce jour-là. Franchir le temps et lire par-dessus son épaule, ce qu'elle écrivait au jour le jour, sur son calepin, dans ses lettres.

EN PREMIÈRE LIGNE

Si les carnets de guerre de 14-18 et les lettres envoyées du front aux parents décrivent bien les occupations et les personnages qui entourent le soldat, leur lecture révèle surtout un comportement inattendu : l'attention portée aux conditions météorologiques. S'il ne s'agissait que des lettres on pourrait penser que ces longues descriptions du temps qu'il fait sont écrites pour ne pas inquiéter les proches quant au danger couru ; or les notes consignées sur les carnets ne sont destinées à personne. A chaque date correspond un état des lieux : température, ensoleillement, intempéries, aspect du sol, direction et force du vent. Des semaines passées dans la boue des tranchées n'affaiblissent pas la volonté descriptive ; la fluidité, la hauteur et la couleur de ces boues sont quotidiennement analysées. Il en est de même pour la pluie, la neige et le verglas. La richesse et la précision du vocabulaire utilisé, la finesse de l'observation relèvent plus de la préoccupation professionnelle — celle des marins, des agriculteurs — que d'une sensibilité personnelle aux couleurs du temps.

Ce n'est pas tant la pratique du combat qui risque d'être entravée par les intempéries, que le combattant lui-même. La guerre fraîche et joyeuse, dit-on ; elle est d'autant moins joyeuse qu'elle est plus fraîche. Un degré de moins dans une campagne d'hiver, ce n'est plus l'inconfort, c'est la gelure. Une boue plus fluide qu'à l'ordinaire, ce n'est pas se transformer en statue de glaise, c'est mourir enlisé dans un trou d'obus. Un lieutenant écrit à sa famille, en juillet 1915 depuis les tranchées de la forêt d'Argonne : « Nous sommes sous la pluie depuis quatre ou cinq jours. Les paysans sont ravis, nous beaucoup moins. [...] La vie et la mort semblent deux choses également naturelles, et s'il n'en était pas ainsi, notre existence ne serait plus tolérable. Ce qu'on appelle l'héroïsme des poilus n'est qu'une accoutumance indifférente à un état de choses qui dure depuis assez longtemps pour que les plus réfractaires s'y soient pliés. [...] Le mauvais temps seul est un tourment auquel on ne s'habitue pas. »

Les événements de la vie individuelle ne s'oublient guère ; c'est tout juste si on se trompe dans les dates. Les impressions auditives et visuelles se dissipent beaucoup plus vite ; seuls quelques refrains entêtants, quelques images obsédantes persistent dans la mémoire. La durée de vie des sensations se rapproche de celle des papillons.

De la morsure du vent, du goût de la soupe, de la brûlure causée par la chaussure, la mémoire ne retient que le fait d'avoir eu froid, d'avoir mangé, d'avoir eu mal aux pieds. Faute d'être notées dans les vingt-quatre heures, ces informations se perdent, n'étant plus d'actualité pour l'individu. Ce sont là de bons indices pour apprécier la qualité de fraîcheur d'une information et estimer la durée écoulée entre l'événement et sa relation par l'auteur. Le délai est encore plus court pour les odeurs. Leur évocation est si rare qu'on pourrait supposer que les combattants n'avaient pas le cœur à s'attarder sur ces détails. Ils en parlent cependant, mais en creux. A quelques kilomètres des premières lignes, en réserve, ils notent la qualité de l'air. Dans une lettre de 1915, un soldat se réjouit d'avance à l'idée que : « Enfin, demain, on respirera l'air pur des bois ! » S'il ne parle pas de l'air qu'il va quitter, c'est par égard pour sa famille et peut-être aussi parce que c'est comme ça depuis des mois ; il devient alors inutile d'en faire état. Les cadavres font partie du paysage. En avril 1915, ce soldat écrit depuis les tranchées du Bois d'Ailly : « Le bois est affreux à voir, détruit et raviné par les obus. On y vit littéralement sur les cadavres dont certains remontent à septembre. [...] On ne peut creuser nulle part sans découvrir une tête ou des jambes. Il faudrait un désinfectant puissant pour vivre dans un pareil charnier. » Quelques mots reviennent au gré des lettres et des cahiers : « relents de chair pourrie », « atmosphère irrespirable », « odeur pestilentielle ». Ils suffisent ; celui qui connaît cette odeur-là la connaît trop bien.

Seul Henri Barbusse dans *Le Feu*[2], rédigé à partir de ses notes de terrain, rapporte l'odeur de la mort sur l'instant, quand l'obus vient de tomber dans la tranchée : « Ça sentait le sang frais à vous soulever le cœur. »

Avant d'être transformé en cadavre, le corps du combattant, déjà en enfer — c'est le mot qui leur paraît le plus concret pour qualifier cette situation —, réserve des surprises, comme ces haleines respirées par un caporal relevant une unité à Verdun en 1916[3] : « Toute la nuit, les poilus que nous venons relever passent par-dessus nous. Hâves, sales, nous demandant à boire. Depuis trois jours, ils boivent leur urine faute de boisson ! Ils empoisonnent de la bouche ! » Quand le ravitaillement parvient à passer à travers la mitraille, une odeur familière et plus rassurante, celle de l'alcool, flotte dans la tranchée. « Avant l'assaut (me disait mon oncle), il ne faut jamais boire le quart de gnôle, on n'en revient pas, ils mettent quelque chose dedans, une drogue. » Ce quelque chose, les cahiers et les lettres n'en font pas mention, mais ils ne manquent pas de pointer ce qui pourrait bien lui ressembler en face. Un officier décrit la capture d'un Bavarois qui s'approchait des lignes en rampant, à la tête d'une patrouille : « Il dégageait une affreuse odeur d'alcool dont on avait dû lui faire boire une forte ration pour lui donner du courage. »

L'eau se faisait rare, même pour boire, alors pour les autres usages... Cette pénurie d'eau touche aussi les officiers supérieurs qui pourtant bénéficient de privilèges exorbitants en ces lieux de combat : de la vraie cuisine, de bonnes bouteilles et un peu d'espace. En route pour le front, aux toutes premières heures de la guerre, un commandant avertit sa femme, par une lettre datée du 23 octobre 1914 : « C'est probablement mon dernier jour de vie civilisée d'ici quelque temps ; après on ne se lave plus, on ne quitte plus ses brodequins, on ne change plus de linge, la vie des cours ou plutôt des basses-cours. »

L'équipement d'hiver — les peaux de mouton — n'est prévu que pour le froid, pas pour le froid et la pluie. « Quand il pleut, la peau devient comme une éponge mouillée, note un soldat, c'est gelant et de plus cela empeste, aussi les hommes les jettent. »

Aux périodes de repos, les poilus disposent au mieux de granges où ils s'entassent. Provisoirement à l'écart du danger, au chaud, il faut pour pouvoir dormir « s'envelopper la tête dans un mouchoir ou une serviette pour s'isoler de la puanteur agressive qu'exhale la fermentation de la paille[4] ».

Tout compte fait, ça ne sentait pas que le sapin dans la forêt d'Argonne. Habitués que nous sommes à voir les régiments monter en ligne, en noir et blanc au cinéma, notre connaissance resterait bien abstraite si Henri Barbusse ne nous décrivait pas le sillage que laisse derrière elle une troupe en marche : « Et c'est une telle masse qui piétine et qui s'étire sur la montée de la route que, malgré le dôme infini de la nuit, on nage dans une odeur de cage aux lions[5]. »

Même dans ces cloaques que sont devenues les tranchées, les quelques minutes volées à la guerre sont interrompues, non par le fracas des obus — on ne les entend même plus —, mais par l'odeur des pieds à laquelle on ne s'habitue pas. Cette fois, Barbusse cite un de ses compagnons qui tentait de trouver un peu de sommeil dans une fosse : « J'ai presque point roupillé ; j'étais parti pour, mais j'ai été réveillé par la relève du 129ᵉ qui a passé par là. Pas par le bruit, par l'odeur. Ah ! tous ces gars avec leurs pieds à hauteur de ma gueule. Ça m'a réveillé tellement ça me faisait mal au nez[6]. »

Les feuillées, qui ne sont jamais loin, ajoutent leur note à ce concert d'odeurs, et on ne peut pas toujours s'y risquer sous le feu ennemi. Le petit univers de la tranchée, où on peut séjourner des semaines sans être relevé, se présente alors ainsi : « Le fond en est tapissé d'une couche visqueuse d'où le pied se décolle à chaque pas avec bruit, et qui sent mauvais autour de chaque abri, à cause de l'urine de la nuit. Les trous eux-mêmes, si on s'y penche en passant, puent aussi comme des bouches[7]. »

La tranchée dans cette guerre, c'est le quotidien du soldat. Mais il peut avoir la malchance de participer à des événements exceptionnels, les grandes batailles comme celle de Verdun, et la chance, plus exceptionnelle encore, d'en sortir vivant. C'est le cas de ce soldat allemand, qui, après cinq jours de siège, entre le 17 juin 1916 dans le fort de Vaux repris aux Français : « L'intérieur du fort était intenable, pestilentiel, ignoble, fumées de mazout, murs noircis, cadavres dans les recoins, infirmerie obscure pleine de blessés graves où régnait une odeur de chlore, de pourriture[8]. »

UN OBUS À LA POMME REINETTE

Quarante ans après, et à 12 000 kilomètres de là, Pierre Schoendoerffer, opérateur de prises de vues aux armées, se trouvait dans le camp retranché de Dien Bien Phu. Les armes ont évolué, mais le champ de bataille continue à sentir mauvais : « Dien Bien Phu était spectaculaire vu de très loin, mais, vu de l'intérieur, c'est pas spectaculaire. C'est quelque chose de beaucoup plus terrifiant, plus terrible, beaucoup plus grand, beaucoup plus modeste, beaucoup plus glorieux et beaucoup plus sale et beaucoup plus malodorant que ce que l'on peut imaginer[9]. »

Dans ces lieux et dans ces temps où l'homme n'a plus qu'une unique préoccupation — lui-même —, le nez veille et capte à l'occasion une odeur qui surprend par sa nouveauté et son originalité, comme celle relevée par cet officier le 19 mars 1916 aux abords des Éparges : « Nous recevons maintenant des obus qui dégagent une forte odeur d'éther et de pomme reinette. Cette odeur fait saliver et pique fortement les yeux : nous renvoyons coup pour coup le même produit, ce qui donne à l'atmosphère une odeur sui generis. »

Dans la gamme des parfums de guerre, l'article 14-18 est un cru célèbre. On connaît presque toutes ses caractéristiques : les créateurs, les exécutants, les utilisateurs, la production et la diffusion, le type de flaconnage, les textes de promotion. On en avait simplement oublié l'arôme.

ÉVELYNE DESBOIS

Ethnologue au CNRS. Co-auteur de *La Foi du charbonnier (les mineurs dans la bataille du charbon, 1945-1947)*, éd. Maison des Sciences de l'Homme, Paris, 1986. Mène des recherches dans le domaine de l'anthropologie de la guerre.

1. *Physiologie du goût*, Paris, Julliard, 1965, p. 55.
2. Henri Barbusse, *Le Feu*, Paris, Flammarion, 1965, p. 45.
3. *1916... Orages d'acier*, Paris, gare de l'Est, oct.-nov. 1986, exposition du secrétariat d'État aux anciens combattants.
4. Henri Barbusse, *op. cit.*, p. 115. 5. *Ibid.*, p. 54. 6. *Ibid.*, p. 13. 7. *Ibid.*, p. 11.
8. *Verdun, année 1916*, film vidéo de Bernard Georges, 1986, ECPA.
9. *Les Yeux brûlés*, film de Laurent Roth, 1986, ECPA.

BOKASSA, BOKASSA !

Ma seconde maman était noire, et il a dû m'en rester quelque chose. Elle me préparait, avant que je ne rentre en France pour l'été dans une vieille Caravelle de Royal Air Maroc, des sacs de gâteaux secs à l'anis qui duraient toujours plus longtemps que le voyage. Leur parfum, tout entier contenu dans les petits grains d'anis, embaumait mes vacances dans l'Oise, et restait dans ma bouche bien après que j'en eus croqué la dernière miette. Puis je revenais à Rabat, et je retrouvais ma maman noire, toujours douce et calme comme si rien n'avait bougé pendant les vacances.

Bien plus tard, ce fut l'Afrique, la vraie. Tous les matins, je traverse un bois de tecks. Cette promenade m'amène à l'école, où nous portons tous le même uniforme, une chemise et un short kaki. Mes parents trouvent cela très bien parce que « ça réduit les différences entre les riches et les pauvres ». En fait, quand on y regarde de plus près, on voit toujours bien l'uniforme de seconde main rapiécé, et celui qui sort de chez un bon tailleur de Bouaké. Mais aujourd'hui, c'est un jour différent. Nous sommes tous réquisitionnés pour aller applaudir le Président, qui accueille un autre président. Pour ces jours-là, il y a un autre uniforme, tout spécialement fait pour les pays tropicaux. Une chemise blanche, une cravate noire, un pantalon bleu marine, des chaussures fermées noires. Tous habillés ainsi, et serrés en rang d'oignons, nous attendons le passage de la limousine présidentielle, en chantant *l'Abidjanaise* :

« Tes fils, chère Côte-d'Ivoire,
Tous rassemblés pour ta gloire
Te bâtiront dans le bonheur. »

Je m'empêtre un peu dans les paroles, malgré le salut aux couleurs fait chaque matin, mais dans la masse ça ne s'entend pas. Le soleil pèse lourd, et deux ou trois de nos petits chanteurs d'hymnes nationaux tournent de l'œil. On les évacue vers l'arrière, puis, glissant lentement sur l'un des rares morceaux d'asphalte de la ville, le cortège présidentiel apparaît. *L'Abidjanaise* s'éteint sur un dernier chœur un peu discordant, puis les élèves scandent : « Bokassa Bokassa ! » Peu à peu, la première syllabe se détache des deux suivantes : Bo...Kassa Bo...Kassa, et le volume monte, dans une franche allégresse un peu hilare. Emporté par le mouvement je braille comme tout le monde, sans bien comprendre le fou rire qui secoue deux ou trois petits malins du dernier rang. La limousine passe devant nous, les deux présidents en costume sombre à l'arrière.

Jean Bedel se rengorge sous cet accueil à l'enthousiasme débridé. Bo...Kassa Bo...Kassa. Houphouët semble mal à l'aise, comme s'il avait quelque chose à cacher à son illustre collègue si fortement acclamé. La limousine est passée, et je me penche vers Adonis Bèh Kouakou Philippe Tostao, dit ABKPT, mon voisin de table et de défilés, pour savoir le fin mot de l'histoire. Il éclate de rire et me répond en dioula, comme si la traduction risquait d'être plus inconvenante : « *ko a kasa bora, o yé bo kasa dé yé*[1]. » Alors je comprends l'air embarrassé de notre vénéré président, qui est d'ailleurs lui-même mal placé sur le plan patronymique[2], puisque la coutume veut que l'on donne des noms dépréciatoires aux petits Baoulés pour que les ancêtres ne les rappellent pas trop vite auprès d'eux. Je pense que c'est ce jour-là que j'ai commencé à comprendre que certains dirigeants politiques sentaient très fort la ... corruption.

C'était les premiers mois que nous passions en Côte-d'Ivoire, et mes parents voulaient se démarquer des autres coopérants : avec l'aide d'un ethnologue alcoolique qui me plaisait beaucoup, ils visitaient des villages dans la brousse autour de Bouaké, même si leurs intestins fragiles craignaient la sauce-graine, le piment et l'igname bouilli.

C'est ainsi que nous arrivons au village de Konobolikro, où notre ethnologue avait dû semer quelques enfants et un nombre nettement plus considérable de cadavres de bouteilles de whisky.

On s'installe en cercle, avec les notables du village, autour de quelques bouteilles de bière et de Coca-Cola tiède. Après les salutations d'usage et quelques libations — un peu de bière tiède versée sur le sol pour les ancêtres — la discussion roule lentement sur le temps, les pluies, les cultures et tous autres sujets que les Blancs croient bon d'aborder avec les « naturels » du pays, qui, comme chacun sait, sont férus de météorologie et d'agriculture. Au bout d'un temps considérable et grâce à mon jeune âge, je réussis à m'éclipser de la palabre qui s'éternise.

Pendant la journée, un village africain est étonnamment vide, comme abandonné. Il ne reste que quelques cabris qui gambadent de-ci, de-là, comiques sur leurs petites pattes, et peut-être quelques vieux au fond des cases, trop fatigués pour aller aux champs. Je vais au hasard entre les cases et les cours, d'une propreté minérale, la terre rouge du sol nettoyée et renettoyée avec des balais de nervure de palmiers. Konobolikro n'est pas un grand village, et on en a vite fait le tour. Un peu à l'écart se trouve une case rectangulaire et isolée, sans concession autour. Las de courir après les cabris de ce village de bout du monde, curieux, j'y entre. Je me trouve dans un vestibule assez sombre, silence profond et fraîcheur des murs de terre après la clarté aveuglante du dehors.

Un pas silencieux, puis un autre. Mes yeux s'accoutument petit à petit à l'obscurité. Puis je vois. La présence et l'odeur trop vivante pour une case vide sont là sous mes yeux. Dans le mur de terre est creusée une niche qui contient une statue sans visage, faite de bois patiné et sur laquelle un rouge à peine plus brillant de sang coagulé retient quelques plumes blanches. Le sacrifice est récent. Comme sur une photographie, l'image est sur ma rétine, gravée en une fraction de seconde, mais pour toujours. Aussi irréelle et fugace que l'image latente sur un film pas encore développé. Sitôt que mes jambes veulent bien bouger, probablement très vite, je suis dehors en deux pas, dans la clarté sans mystère du soleil tropical. Je sais que j'ai vu quelque chose que je n'aurais pas dû voir. C'est une image, une qualité de silence, un parfum, qui font un seul spectacle, c'est enfermé en moi, et ça prend toute la place. Je sais aussi que ça se lit sur mon visage, comme si tout à coup j'avais cessé d'être un enfant, et qu'ils ne pourront pas ne pas le remarquer.

Je secoue la tête pour en faire sortir cette présence envahissante, comme on s'ébroue, et je retourne vers le grand fromager sous lequel se tient la palabre. Ma mère me regarde, un peu inquiète. Peut-être suis-je resté devant ce fétiche plus longtemps que je ne le crois ? Je suis ailleurs, et je ne sens plus l'ennui du temps qui s'écoule jusqu'à ce que les discussions s'achèvent. Un des vieux, le plus beau, barbe et cheveux blancs, veut nous montrer les sculptures qu'il fabrique.

Nous nous levons, et nous partons vers sa case. C'est la maison où je suis rentré. Nous nous asseyons dehors et il part chercher des statues à l'intérieur. Des statues récentes, en bois tendre et clair. Il nous tend une poupée de fécondité à deux visages, celles qu'on prépare pour avoir des jumeaux. Mon père l'achète, puis pour moi un petit coq du même bois. Le vieux me regarde, et ses yeux sont profonds comme la niche aux sacrifices. Je sais qu'il sait. Rentré chez moi, je cache au fond de mon placard le petit coq de bois blanc. Mais je sais que l'odeur de ce vestibule restera, peut-être jusqu'à ce que j'ai rejoint le monde immobile qu'il annonçait.

Quelques années plus tard, je la retrouve. C'est le soir, juste avant que la nuit tombe, régulière comme une montre suisse, si près de l'équateur. J'entends la Mobylette d'Amadou crachoter une dernière fois dans l'allée sablonneuse qui mène à la villa couverte de lianes où nous habitons. Puis les suspensions grincent quand il décharge le vieil engin de son poids de bon commerçant dioula. Mon père aime marchander les statuettes qu'il ramène de partout en Côte-d'Ivoire. Amadou les sort d'un sac de toile de jute et les pose sur la table. Quand le prix est passé du simple au dixième, mon père est content d'avoir fait une bonne affaire.

Un jour, nous allons dans la concession d'Amadou. Il ouvre la seule pièce cadenassée, une remise où il garde les objets qu'il vend, au fond de la cour. Une forêt de statues. Je reste sur le pas de la porte, devant les ancêtres et les cimiers de masques qui montent jusqu'au plafond, au fond de la pièce. Immobile. Silencieux. Fasciné. Je retrouve, identique après les années, cette même odeur. Je suis toujours emporté par sa douce puissance, transporté dans un monde inconnu mais familier. Ce sont les effluves de la terre et du sang, une odeur qui ne s'en va pas, qui se diffuse lentement dans l'air immobile, comme si elle attendait placidement son heure avec la certitude qu'elle viendra. Une odeur de vie.

Parfois je la retrouve ici, maintenant que je la connais bien. Du temps a passé, on me demande un article sur une exposition d'art africain. Je regarde tristement les masques et les statues, qu'on a volés pour les mettre dans des vitrines où ils viennent mourir comme dans des cercueils de verre. Et puis, tout d'un coup, transpirant à travers les parois de verre Triplex, la petite odeur est là, rassurante, indestructible, comme pour prouver que quelque chose vit encore. Alors j'ai le sentiment de comprendre le pourquoi de la quiétude que je ressens lorsque je pose le pied sur la terre d'Afrique. C'est la sensation que l'Afrique me prend avec tendresse dans ses grands bras chauds et maternels. Parce que les ancêtres sont là, leur parfum doux et plein suinte des cases où ils se tiennent. Le temps n'a plus d'importance.

Je retrouve pendant quelques instants l'absence où j'ai été plongé pour la première fois dans la case du féticheur, que je ressens maintenant comme un vide sans menace. Puis je reviens dans cette exposition d'art africain. Je regarde les autres visiteurs, cherchant un signe du même envoûtement. Ils étudient les cartes fixées aux murs, font de savantes comparaisons. Je reste au milieu de la salle, les yeux clos, respirant lentement. Le parfum des ancêtres est là, même si c'est pour moi seul.

1. Littéralement, du dioula : « son odeur est sortie, c'est une odeur de merde » (*Bo* : excrément, *Kassa* : odeur).
2. *Houphouët*, en baoulé : « ordure, déchet ».

JEAN CHARCONNET

Photographe et linguiste africaniste. Travaille sur les « petits Blancs » en Afrique et sur l'immigration africaine en France.

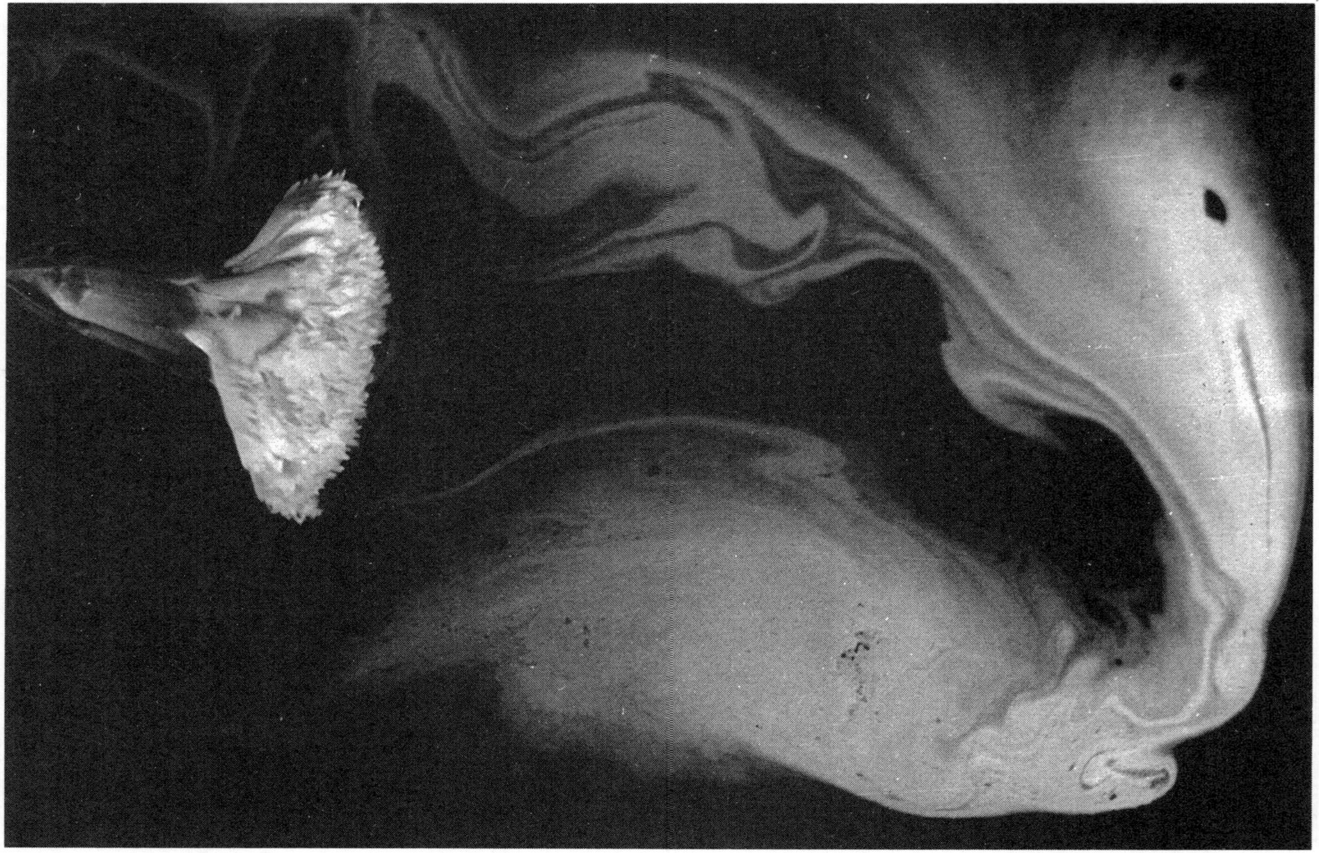

3

EXPLORATIONS DU CINQUIÈME SENS

Afin de réduire chaque jour le mystère de « ce qui se passe dans la boîte noire au moment du sentir », de nombreuses disciplines scientifiques — neurophysiologie, neurobiologie moléculaire, chimie, recherches en parfumerie, etc. — s'efforcent de poser les bonnes questions.

Les divers spécialistes en science tant fondamentale qu'appliquée s'appuient sur des technologies parfois très sophistiquées, et s'intéressent à l'ensemble du vivant.

SI ON NE SENT PAS PAREIL, C'EST QU'ON « NEZ » PAS PAREIL

Entretien avec

PATRICK MCLEOD

Chercheur fondamentaliste ès-sens chimiques au laboratoire de neurophysiologie sensorielle de Massy (CNRS-EPHE). A publié récemment, avec François Sauvageot, *Bases neurophysiologiques de l'évaluation sensorielle,* éd. Lavoisier, 1986.

Patrick McLeod. - Buter contre un trottoir, ce n'est pas olfactif, c'est somesthésique. Pour ce qui est d'évoquer un souvenir de notre vie, la connotation olfactive n'est pas plus efficace que les autres ; par contre, il s'est développé un côté mystique de l'odeur, qui aurait des liaisons incompréhensibles avec le subconscient, nous ferait agir, penser ou sentir différemment des autres sensations...

Moi, je lutte contre ça, parce qu'il n'y a pas le plus petit commencement de bases objectivables pour l'affirmer ; par contre, il y a des données solides qui disent le contraire. Donc, à mon avis, c'est un mythe à détruire.

Autrement. - Aimez-vous la soupe à l'oignon ?

Oui madame ! Vous voulez parler, je suppose, du fait qu'on n'aime pas tous la même chose. Alors, est-ce que c'est dû aux molécules (côté perception) ? Ou à une autre raison, et là, ma réponse est deux fois oui. Prenons un exemple encore plus tranché : est-ce que vous aimez l'ail ?

Oui.

Moi pas ! Probablement que nous ne sentons pas l'ail de la même façon. Derrière la façon de sentir l'ail, il y a une autre dimension, celle de l'acquis, qui nous permet de parler des sensations autrement que comme de quelque chose de totalement mécanique, inné : cette perspective est correcte, mais, comme un train, elle peut en cacher une autre ! Il existe un discours, perpendiculaire au premier, qui se fait plutôt dans le sens du temps : nous avons chacun vécu une vie, parsemée d'événements agréables ou désagréables, associés à des sensations parmi lesquelles il y en a de chimiques comme le goût et l'odeur ; de telle manière que je peux parier, sans être votre psychanalyste, qu'il doit exister une raison précise, dans votre enfance, pour laquelle vous aimez l'ail — par exemple, vous l'avez senti dans l'utérus de votre mère.

Ce qui voudrait dire qu'il n'y a aucun rapport entre la structure chimique d'un produit et les différents jugements qu'il provoque ?

Certains chimistes font des études de relation structure-activité : si j'ajoute un groupement méthyle sur telle molécule, est-ce que les gens trouveront ça meilleur ? La réponse est catégorique : il n'y a pas d'explication du caractère agréable ou désagréable de l'odeur au niveau des récepteurs. Les récepteurs sont totalement neutres, c'est le centre intégrateur du cerveau qui va fournir, comme un assaisonnement, les impressions hédoniques associées.

Parmi les jugements courants sur les odeurs, il y a ceux qui concernent l'intensité et la qualité.

Oui, c'est un vieux truisme en psycho-physique, qui consiste à dire que l'on peut parler de toutes les sensations sur deux modes communs : l'intensité (fort ou pas fort), et, de façon indépendante, la qualité (la nature de ce que l'on ressent : du chaud, du froid, de la musique, etc.).

Or, si je présente à un seul et même sujet une gamme de concentrations d'un même produit, et si je ne suis pas trop directif, il va me dire : « Eh, monsieur, vous savez que ça ne sent pas tout à fait comme tout à l'heure ? » Il a remarqué lui-même qu'en changeant la concentration d'un produit, sa qualité change effectivement. Autrement dit, l'invariant qualitatif n'est pas absolu : l'intensité et la qualité ne sont pas indépendantes.

Si je procède maintenant en neurobiologiste, comme le fait mon ami Holley, en mettant des électrodes sur des fibres nerveuses, qu'est-ce que je trouve ? Je trouve que l'image olfactive, que l'on peut rendre visible sous forme de carte d'activité pour une odeur, grâce à un marqueur radioactif, cette carte varie aussi bien avec la qualité qu'avec l'intensité : en changeant l'une ou l'autre, on modifie le dessin de la carte.

N'est-ce pas un peu ce qui se passe en parfumerie, lorsqu'on choisit entre un parfum et une eau de toilette ?

Beaucoup de chercheurs l'ont souligné comme une banalité, il suffit de changer le solvant pour changer l'impression olfactive.

Dès qu'on parle des odeurs, pourquoi est-on gêné du point de vue du vocabulaire ?

C'est que l'olfaction n'atteint pas l'abstraction. Abstraire, ça veut dire pouvoir utiliser des descripteurs qui soient communs à plusieurs objets. Pour les odeurs, on n'y arrive pas, pour deux raisons : d'abord la dimension et la complexité du champ sont très grandes ; ensuite, et je vais m'efforcer de le démontrer, *il n'y a pas d'observateur standard.*

Et d'abord, une analogie préhistorique : prenez un homme de Cro-Magnon pour vous guider dans une forêt. Il vous amène là où vous vouliez aller, sans erreur ; vous, vous n'y avez rien compris. En réalité, ce type a déjà fait et mémorisé le chemin, tandis que nous aurions pris une carte et une boussole : nous avons une connaissance abstraite de ce qu'est un espace de représentation et nous savons l'utiliser. Ici, l'espace euclidien, c'est le référentiel universel des astronomes, des géographes, des automobilistes... Dans ce cas, il existe un observateur standard ; c'est-à-dire que pour vous et pour moi, le nord est défini de la même façon. Et au niveau des odeurs, c'est là que les ennuis commencent.

Cette absence d'observateur standard pour l'olfaction, comment la met-on en évidence ?

Un moyen très simple : demander à des sujets humains, naïfs ou entraînés, peu importe, de faire des analogies entre odeurs, de donner des notes de ressemblance ; vous prenez une essence florale, et vous fabriquez des mélanges qui se ressemblent plus ou moins en lui ajoutant une petite quantité d'une autre essence. Le jeu consistant à coter numériquement ces analogies, on découvre que ça ne donne pas les mêmes proximités pour une série d'observateurs. Par contre, pour une personne donnée, on a des proximités constantes, caractéristiques de cette personne.

Est-ce qu'on sait pourquoi ?

C'est uniquement lié à la constitution du détecteur périphérique ; et ça n'a rien à voir avec la différence des personnalités, ou avec l'apprentissage vécu d'une personne.

Nous avons une série de récepteurs qui coopèrent au niveau de l'épithélium olfactif pour détecter les molécules odorantes, et deux personnes différentes n'ont pas la même série de récepteurs, ni en nature, ni en nombre.

Vous pouvez le jurer sur la Bible, ça ?
Oui madame, c'est comme les groupes sanguins, ou, mieux, les groupes tissulaires. Là où je suis un peu obligé de vous rendre votre Bible, c'est que les récepteurs, je ne les ai pas dans un cahier, nommés, caractérisés, avec une séquence d'acides aminés, etc. Le seul argument qu'on ait, mince, mais tangible, est celui des anosmies partielles.

Parmi les anosmies partielles permanentes, on en connaît actuellement deux qui sont transmissibles génétiquement par un gène récessif : celle du musc et celle de l'androsténone. Pour le musc, cela concerne environ 10 pour 100 des gens, un peu comme le rhésus négatif ; alors, contrairement à Amoore qui, dans les années 1967-1970, voyait cela comme une anomalie, cela nous prouve simplement qu'il y a une diversité interindividuelle.

Quand on passe à l'autre anosmie, elle concerne 50 pour 100 des gens, indépendamment du sexe. Vous prenez une certaine dose d'androsténone, 50 pour 100 des gens vont la sentir avec une odeur de pipi d'une certaine intensité ; les autres 50 pour 100 ne sentiront rien du tout, parce que c'est au-dessous de leur seuil ; en le concentrant 700 fois, ils le sentent avec la même intensité mais avec une odeur de moisi. Bien entendu, c'est seulement « analogue » au moisi ou au pipi. Cela dépend d'un récepteur unique, appelons-le Z : si j'ai Z, je sens le pipi, si je n'ai pas Z, je sens le moisi.

Qui a raison ?
Personne bien sûr. C'est un cas où les différences interindividuelles sont caricaturales et proviennent de la périphérie ; mais l'androsténone étant un corps pur, c'est un cas particulier qu'on ne peut se permettre de généraliser. Le cas général étant qu'un produit donné est toujours perçu par un ensemble de récepteurs.

La superposition des espaces olfactifs de différentes personnes aboutit à ce qu'on appelle un ensemble vide. S'il y a par hasard une partie commune, il suffit de rajouter quelques odeurs de plus dans le tableau pour la faire disparaître.

Mon Dieu !
Vous voyez, c'est ce que l'on dit lorsque l'on dit qu'il n'existe pas d'observateur standard en olfaction ! Maintenant, on peut se servir de l'absence d'observateur standard comme d'un outil de travail. La manière de procéder consiste à recueillir, par un questionnaire, assez d'informations pour construire l'espace olfactif d'une personne donnée ; c'est une méthode analogue à celle du QI inventée peu avant la Première Guerre mondiale par les psychologues américains qui participaient au recrutement et se demandaient : pourquoi est-on, ou non, intelligent ? En pratiquant à vaste échelle cette analyse multidimensionnelle, l'hypothèse de départ était qu'il n'y avait qu'une seule dimension, qu'on pouvait classer les gens sur une droite en mettant le plus bête à un bout et le plus intelligent à l'autre ! Maintenant on sait que l'intelligence est une grandeur multifactorielle : en plus de la mémoire et de la capacité de raisonner, on a trouvé d'autres dimensions, en particulier dans le domaine affectif.

C'est ce que nous faisons pour l'olfaction, avec cet outil mathématique ; nous prenons un certain nombre de distances entre des stimulus odorants pour une personne donnée, et nous cherchons l'existence d'un PGCD (plus grand commun dénominateur), un espace quotient : alors là, c'est zéro, ensemble vide. A l'autre bout du système, on regarde s'il n'y aurait pas un PPCM (plus petit commun multiple), un espace plus grand qui contient l'ensemble des espaces individuels, et c'est ce que nous trouvons.

Nous pouvons aujourd'hui obtenir une représentation mathématique de l'ensemble des réponses olfactives d'un ensemble d'individus à un ensemble de stimulus, ce qui nous conduit à chercher comment expliquer les axes de cet espace.

On pense actuellement que la clé se trouve dans les lois de l'interaction physico-chimique entre les petites molécules qui sont odorantes, et les macromolécules de nature protéique qui sont dans les membranes réceptrices. L'ensemble des phénomènes qui font que les gens sont différents les uns des autres s'explique par ces lois d'interaction entre molécules.

Vous n'auriez pas une analogie à proposer ?

La plus parlante des analogies, c'est la reconnaissance de forme. Imaginez que la macromolécule est une personne, et que la petite molécule, c'est quelqu'un qu'elle reconnaît dans la foule, avec un chapeau rouge par exemple. Il ne s'agit pas de reconnaître tous les détails d'une molécule mais certains détails de nature physico-chimique — ou encore toutes les personnes ayant en commun un certain caractère : tel vêtement, telle dimension, les oreilles décollées, etc. Il s'agit de propriétés qui sont partagées par plusieurs molécules différentes, et qui sont reconnues par un récepteur donné.

Nous n'avons pas conscience de l'énorme travail de filtrage et de réduction qui est fait par l'ensemble de nos centres nerveux à partir d'une information terriblement multicentrique, représentée par l'impact de milliards de molécules sur des milliards de récepteurs pendant quelques fractions de seconde : chiffres astronomiques pour une sensation consciente, unique, qui nous fait dire, par exemple : « Ça sent l'oignon. »

N'est-ce pas cette complexité et l'absence d'explication qui a permis l'éclosion de milliers de systèmes de classification des odeurs, qui, à chaque fois, ne reflétaient que l'espace subjectif de leurs auteurs ?

Je suis absolument d'accord. Quand je suis scientifique, je suis capable, au moyen de certaines techniques, de savoir ce qui se passe au niveau des molécules de calculer des nombres, des probabilités.

Quand je suis homme, et que je sens une odeur, je ne peux pas du tout faire subjectivement la relation entre ce que je sais par mes calculs et ce que je sens : ce sont deux univers qui ne se rejoignent pas.

L'esprit humain a toujours la tentation de simplifier pour atteindre le niveau abstrait ; et la classification, c'est l'argument clé pour parler d'abstraction à propos des odeurs : classifier, c'est privilégier certains descripteurs permettant une représentation schématique d'un objet, et laisser tomber tout le reste en disant que c'est secondaire.

Or chacun peut constater, qu'il soit érudit ou ignorant, l'impuissance du langage des odeurs : on ne peut que se référer à leur source (ça sent l'oignon, la fleur, le fruit) ou à des images ; en fait, les descripteurs pour les odeurs, nous ne les connaissons pas.

Nous avons eu une conversation où vous aviez résumé les dimensions des autres sens.

Oui, je peux les rappeler. Pour l'œil, les trois dimensions euclidiennes, plus les trois dimensions de la couleur, ça fait six en tout.

Pour l'ouïe : la fréquence, l'intensité et la direction de la source par rapport à nous.

Pour le toucher, il y en a cinq : deux pour la surface du corps, une pour le contact, une pour la pression, une pour le thermique. On ne met pas la douleur dans la somesthésie, c'est un système différent, presque un sens séparé.

Pour le goût, les quatre saveurs fondamentales (salé, sucré, acide, amer) sont une abstraction trop simplificatrice, et le vocabulaire pour parler de ce deuxième sens chimique est très au-dessous de la réalité.

Il semble que trois de nos sens bénéficient d'un vocabulaire descriptif précis et abondant ?

Demandons-nous un peu les raisons du succès des uns pour comprendre l'échec des sens chimiques : nous retombons sur l'observateur standard. Nous avons un référentiel commun pour la vue, l'ouïe, le toucher.

Je pense que chez nous, primates diurnes, la complexité maximale c'est la vision ; c'est là que notre cerveau a mis tout le paquet. Du fait que nous avons les mêmes pigments pour voir les mêmes photons, nous sommes réellement interchangeables. Si je pouvais connecter mon lobe occipital sur le vôtre, je ne serais pas surpris par ce que vous voyez.

Il y a un travail, fait en 1969 par des Scandinaves, qui permet d'envisager une complexité plus grande : ils ont essayé de mesurer l'espace de représentation interne de chaque sujet pour les odeurs, en détectant combien les gens utilisaient de dimensions différentes dans leurs descriptions. Ils en ont trouvé de trois à onze, suivant les odeurs et les personnes.

Mettons que l'on vous présente du persil frais et du persil surgelé, dégelé dans une assiette. Si on vous demande pourquoi ils ne sont pas tout à fait pareils, vous commencerez à raconter un tas d'histoires, peut-être jusqu'à onze catégories pour différencier ces deux odeurs jumelles. Maintenant, si on vous présente un verre de mazout à côté d'un petit verre d'eau-de-vie de prune, à la limite, vous direz : il y en a une qui me plaît et l'autre qui me donne la nausée ; vous évoquerez peut-être le garagiste et l'armoire à liqueurs ; mais après avoir éventuellement mentionné que l'une est soufrée, vous n'irez pas plus loin. Et de fait, cette notion de onze dimensions se retrouve en linguistique, par exemple : quand on essaie de voir comment fonctionne le pouvoir descripteur de l'esprit humain, il semble que l'on plafonne à dix ou onze.

Au contraire, dans le cas des sens chimiques, les données expérimentales nous montrent que le problème est supérieur à onze. Nous avons plus probablement entre dix et vingt sortes d'interactions entre nos fameux récepteurs qui reconnaissent les chapeaux rouges ou les cheveux blonds. Nous avons dix ou vingt sortes de critères irréductibles les uns aux autres ; nous nous servons de ce système sans nous en rendre compte, sauf lorsque nous verbalisons.

A vous entendre, tout espoir scientifique de justifier un consensus sur la qualité, par exemple celui des parfumeurs, part en fumée ?

C'est un sacré problème, qui entraîne des hésitations pour des gens qui sont de bonne foi. Je vais essayer de vous répondre au niveau de l'hypothèse, car, à ma connaissance, il n'y a pas eu de recherches concluantes sur ce point. Or, un grand parfumeur

comme M. Roudnitska insiste sur le fait que toute composition réussie d'un parfumeur fait appel à une structure chimique très complexe.
Le problème est le suivant : est-ce que la qualité perçue dépend de la complexité du stimulus ? Notre système olfactif, qui nous produit une image pour chaque odeur, nous produit-il des images comparables lorsqu'il s'agit de l'image d'un corps pur ou de l'image d'un corps naturel ? Par exemple l'odeur d'une fleur qui, en effet, comprend des centaines et des centaines de corps odorants qui aboutissent à une espèce d'harmonie que nous percevons comme une odeur unique. Est-ce que c'est pareil ?
En regardant de manière très scientifique l'image donnée par le benzaldéhyde (corps pur dont l'odeur rappelle l'amande amère) et celle de l'essence de rose, on ne peut pas dire laquelle des deux correspond à une source simple, laquelle à une source complexe. Tout à l'heure, on a comparé l'image d'une source simple entre différentes personnes, et on est tombé sur le problème des observateurs qui ne sont pas superposables.
L'expérience parallèle sur les sources complexes n'a pas encore été faite : je ne puis donc vous dire si l'image de l'essence de rose dans votre bulbe olfactif ressemble à la mienne. Il se pourrait bien que les différents corps purs qui composent un ensemble naturel tel qu'une odeur de fleur *se combinent* et convergent vers un consensus qui réunisse les observateurs au lieu de les séparer, et que ce soit justement cela, l'art du parfumeur... Le bon parfumeur c'est une sorte de sage qui sait mêler des choses très complexes pour produire une sensation qui soit la même pour tout le monde. Je ne peux pas dire, moi, en tant qu'expérimentateur, s'il a raison ou tort, car je n'ai pas essayé !
Lorsque les odeurs sont obtenues par un mélange de très nombreux corps purs, peut-être que la qualité perçue est davantage la même pour différentes personnes que lorsqu'il s'agit de corps purs pris isolément. Et là, comme d'habitude, c'est l'expérience qui tranchera !

propos recueillis par
JACQUELINE BLANC-MOUCHET

EDMOND ROUDNITSKA

L'UNIVERS DU PARFUM

Le parfum est un grand méconnu, objet de lieux communs et d'hérésies qui en ont dénaturé la genèse et faussé la signification. Un nombre incroyable de préjugés se sont installés, une mythologie du parfum s'est ainsi constituée, faussant l'esprit du public et celui d'observateurs trop crédules.

Alors, qu'est-ce qu'un parfum ? C'est une « composition » de produits odorants divers, diluée dans une proportion adéquate avec de l'alcool éthylique, propulseur nécessaire. Ce n'est pas qu'un mélange car avant de mélanger il faut *composer*. Composer, c'est d'abord concevoir une forme olfactive originale et, à partir de cette conception nécessairement abstraite, rédiger assez laborieusement une formule de composition qui sera le scénario du parfum. En mélangeant les composants de la formule, on réalise concrètement le support de la forme olfactive conçue.

Pour que cette composition ait une valeur artistique il faut et il suffit que ses constituants soient délibérément choisis et proportionnés de telle manière qu'ils se conjuguent significativement pour donner une forme olfactive spécifique donc reconnaissable, intéressante et harmonieuse. Ce sont toutes ces exigences qui, satisfaites, feront d'un mélange un parfum et du parfum une œuvre d'art.

Le parfumeur disposant de nombreux matériaux divers autorisant d'infinies combinaisons, une technique de composition tendant à exclure le hasard de sa pratique exige l'acquisition d'un immense savoir, la connaissance approfondie de quelques centaines de ces matériaux parmi les milliers possibles, et surtout une bonne mémorisation d'une multitude de combinaisons entre eux. Ce n'est possible qu'après un long entraînement et une persévérante éducation de l'intuition sans laquelle l'aléatoire dominerait. Une pratique éclairée et fructueuse de la composition artistique des parfums exclut donc tout amateurisme[1]. Même à la fin de sa vie un compositeur sérieux et conscient demeurera un étudiant que la réalité des choses aura rendu modeste.

A propos des termes « odeurs » et « parfums », qui sont souvent confondus, convenons d'une définition simple : un parfum est une composition d'odeurs, c'est-à-dire une composition de sensations olfactives diverses. On s'aperçoit ainsi que le terme « odeur » est généralement utilisé d'une façon équivoque, d'abord en le confondant avec parfum mais aussi en le substituant au matériau qui provoque la sensation olfactive. L'odeur, ou sensation olfactive proprement dite, est un *phénomène de conscience* provoqué par le matériau (essence naturelle ou produit de synthèse). On ne doit donc pas dire : odeur rose mais odeur de rose[2]. Tout au long de ce qui va suivre nous devrons nous surveiller pour éviter cette confusion.

Montrons d'abord ce qu'on entend par « sensation ». Très schématiquement dit, pour qu'il y ait sensation il faut :

— l'action d'un *stimulus* sur un appareil récepteur ;

— que ce stimulus, en provoquant une modification locale, passagère et réversible mais efficace, détermine une *excitation* à la partie périphérique du récepteur ;

— que cette excitation, pour entraîner une réaction générale, soit d'abord traduite, codée, puis transmise par un message *nerveux* ou *humoral* à une ou plusieurs stations régulatrices ;

— que le message nerveux parvienne, à travers quelques étapes, au cerveau qui va décoder le train d'ondes électriques ;

— que ce message décodé arrive enfin aux centres qui, grâce à une multitude d'agents, régissent la conduite globale de l'individu et enregistrent les expériences devant permettre d'*adapter* cette conduite dans le présent comme dans le futur.

Cette description n'est que le schéma extrêmement sommaire d'un processus qui par le jeu infiniment diversifié de réponses primaires ou locales, d'actions indirectes, de modifications successives, etc., fait intervenir des mécanismes d'une complexité et d'une subtilité inimaginables, opérant avec une quasi-instantanéité. On ne s'étonnera plus qu'il soit si difficile d'édifier là-dessus un vocabulaire spécifique des réactions sensorielles.

PRÊTE-MOI TES MOTS

Car le schéma précédent n'est pas particulier à l'appareil olfactif, c'est celui de tous les appareils sensoriels. C'est pourquoi les problèmes de langage, de description des sensations, de communication, qu'on évoque volontiers à propos d'odeurs et de parfums, se posent aussi bien pour les autres sens. Tous pour s'exprimer utilisent des images généralement empruntées aux autres sens.

On parle de couleurs acides, douces, chaudes, froides, plates, vives, pétillantes, stridentes, fades, ternes, sourdes, tristes, gaies, agressives, délicates, reposantes, passées, fanées, mièvres ; d'un bleu profond ou pâle, d'un vert criard, d'un rose tendre, d'une couleur qui fait chanter les autres ou d'harmonies chantantes, de couleurs qui hurlent, d'un gris sale, d'un blanc immaculé, etc.

On dira d'une musique qu'elle est vive, alerte, colorée, gaie, joyeuse, triste, brillante, ample, profonde, solennelle, funèbre, lancinante, soporifique, sans relief, pimpante, entraînante, ensorcelante, suave, douce, câline, charmeuse, éthérée, légère, savante, fluide, grande, petite, sauvage, hachée, heurtée, coulante, nostalgique, céleste.

La voix est chaude, fraîche, glacée, blanche, métallique, cuivrée, d'airain, forte, faible, perçante, sifflante, éclatante, dure, molle, douce, tendre, langoureuse, caressante, prenante, claire, sombre, caverneuse, ronde, carrée, aigrelette, acide, emportée, empâtée, fêlée, brisée, cassée, cassante, fluette, petite, grosse, altérée, éteinte, effacée, lasse, tremblante, traînante, usée, frêle, étouffée, fragile, légère, grasse, sèche, humide, souple, mouillée, moelleuse, haute, basse, pointue, vigoureuse, émue, bouleversée, tragique, contenue, terne, empruntée, mordante.

Ces nombreuses épithètes pour « dépeindre » une voix sont étrangères à l'acoustique. Mais n'est-ce pas là le propre des images ? Et on ne décrit bien qu'en termes imagés. Le parfumeur, pour s'exprimer, ne fait donc en réalité que subir le sort commun. Là où la différence est grande c'est que l'art de combiner des éléments sonores, ceux du dessin, de la peinture, ont des millénaires d'expériences et d'entraînement à s'exprimer derrière eux. Tandis que la composition des parfums n'a guère plus d'un siècle, son esthétique quelques décennies à peine, et il y a peu d'esthéticiens qualifiés pour en parler. Or, pour pratiquer un langage imagé valable, il faut par définition beaucoup d'imagination, un long entraînement à cet exercice et une vaste pépinière où puiser des gens doués. Il faut donc le temps, la volonté et la patience de constituer celle-ci.

Le musicien dont l'art est en partie scientifique, dispose d'un nombre considérable de termes techniques, certains exprimant des mesures mathématiques. Il possède maintenant des instruments d'enregistrement et de reproduction. Il n'empêche que ce n'est pas en utilisant ces termes que le musicien et l'érudit pourront décrire la *forme* de la partition. Pas plus que le peintre ne s'exprime en longueurs d'ondes. Tous ont recours à des images et à un jargon que le temps et les hommes ont forgé. Pour se faire une idée du caractère factice et conventionnel du langage artistique, il n'y a qu'à écouter ou lire un critique d'art.

Nous avons également notre jargon, pas encore aussi riche mais aussi vain lorsque ce sont des critiques qui s'expriment. Nous parlons aussi de parfums frais, fleuris, chauds, boisés, verts, âcres, légers, lourds, poudrés, acides, piquants, ambrés, etc. Pour donner une idée de notre parfum nous faisons appel à des constituants, ce qui ne dira pas quelle forme globale ils vont déterminer. Le plus souvent nous nous rapportons à une forme-type, elle aussi conventionnelle (un chypre !) servant de référence. Mais il faudrait préciser alors en quoi notre propre forme en diffère. Ce ne serait encore qu'à l'aide d'images.

UN CERTAIN MUTISME

Car il ne faut pas oublier le handicap fondamental que nous avons sur tous les autres arts : *nous ne pouvons pas divulguer notre formule,* nous ne pouvons donc parler librement de sa construction, de sa structure. Et ce d'autant moins qu'il s'agit d'un grand parfum, puisque ce sont les plus pillés ; les parfumeurs n'ayant pas encore osé, comme c'est leur droit, invoquer la loi du 11 mars 1957 pour les protéger[3]. Nous avons vu que ce n'est déjà pas facile de décrire une œuvre d'art, comment pouvons-nous le tenter pour notre parfum si nous devons nous taire sur sa construction ? Or, ce mutisme sera toujours obligatoire, par nécessité fondamentale. Donc, quels que soient les progrès réalisés dans le domaine de l'olfaction, ce handicap originel subsistera... tant que la « forme » de notre parfum ne sera pas en sécurité.

Dans l'état actuel des connaissances, mettre un nom sur une odeur ne peut consister qu'à ramener l'inconnu au connu. Le jour où la sensation olfactive relèvera de coordonnées précises : physiques, chimiques, électroniques, ou de facteurs se rattachant à la connaissance des formes, ce jour-là on pourra vraisemblablement décrire la sensation olfactive à l'aide de néologismes construits scientifiquement. Ils n'auront d'abord un sens que pour leur inventeur. Ensuite, il faudra de proche en proche instruire les gens en leur disant : tel mot s'applique à l'odeur de tel corps, en le leur mettant sous le nez. Ce mot sera *objectivement* devenu le descriptif de la sensation provoquée par le corps en question. Jusque-là, nous serons condamnés à nous exprimer en termes imagés, en rapportant notre sensation à une autre plus notoire se prêtant à une association d'idées.

Pour décrire nos parfums, il faut donc faire preuve d'imagination verbale, mais il faudrait aussi se dire que la meilleure description d'un parfum ne vaudra jamais l'acte merveilleux de le sentir.

La connaissance de nos matériaux peut progresser beaucoup grâce aux chercheurs scientifiques, chimistes-physiciens et électrophysiologistes. D'une manière empirique, j'ai proposé une classification de ces matériaux en 15 séries : Hespéridées, Rose, Oranger, Jasmin, Violette-Iris, Anisée, Aromatique, Verdure, Épices, Bois, Tabac, Fruitée, Balsamique, Animale, Cuir[4].

Ce classement a surtout une valeur pédagogique pour faciliter aux débutants la mémorisation des matériaux en les apparentant à ces séries. Mais l'intérêt est nul pour le compositeur qui ne compose pas avec des familles mais avec des individus dont il devra assimiler le plus grand nombre possible d'interactions.

Un autre mode de classification des matériaux, de portée déjà plus pratique, consiste à les faire entrer dans des échelles de sensations comme : frais à chauds, légers à lourds, secs à gras, fugaces à tenaces, éthérés à balsamiques, amers à doux, acides à onctueux, aigus à graves, fleuris à fruités[5]. Un même produit pouvant entrer dans 2 ou 3 échelles différentes. Ex. : citron aigu et fugace ; acétate d'amyle : éthéré, fruité et fugace.

Ces échelles utilisent encore des termes imagés, mais chaque compositeur en fait son affaire personnelle et pourra avoir constamment ces images présentes à l'esprit en illustrant ainsi sa palette. Lorsqu'il manipulera chacun de ses matériaux il se dira instinctivement : il est sec, il est gras, il est fugace, il est lourd, etc. Le véritable classement mental est plutôt celui-ci que celui par familles[6].

Les électrophysiologistes de l'université Claude-Bernard à Lyon-Villeurbanne, sous la direction du professeur André Holley, ont réussi chez le rat à simuler des sensations olfactives par de simples stimulations électriques, en implantant des électrodes dans le bulbe olfactif. C'est une avancée sur la voie de reconstitutions électriques de sensations olfactives. Il faudrait faire parler le rat pour savoir quel type d'image olfactive se forme dans son cerveau.

Dans la même université, des travaux récents sous la direction du professeur Maurice Chastrette, du laboratoire de chimie-physique, et en liaison avec la précédente équipe, ont permis à Bernard Eminet de présenter en 1983 une thèse de doctorat de 3e cycle portant sur « l'étude physico-chimique des relations entre la structure de la molécule odorante et l'activité de cette molécule sur le récepteur olfactif ». Travail exceptionnel.

Eminet a franchi un pas décisif en établissant que ce n'est pas la structure complète de la molécule odorante qui est retenue et codée par le récepteur mais une ou plusieurs parties spécifiques et partielles de la structure moléculaire. Il cite un certain nombre de parties qui montrent que le récepteur retient essentiellement les propriétés électroniques de la molécule odorante, propriétés qu'on peut considérer comme le *message olfactif* (au sens informatique du terme), à distinguer du *matériau* physico-chimique dans son ensemble, et de la *sensation olfactive* qui résulte de l'action du message sur la molécule réceptrice. Cette action entraîne des variations de potentiel se transformant en courants électriques qui vont véhiculer le message codé tout au long du processus sensoriel.

UN MINIMUM DE RIGUEUR

Lorsque nous examinons un produit odorant et la sensation (odeur) qui en résulte, nous nous basons sur un certain nombre d'*attributs* qui deviennent en quelque sorte les coordonnées du produit en question et de la sensation qu'il procure. C'est là où le risque de confusion est grand. Ces attributs sont : la *qualité*, l'*intensité*, qui, elles, relèvent bien de la sensation ; la *volatilité* qui est le fait du produit qui s'évapore, et la *durée de perceptibilité* de ce même produit sur un support (papier, tissu, peau, etc.). Cette durée est en relation avec la volatilité mais pas uniquement.

Il est d'autant plus délicat de parler de ces attributs en termes rigoureux que nous avons pris l'habitude, par commodité et parce qu'il est difficile de faire autrement, d'« attribuer » ces caractéristiques au matériau qui en est la cause alors que, nous le savons, il s'agit de l'*interaction* matériau/récepteur. Mais on comprend bien qu'il ne serait pas pratique de dire chaque fois : « la qualité, l'intensité, de l'interaction de tel produit avec mon récepteur... » On finit donc par dire : la qualité de tel produit, l'intensité de tel autre... C'est incorrect mais cela facilite langage et communication. D'autant plus qu'il n'est pas absolument prouvé que la « nature » du stimulus ne soit pas déterminante dans la qualité de la sensation. L'intensité étant davantage soumise à la réaction du récepteur.

Sur la *qualité*, c'est-à-dire sur la « note », sur la « forme », de la sensation, il y a un large consensus entre les individus, mises à part d'assez rares exceptions, comme anosmiques ou daltoniens. Sur l'intensité de la sensation il en va autrement. Chacun n'a pas la même acuité, la même sensibilité, pour diverses raisons, et il peut exister de très grandes variations d'appréciation sur la force d'un produit ou d'un parfum, entre individus.

Ceci explique pourquoi j'ai longtemps souhaité et je souhaite toujours que l'on parvienne un jour à objectiver la sensation olfactive. En négligeant les réactions extrêmes d'individus « hors normes », en tablant sur un « nez humain moyen[7] », et surtout en parvenant à déterminer avec précision la relation qui existe entre la structure moléculaire d'un odorant et la sensation correspondante. Des chimistes-physiciens spécialisés sont maintenant attachés à cette recherche, longtemps vaine, qui a connu d'importants progrès ces dernières années.

La *durée* d'un parfum (sous-entendu : sur tel ou tel support) n'est pas autre chose que son intensité à travers le temps. Le jour où cette intensité deviendrait mesurable, on pourrait aussitôt dresser des tables de durée.

La *volatilité* est davantage spécifique de chaque stimulus, un produit est plus ou moins volatil, encore que le récepteur y réagisse à sa façon. Les chercheurs s'efforcent de cerner, voire de chiffrer, cette propriété subtile et complexe qu'est la volatilité des corps odorants. Propriété capitale pour nous puisque sans volatilité... il n'y aurait pas de parfum.

Pour parler de ces propriétés, nous en sommes toujours réduits à la subjectivité. La qualité d'un odorant, d'un parfum — sa « forme » —, nous ne pouvons la décrire, nous l'avons vu, qu'avec les termes imagés qui nous semblent les plus appropriés, en nous référant à la nature, à des précédents, à tels repères, à des formes similaires dans d'autres domaines, comme cela se passe dans toutes les activités relevant de l'esthétique. Ce qu'il faut dire c'est que dans les autres domaines il y a de nombreux connaisseurs, des érudits, des experts ; un marchand de tableaux parle de la peinture en connaissance de cause. Dans la parfumerie, il y a de moins en moins de connaisseurs, d'où l'évolution de la qualité, de la production, d'où la difficulté croissante de trouver des gens aptes à en parler valablement.

Ce qu'il faut bien comprendre, c'est que terme « imagé » ne veut pas dire terme « gratuit », comme c'est souvent le cas en publicité ou en littérature. Pour avoir le droit de s'exprimer en termes imagés il faut le faire avec une extrême rigueur. Une image n'est admissible que si elle est juste. J'ai toujours recommandé aux débutants de noter leurs sensations olfactives en évitant absolument les « à peu près ». Il faut observer avec attention et acuité, réfléchir, recommencer jusqu'à ce que surgisse l'« image » juste. Voilà la règle impérative pour parler des parfums. Comment le faire sans les bien connaître ?

Le *volume* est une des principales qualités d'un parfum. Notion comparable à celle de « volume sonore » : encore une image, mais juste. Dans notre cas, le volume est le mode de diffusion dans l'atmosphère des divers éléments bien conjugués d'un complexe odorant, qui s'harmonisent et s'exaltent mutuellement pour favoriser l'expansion de l'ensemble. Le volume est le signe de la réussite, il montre qu'aucune faute de construction n'a été commise. Un parfum volumineux aura naturellement du *sillage*[8].

Y A-T-IL DES ODEURS FONDAMENTALES ?

On s'est demandé s'il existait des « odeurs fondamentales » comme il y a des saveurs fondamentales. Les sensations olfactives résultant d'un « tri » faisant intervenir des *dizaines de millions de fibres nerveuses*, chacune véhiculant une partie de l'information, on ne voit pas où pourrait se situer un élément fondamental. On peut imaginer que les odeurs sont plus ou moins complexes, mais que toutes le sont parce que résultant de multiples combinaisons d'impulsions électriques. Les odeurs seraient comme des mots, les lettres-impulsions électriques ne correspondant pas encore à des odeurs. Le nombre des corps odorants est si grand qu'on ne peut imaginer des odeurs fondamentales.

La complexité des actions qu'entraîne la reconnaissance par le cerveau d'un seul corps odorant donne une petite idée de ce que peut représenter une composition, un parfum ! Une formule de 30 termes seulement, avec quelques essences naturelles (constituées chacune de plusieurs centaines de corps chimiques différents), implique des dizaines de milliers d'interactions d'ordre esthétique. Que va-t-il se passer lorsque cet ensemble si complexe va se présenter (en ordre plus ou moins dispersé par l'évaporation) aux narines de l'amateur ? L'esprit parvient pourtant à dégager une forme de tout cela, du moins lorsque le compositeur a su en concevoir une.

C'est pourquoi on ne peut décemment exiger de nous le classement en catégories de centaines de parfums de très inégales valeurs. Il appartient à chaque usager d'avoir sa religion personnelle, d'inscrire dans son imagination et sa mémoire le nom qui lui semblera convenable pour qualifier le parfum qu'il a choisi parce qu'il lui plaisait tel qu'il est, non parce que c'est un chypre, un cuir ou un ambre, noms qui, à part le second, ne veulent rien dire. Lorsque l'amateur de peinture entre dans une galerie, il achète un tableau non parce que c'est un « impressionniste » ou un « fauve » mais parce qu'il lui plaît. L'amateur éclairé recompose à sa manière personnelle le parfum lorsque celui-ci est caractéristique, et c'est ça qui montre que le parfum est une œuvre du goût, parce qu'il se prête à ce traitement, comme toutes les œuvres d'art.

EDMOND ROUDNITSKA

Compositeur de parfums ; auteur de *L'Esthétique en question*, PUF, 1977, et de nombreux articles dans des revues professionnelles.

1. *L'Esthétique en question* précise les contraintes de ce métier.
2. Sur l'importante distinction entre matériau, matière, forme, voir *L'Esthétique en question*, PUF, p. 41.
3. J.-P. Pamoukdjian, *Le Droit du parfum* LGDJ, 1982.
4. Travail publié dans : *Perfumer and Flavorist*, 1980 ; *Rivista italiana*, mai 1981 ; *Dragoco Report*, janvier 1982.
5. Cf. *L'Esthétique en question*, *op. cit.*, p. 53.
6. A propos de nos matériaux dont la palette s'est tant enrichie grâce à la chimie fine, on constatait que, en raison des très longues mises au point de certaines synthèses (des années), entraînant des prix de revient très élevés, les recherches avaient tendance à s'essouffler. L'utilisation de l'informatique et de l'électronique, en abrégeant considérablement certains délais, en limitant l'aléatoire, a redonné un coup de fouet à cette recherche en abaissant les coûts. Avec la chromatographie, la résonance magnétique nucléaire, couplées avec ordinateurs, en devenant de plus en plus physique, la chimie a progressé à pas de géant. Ce que ne pressentaient pas tous les chimistes il y a vingt ans.
7. Je dis bien « nez moyen » et non moyenne des nez car les extrêmes faussent les moyennes statistiques.
8. *L'Esthétique en question*, p. 55, PUF, 1977.

CATHERINE ROUBY

DERNIÈRES NOUVELLES DE L'OLFACTION

Dans une société qui épargne aux infirmes jusqu'au nom de leur handicap — non-voyant, mal-entendant —, la personne qui se déclare anosmique — privée d'odorat — est saluée bien souvent par un « Quelle chance vous avez ! » Comme si, au contraire d'un manque, cet état représentait un modèle de félicité : le privilège définitif de ne plus être assailli par la puanteur du monde.

Le nez est bien souvent présenté comme une cause de souffrance, de laideur, et ceux qui se le font remodeler pour plaire ont-ils pensé à lui comme source de plaisir ? Même Cyrano le poète ne parle pas de ce qui se passe à l'intérieur de son nez, nez qui pourtant... l'inspire !

A force de mettre mon nez dans celui des autres, j'aurais tendance au contraire à respecter l'architecture contournée, complexe et pas encore tellement comprise, de cet organe impair, mâle et femelle à la fois.

Peut-être est-ce à cause de la forme particulière de son nez que chacun a son propre style de flairage, et qu'il est si difficile de le modifier.

Que se passe-t-il quand l'air que l'on inspire par ces entrées presque secrètes y a été réchauffé, humidifié, a tourbillonné dans ces tunnels ? Les trois quarts passent à côté de la cible olfactive : il faut flairer, et donc augmenter le débit d'inspiration, pour que l'air balaye efficacement le sommet des fosses nasales. Sous le plancher du crâne, un plafond de neurones : bien protégée de l'extérieur, la muqueuse olfactive tend son piège à molécules sur la surface de quelques timbres-poste, et y reçoit directement celles qui proviennent de la bouche ; on a pu prouver que la mastication et la déglutition, sans doute par les nouvelles turbulences qu'elles provoquent, rehaussent la perception des aliments, leur « goût ».

Le sens commun attribue ainsi à la bouche ce qui est bon, au nez ce qui est mauvais ; exclu par Kant de la raison, perçu le plus souvent comme offensant le bon goût, l'odorat, finalement, il est « trop » !

Le nez d'un rat, c'est encore plus compliqué, mais au moins on peut le couper en tranches, colorer, dessiner ces tranches d'après le microscope, les agrandir, et finalement faire réaliser en plexiglas cette œuvre d'art : l'intérieur d'un nez de rat grossi environ 40 fois. Sur un modèle de cette taille, on peut utiliser de l'eau colorée pour simuler le comportement du flux d'air dans le nez réel : l'équivalent d'une étude en soufflerie pour une forme naturelle bien plus complexe que le nez d'un Airbus ! On pourra aussi, par éclairage au laser de tranches successives, obtenir des images du cheminement de particules d'encens.

AU PREMIER ÉTAGE : CE QUE DIT LE NEURORÉCEPTEUR DE BASE

L'étude de ces cellules au microscope ne montre pas de différence anatomique entre elles : on n'a pas l'équivalent des cônes et bâtonnets de la rétine, par exemple. La seule différence observable est entre des cellules — largement majoritaires — portant des cils à leur sommet, et des cellules plus rares portant à la place des villosités. Seule l'étude de leur fonctionnement permet d'en savoir plus. Pour les interroger, il faut piquer dans la muqueuse une micro-électrode et l'enfoncer de 200 à 300 microns pour se placer près du corps cellulaire ou de l'axone. Si on a de la chance, on « pêche » ainsi une cellule qui « crache » des potentiels de pointe enregistrables électriquement. On lui envoie alors différentes odeurs pour savoir si cette cellule « répond » à une, deux odeurs ou à toutes, pendant les quelques heures où elle se laisse ainsi interviewer ; les réponses sont simples : activation ou non-réponse.

On sait ainsi que la même cellule peut réagir à plusieurs odeurs parmi celles qu'on lui propose, et qu'il n'y a pas de catégories de récepteurs vraiment spécialisés. Et si l'on rencontre des neurorécepteurs qui répondent de la même façon à une grande série d'odorants, il est toujours possible d'en essayer un nouveau sur lequel ils ne seront plus d'accord. Néanmoins on a pu définir des familles de molécules qui provoquent des réponses différentes dans ces sondages cellulaires, un peu comme des familles politiques face à nos sondages. Même si une partie de la population de neurones sondée « vote » de la même façon pour plusieurs odeurs à la fois, il y a des électorats. Ces électorats ne sont pas localisés n'importe où, et on a pu en faire une sorte de géographie : tous les quartiers de la ville « Muqueuse » ne votent pas de la même manière ; certains quartiers apportent leurs suffrages à une même odeur, et sont moins enclins à « voter » pour une autre.

C'est ainsi que s'est imposée la notion de codage spatial de l'odeur : chaque odeur activerait différemment des zones de la population neuronale, donnant lieu à une image olfactive transmise au cerveau ; un peu comme pour la cérémonie des Jeux olympiques, chaque cellule disposerait d'un petit drapeau coloré, et, en le montrant ou pas, contribuerait à une image d'ensemble, visible quand on regarde toute la foule, et caractéristique de cette odeur-là. Il suffit alors que quelques individus groupés lèvent ou cachent leur drapeau en même temps, pour que l'image transmise au cerveau soit modifiée. Aucune fibre nerveuse individuelle n'est capable de reconnaître l'odeur, c'est essentiellement un travail collectif ! Un motif transneuronal d'activité. Aller interviewer chaque cellule ne donnerait qu'une information assez pauvre : le cerveau a besoin de l'ensemble du sondage pour savoir. Et chaque fibre nerveuse venant d'un neurorécepteur olfactif entre sans intermédiaire dans le cerveau à la rencontre d'un deuxième neurone : celui du bulbe olfactif.

AU DEUXIÈME ÉTAGE : LE BULBE OLFACTIF ET LES GROUPES DE LIAISON

Les cellules du bulbe sont-elles plus instruites que les neurorécepteurs de base, tout juste capables de balbutier « oui » ou « peut-être » dans les sondages ? Elles sont en tout cas organisées en groupes de liaison, les glomérules, où convergent les connexions entre mille cellules de la muqueuse à l'entrée, pour une cellule, dite « mitrale », à la sortie. L'information est donc très centralisée ; on sait aussi par l'enregistrement de ces mitrales, qu'elles savent dire non : autant d'inhibition que d'activation, et encore 20 p. 100 de non-réponses. Les réponses sont plus faciles à capter, leurs seuils plus bas. C'est l'intérêt du travail d'équipe : chaque glomérule est comme un ministandard téléphonique, relié à plusieurs régions de la muqueuse, ce qui lui permet de concentrer l'information.

On peut se faire une idée du travail accompli par ces groupes de connexions en leur donnant comme « aliment » du glucose radio-actif, puis en stimulant l'animal longuement avec une odeur ; les glomérules qui travaillent le plus pour réagir à cette odeur consommeront plus de glucose, et après avoir prélevé le cerveau, l'avoir coupé en tranches, et pris une photo de la radio-activité de chaque tranche, on obtient une carte en trois dimensions des régions du bulbe activées par l'odeur. Cette carte est reproductible d'un animal à l'autre et caractéristique d'une odeur particulière, moyennant une analyse par ordinateur.

Le codage spatial de départ est donc maintenu et probablement affiné au deuxième étage ; l'odeur est traduite en une image plus contrastée, plus nette, qui apparaît et disparaît au rythme de l'inspiration.

Un patient travail de marquage a permis de savoir comment était faite la liaison entre premier et deuxième étage : comment sont câblés les centraux téléphoniques reliant l'un à l'autre, et non plus la fréquence des communications échangées. Un traceur chimique est injecté dans un glomérule, qui remonte dans les axones jusqu'aux corps cellulaires correspondants sur la muqueuse et permet de retrouver l'origine des fibres ainsi marquées. On sait maintenant que la muqueuse est une mosaïque de territoires allongés, qui se projettent en convergeant sur des territoires bulbaires allongés eux aussi ; il y a donc une représentation régionale du premier étage sur le deuxième.

CASSER LES IMAGES, PIÉGER LE BULBE OLFACTIF

Les physiologistes partagent avec les enfants une propension à casser leurs jouets. Puisque l'odeur est analysée comme une forme, aucun chercheur ne peut résister à l'envie de modifier cette forme, de leurrer le système ou d'en couper des morceaux pour comprendre comment ça marche. Cela a pu être entrepris de plusieurs manières. L'une est naturelle ou presque, depuis qu'on dispose d'une lignée de souris anosmiques à une certaine odeur, l'acide iso-valérique. Il s'agit d'une anosmie partielle, transmise génétiquement, qui existe également chez l'homme, parmi d'autres anosmies partielles liées à des odeurs biologiques (odeur de sperme, odeur vaginale, odeur de rance, de musc, etc.). La cartographie du bulbe de ces souris permet de « voir » comment il code cette odeur et si on peut créer artificiellement cette anosmie chez des souris saines.

Il faut en effet trouver des moyens de faire parler le bulbe, et de faire dire à cette image ce qu'elle dit dans le cerveau. En Allemagne, à Munich, d'autres chercheurs l'ont tenté en détruisant la moitié ou les trois quarts du bulbe chez des lapins nouveau-nés. Ils ont donc cassé l'image qui s'y forme normalement en présence d'une odeur d'importance vitale : la phérormone maternelle. Si les jeunes lapereaux dépendent de cette odeur pour leur survie, c'est que cette espèce arrive à des records d'efficacité dans la relation mère-jeunes : la lapine met bas en 10 minutes une portée de 4 à 8 petits, qu'elle lèche rapidement, enfouit dans le nid, et quitte aussitôt. Elle ne reviendra pour les nourrir que 3 minutes par jour ! De leur côté, les lapereaux rentabilisent l'opération en montant à la surface du nid avant l'heure, en prenant contact avec son ventre en 12 secondes, en trouvant la mamelle et s'y accrochant en 6 secondes ! Après les 3 minutes de tétée, tous les jeunes urinent en même temps, puis s'enfouissent de concert au fond du nid : perte d'énergie minimale pour une efficacité maximale, la famille Gilbreth, dans ses rêves tayloristes les plus effrénés, n'est jamais allée aussi loin !

Or l'agrippement à la mamelle dépend de l'olfaction et n'est réalisé qu'en présence de l'odeur d'une femelle gestante ou allaitante : sur des mamelons lavés, les nouveau-nés cherchent longuement sans pouvoir téter. La stéréotypie de ce comportement, le fait que l'odeur soit efficace même sur les jeunes délivrés par césarienne et jamais confrontés à leur mère permet de parler de phérormone, puisque sa signification n'est pas apprise, ni individuelle.

Chez des lapereaux, on a détruit presque entièrement le bulbe, en sauvegardant un morceau soit à droite, soit à gauche et jamais le même, mais peine perdue : tous ont été capables de trouver et de téter une mamelle. Avec les 20 p. 100 restants, ils ont même pu apprendre ensuite à téter des mamelles parfumées au citral, ou au N° 5 de Chanel, si la mère a été parfumée de cette manière !

Alors où est localisée l'image de l'odeur, puisqu'avec n'importe quel secteur du bulbe, l'animal se débrouille comme s'il avait la totalité ? Il reste au physiologiste à comprendre pourquoi son jouet, même cassé, fonctionne encore...

Peut-être l'image bulbaire est-elle en fait construite comme un hologramme : on pourrait la reconstituer à partir d'un seul point, même si dans ce cas elle est moins nette que lorsque toute la surface est éclairée.

Une autre méthode pour leurrer le bulbe olfactif a été mise au point à Lyon, qui consiste à lui imposer non plus des stimulations olfactives, mais des stimulations électriques : on évite ainsi la difficulté de repérer les endroits où le message odorant arrive sur le bulbe. Puisqu'il reçoit les informations des neurorécepteurs de la muqueuse, regroupées dans les glomérules, il est bien tentant d'essayer de court-circuiter l'étape chimique en créant une « odeur » artificielle par la stimulation électrique directe de plusieurs points bulbaires en même temps. Si l'odeur est bien codée spatialement, l'animal pourra discriminer 2 motifs de stimulation électrique différents, et s'en servir dans son comportement comme d'une vraie odeur. Et c'est ce qui se passe ! Le rat ne nous dit pas, bien sûr, à quoi ressemble cette odeur, mais se comporte comme s'il la sentait : il change de rythme respiratoire, se met à flairer, explore la cage. Il peut se servir de cette odeur hallucinatoire pour apprendre à choisir, sans les goûter auparavant, entre une boisson sucrée et une boisson amère. Si on lui complique encore la vie en cours d'apprentissage en donnant une valeur opposée à des points de stimulation très proches l'un de l'autre, ou en lui faisant discriminer des motifs spatiaux qui se chevauchent ou s'entremêlent, le rat interprète correctement ces pseudo-odeurs.

LES ÉTAGES SUPÉRIEURS : CE QUE LE CERVEAU DIT AU BULBE

Actuellement, c'est l'influence des hormones mâles sur l'entrée olfactive qui est étudiée chez le rat.

Depuis quelques années le laboratoire lyonnais avait montré comment le reste du cerveau peut influer sur ce qui arrive au bulbe : l'état de faim augmente sa sensibilité à l'odeur de nourriture et à elle seule. Les entrées sont aussi modulées par le sommeil : au cours du rêve, aucune odeur ne passe ; au cours du sommeil lent, un rat peut être éveillé par l'odeur de son prédateur, le renard. Le cerveau opère donc un tri à l'entrée, et l'odeur n'existe pas en elle-même ; il n'y a d'odeur que pour un cerveau, capable de la percevoir, et de lui donner une signification.

Un rat qui a déjà une expérience sexuelle réagit dans un tiers des cas à l'odeur d'urine d'une femelle sexuellement non réceptive, avec laquelle il ne pourra pas s'accoupler ; par contre, l'odeur d'urine de femelle réceptive provoque des réponses bulbaires dans 2/3 des cas. Pour être certain que cette différence de réactivité provient des centres supérieurs, on a isolé le bulbe du reste du cerveau en coupant toutes les fibres nerveuses que ce dernier lui envoie : la proportion de réponses retombe alors au niveau de 1/3. C'est donc bien une influence centrale qui fait réagir le bulbe plus fort. Est-ce l'action des hormones mâles sur le cerveau ? Oui, car un rat sexuellement expérimenté, mais castré, ne réagit plus à l'odeur de femelle réceptive que dans 1/3 des cas, c'est-à-dire au niveau habituel d'indifférence polie concernant une odeur neutre. Pourtant il discrimine encore entre les deux odeurs : c'est sa préférence qui est abolie ; on pourrait dire que la castration le rend désintéressé...

La présence d'hormones mâles pousse donc le cerveau à accorder plus d'importance aux odeurs sexuelles, et ceci en fonction d'une mémoire de ces odeurs : le rat a dû apprendre leur signification en s'accouplant, et ce souvenir doit être maintenu. On expérimente maintenant sur le rôle de la noradrénaline comme médiateur chimique de cette mémoire : l'injection d'une neurotoxine qui vide le bulbe de noradrénaline fait retomber à 1/3 le taux de réponses à l'odeur de femelle réceptive.

On peut donc penser que le bulbe est non seulement l'intermédiaire, mais le lieu même d'une mémoire, où pourrait se maintenir, pour un temps, la trace d'une odeur-souvenir ; l'odeur qui se présente à l'entrée pourrait être rapidement comparée à l'odeur-souvenir, et prise en compte ou non selon les motivations actuelles de l'animal.

DOUKIPUDONKTAN : L'ODEUR MÂLE COMME CONTRACEPTIF

Des phénomènes analogues sont étudiés à Cambridge par Keverne à propos d'un autre avatar du comportement reproducteur : le blocage de la gestation chez la souris. L'odeur du mâle qui s'accouple avec une souris est conservée en mémoire par la femelle ; pendant les 4 heures qui suivent l'accouplement, et seulement si son bulbe olfactif est approvisionné normalement en noradrénaline, la femelle « enregistre » l'odeur de son mâle. Après cette période, l'odeur d'un mâle différent a pour effet de bloquer la gestation et d'entraîner une nouvelle période réceptive. Si on vide de noradrénaline le bulbe olfactif de la femelle au moment de l'accouplement, toute odeur de mâle aura cet effet abortif. La mémoire maternelle de la brebis, qui apprend en 4 heures l'odeur de son nouveau-né et repoussera ensuite tous les autres, dépend aussi de la noradrénaline.

D'où l'intérêt de connaître la neurochimie du bulbe, pour savoir où et comment cette mémoire s'inscrit ; ce qui s'étudie aussi *in vitro*, sur des tranches de bulbe maintenues en survie dont on mesure l'incorporation ou la libération de différents neuromédiateurs.

UN DOUBLE SENS

A la suite d'expériences réalisées par l'équipe parisienne du Pr Beaulieu, on s'est mis à soupçonner le bulbe d'être aussi un lieu de synthèse des hormones mâles ! On y trouve en effet de la prégnénolone et ses dérivés, à partir desquels sont ensuite fabriqués les androgènes ; le bulbe olfactif et l'hypothalamus en contiennent des quantités plus importantes que le reste du cerveau, et ces quantités se maintiennent même quand on castre les rats et qu'on enlève les glandes surrénales, supprimant ainsi les seuls lieux connus de production ! On a donc fait l'hypothèse que ces précurseurs des hormones sexuelles pouvaient soit être produits par le cerveau, soit stockés ailleurs sous une forme qui n'est pas encore déterminée.

Les relations de l'odorat avec le système endocrinien ne sont pas encore complètement élucidées, mais le modeste bulbe olfactif, primitif au sens de l'évolution, est probablement capable de révéler un certain nombre de secrets dans ce domaine.

Il peut nous éclairer sur le fonctionnement de la mémoire, de l'attention. Il nous dira peut-être, par ses relations avec l'ensemble du cerveau, comment il se fait que l'odeur évoque d'abord l'émotion — mimiques, exclamations de plaisir ou de dégoût — et pourquoi cette perception met tellement en échec le langage, défie les classements de la raison ?

Il se peut cependant que les prochaines grandes découvertes en olfaction se fassent chez l'homme : puisque des travaux assez convaincants menés à Philadelphie indiquent une action des sécrétions axillaires masculines ou féminines sur le cycle ovarien, quelles surprises nous réservent parfumeurs et scientifiques ? Arrivera-t-on à manipuler le cycle de populations entières de femmes, de façon qu'elles se précipitent toutes dans les supermarchés le même jour ? Les parfums d'attirance que nous proposent certaines publicités seront-ils perfectionnés jusqu'à la mise au point d'aphrodisiaques que l'homme recherche depuis longtemps ?

Les historiens du siècle prochain pourront en tout cas s'intéresser à la convergence actuelle entre thèmes publicitaires et thèmes de recherche, et décrire en ce siècle-ci le passage d'un paradigme où les femmes se parfument pour attirer les hommes, à son inverse, où les hommes cultivent leur odeur pour plaire aux femmes, et même les rendre plus fécondes...

Mais peut-être est-ce un philosophe qui nous dira pourquoi le langage, qui ne confond pas voir et paraître, entendre et parler, toucher et « sentir », unit dans un même verbe émission et réception d'odeur ? Ce n'est pas une particularité du français, l'anglais et l'allemand aussi confondent le sujet et l'objet : « ça sent ». Montaigne a très bien dit cette absence de distance :

« Quelque odeur que ce soit, c'est merveille combien elle s'attache à moy, et combien j'ay la peau propre à s'en abreuver. Celuy qui se plaint de nature, dequoy elle a laissé l'homme sans instrument à porter les senteurs au nez, a tort, car elles se portent elles mesmes. Mais à moy particulièrement, les moustaches, que j'ay pleines, m'en servent. Si j'en approche mes gans ou mon mouchoir, l'odeur y tiendra tout un jour. Elles accusent le lieu d'où je viens. Les estroits baisers de la jeunesse, savoureux, gloutons et gluans s'y colloient autresfois, et s'y tenoient plusieurs heures apres. » (*Essais*, livre I, chapitre LV).

CATHERINE ROUBY

Enseignant-chercheur, laboratoire de physiologie neurosensorielle, Prs Holley et Chanel, Université Claude-Bernard, Lyon.

Certains chercheurs de ce laboratoire bénéficient d'une dotation de recherche de la fondation Roudnitska.

FRANCE BELLISLE ET PATRICK EVEN

LES RAISONS DU CORPS

1948. Dans un laboratoire de recherche du Collège de France, un laborantin, célibataire, s'asperge malencontreusement d'« exaltolide », substance odorante, à la fois subtile et lourde, apparentée au musc animal.

Rentrant chez lui — il vit avec sa vieille maman — des remarques aigres l'accueillent : « Tu empestes, mon petit, tu es sûrement allé voir les filles... » !

Le lendemain, le Pr Jacques Le Magnen, pionnier de la recherche en olfaction, avait transformé l'anecdote en hypothèse de travail : et si le sexe jouait un rôle dans la perception de certaines odeurs ?

Ses travaux sur les phéromones (substances chimiques odorantes qui jouent un rôle dans le comportement social et sexuel, en particulier de certaines espèces animales) sont internationalement connus. Mais Jacques Le Magnen ne s'est pas borné à étudier le rôle des odeurs dans le contexte de la stimulation sexuelle. Il s'est aussi intéressé aux multiples déterminants du comportement alimentaire. Il a énoncé quelques-uns des concepts clés qui ont forgé les idées actuelles. Citons par exemple la belle notion de « flaveur », vieux mot français tombé en désuétude, et qui se définit comme l'ensemble des caractéristiques sensorielles d'un aliment (odeur, saveur, texture, température). Cette notion est loin d'être une simple curiosité linguistique. En effet, le goût caractéristique d'un aliment ne se limite pas à la sensation purement gustative (perception buccale d'une saveur sucrée, salée, amère ou acidulée) ; bien au contraire, l'odorat y joue un rôle capital ; la perception de la température, de la texture et même de l'aspect visuel de l'aliment y contribuent également.

NE PAS CONFONDRE « GOÛT DE » ET « GOÛT POUR »

Nous devons aussi à Le Magnen la distinction fort utile entre « goût de » et « goût pour ». Le « goût du » pain, par exemple, est l'ensemble de ses caractéristiques « objectives », sur lesquelles un jury de dégustateurs pourrait s'entendre : est-il salé ? est-il blanc ? est-il ferme ? etc. Le « goût de » relève du message des sens et d'une simple lecture de ce message par le cerveau. Le « goût pour » les substances alimentaires est un élément crucial de l'échange d'énergie et de substances nutritives entre un organisme et son environnement. Il repose non seulement sur l'information fournie par les sens, mais encore sur une combinaison complexe des signaux sensoriels et des signaux émanant du « milieu intérieur », selon la formule de Claude Bernard.

Bien entendu, les goûts et dégoûts alimentaires ne sont pas fondés exclusivement sur des mécanismes biologiques. Pourtant la contribution de la biologie est capitale pour comprendre comment goûts et dégoûts sont profondément associés à la vie. Son message fait écho à ce que l'on appelle populairement la « sagesse du corps ».

Pour la biologie, goûts et dégoûts sont parmi les facteurs qui déterminent le comportement alimentaire. Ce comportement s'inscrit dans un mécanisme de régulation, c'est-à-dire de maintien des ressources internes de l'organisme dans des limites acceptables. Le signe le plus visible d'une bonne régulation nutritionnelle est un poids corporel adéquat et stable, reflet d'un équilibre entre l'absorption d'énergie sous forme d'aliments et les dépenses d'énergie de l'organisme. Cet équilibre peut être atteint de manières différentes selon les ressources du milieu et selon ses contraintes : pour les Esquimaux du Grand Nord, les ressources ne sont pas les mêmes que pour les habitants des pays tropicaux ; les besoins en énergie ne sont pas non plus les mêmes. De quels outils dispose le corps pour guider le comportement alimentaire ? Quel est son héritage biologique ? Que sait-il faire de façon innée ? Que doit-il, que peut-il apprendre ?

Il y a très probablement dans le bagage génétique des mammifères une capacité innée de reconnaître et d'accepter le sucre, et celle de reconnaître et de rejeter violemment l'amer. En effet, dès les premiers moments de la vie, les nouveau-nés chiens, chats, éléphants, gorilles, et même humains, acceptent avidement une goutte de liquide sucré déposé sur leur langue, alors qu'ils rejettent violemment, en crachant et en grimaçant, une goutte de liquide amer. Ces « réflexes gusto-faciaux » sont identiques chez les enfants de toutes cultures, et le régime alimentaire de leur mère pendant la grossesse n'y joue aucun rôle. Certains scientifiques particulièrement curieux ont même pu montrer que le fœtus dans le ventre de sa mère apprécie déjà le goût du sucre dès que sa capacité de goûter est fonctionnelle. Quant au goût amer, il nous permet enfin de départager l'être humain des autres animaux. Alors que les adultes de toutes les autres espèces conservent leur aversion innée pour l'amer, le « goût pour » les aliments amers (café ou chocolat par exemple) est spécifique de notre espèce.

INNÉ/ACQUIS : CINQUANTE/CINQUANTE ?

L'étude du cerveau a confirmé que l'information gustative et surtout olfactive est transmise par des régions du cerveau qui sont impliquées dans l'émotion. Pourtant, jusqu'à présent, on n'a pas réussi à mettre en évidence un comportement d'acceptation ou de rejet inné et universel pour des odeurs.

Les « goûts pour » changent au cours de l'enfance. La maturation du système nerveux transforme les attitudes envers les saveurs. L'enfant passe par des stades de « goûts pour » et de rejet. L'enfant connaît aussi des périodes de « néophobie » où il rejette toute flaveur nouvelle et n'accepte que des aliments connus. Ces diverses étapes paraissent biologiquement déterminées et ont pour résultat d'orienter successivement le comportement alimentaire vers différents types d'aliments, donc de faire des expériences nouvelles, et de fixer les acquis par des haltes.

Mais par-delà ces attitudes stéréotypées, identiques pour tous, fixées par la génétique et la maturation du système nerveux, il est admis que la grande majorité des goûts et dégoûts alimentaires d'un adulte aura été acquise par apprentissage, à la faveur des expériences nutritionnelles vécues par chacun. Il faut entendre « apprentissage » non pas au sens étroit d'apprentissage conscient, délibéré, ou même scolaire, mais dans le sens beaucoup plus vaste d'associations créées dans le cerveau entre des messages d'origines différentes, en l'occurrence un message sensoriel complexe (perception d'un aliment) et un message intérieur au corps (conséquences de l'ingestion de cet aliment).

LE SYNDROME DE LA BÉARNAISE

Les aliments ne correspondent pas aux saveurs « pures » qui font réagir le nouveau-né ; au contraire, ils possèdent une flaveur complexe où l'odeur joue un rôle important, et pour laquelle aucune attitude innée n'a été prévue par l'évolution. A partir de sa naissance, le jeune organisme va se trouver confronté à cette rude tâche : se nourrir et se nourrir adéquatement. Il faudra donc qu'il trouve et qu'il reconnaisse dans son environnement, parmi de multiples substances potentiellement comestibles, celles qui lui assureront des rentrées nutritionnelles aptes à couvrir ses besoins.

Quels sont donc les mécanismes biologiques qui assurent l'acquisition de « goûts pour » (et de dégoûts) au cours de l'existence de chacun ? Leur importance vitale devrait les rendre faciles à observer.

En réalité, ce qui est facile à observer et même à créer, c'est un dégoût puissant pour une flaveur particulière, ce que les scientifiques appellent l'« aversion gustative conditionnée ». Un animal consomme un aliment à flaveur nouvelle pour lui ; après son repas, on lui injecte un toxique qui cause des nausées et un malaise gastrique ; l'animal évitera désormais cet aliment et même tout autre qui lui ressemblera. Cet apprentissage d'une aversion alimentaire est tout à fait extraordinaire au regard des lois de l'apprentissage. En effet, contrairement à l'apprentissage banal qui s'édifie peu à peu à force de répétitions, nous avons affaire ici à une situation où une seule présentation de l'aliment et un effet biologique particulier produit un changement durable et puissant du comportement de l'animal.

Il est arrivé sans doute à chaque être humain de faire l'expérience de ce qu'un chercheur américain avait appelé autrefois le « syndrome de la Béarnaise » : vous consommez un aliment à flaveur bien identifiable (l'effet sera d'autant plus puissant que la flaveur sera inhabituelle, comme celle de la sauce béarnaise pour un Américain), vous éprouvez de la nausée dans les heures qui suivent. Que l'aliment « exotique » soit ou non la véritable cause de ce malaise, vous voilà doté d'un dégoût durable pour cette flaveur dont l'évocation seule vous rendra malade. Un phénomène de ce genre se produit chez des patients atteints de cancer et soignés par chimiothérapie : une aversion se développe pour les aliments consommés durant le traitement qui, en même temps qu'il détruit des cellules cancéreuses, provoque des nausées. Dans un registre moins spectaculaire, on sait que des animaux de laboratoire développent une aversion à la flaveur d'un régime déséquilibré qui entraîne chez eux des carences, en vitamines par exemple.

LE DÉGOÛT EST PLUS RAPIDE QUE LE GOÛT

L'acquisition d'un « goût pour » un aliment particulier est en général un processus plus progressif que l'acquisition d'une aversion. Les animaux de laboratoire apprennent à consommer un régime nutritionnel complet. Lorsqu'on a créé chez eux des carences spécifiques (en vitamines ou en protéines par exemple), ils apprennent à rechercher les aliments qui compenseront ces carences et ils manifestent un « goût pour » les flaveurs spécifiques de ces aliments. C'est ce qu'on appelle les « appétits spécifiques ». Il ne s'agit pas d'« instincts ». L'animal ne va pas spontanément vers l'aliment approprié. Il doit en goûter plusieurs et il fixera son choix après en avoir ressenti les effets positifs.

Chez les humains, on ne peut guère expérimenter dans ce domaine ; on ne peut pas créer de carences alimentaires par exemple. Cependant, on voit dans certains cas les appétits spécifiques se manifester. Après la dernière guerre, Mme Berger, une collaboratrice de Jacques Le Magnen, avait étudié les comportements alimentaires d'anciens déportés. Elle avait observé que leurs préférences s'étaient radicalement transformées après l'expérience de la déportation : leurs nouveaux « goûts pour » s'orientaient toujours vers les sources d'énergie rapide ; sans doute à cause du traumatisme de la dénutrition extrême, ces nouveaux goûts persistaient longtemps après la récupération d'un équilibre nutritionnel.

LE SECRET DES CUISINES RÉGIONALES

On voit ainsi que le corps impose des goûts et des dégoûts en fonction de ses besoins. La création des goûts et dégoûts alimentaires repose sur un mécanisme d'association entre une flaveur, c'est-à-dire un ensemble de caractéristiques sensorielles propres à un aliment, et des effets physiques, bons ou mauvais, qui suivent l'ingestion de l'aliment. Si les goûts et dégoûts ne sont pas innés, en revanche il semble que soit innée chez l'homme comme chez les autres animaux une extraordinaire capacité de créer ces associations entre flaveur et conséquences physiques de l'ingestion. Autrement dit, ce qui est inné, c'est l'aptitude à développer des goûts et des dégoûts. Chez l'homme, on a montré que la présentation répétée d'un produit alimentaire suffit à créer une préférence relative pour ce produit et les aliments qui lui ressemblent. C'est une généralisation de ce principe qui donnerait leur « caractère » aux cuisines régionales, qui parfument l'ensemble de leurs spécialités d'une saveur typique (celle de la tomate dans le monde méditerranéen ; celle du curry dans le monde indien ; celle du piment en Amérique centrale, etc.).

Récemment, on a montré que l'organisme apprend non seulement à aimer ou ne pas aimer certains aliments, mais encore à les aimer en certaines quantités. Bien mieux, il y a dans les espèces animales les plus évoluées, comme les mammifères, des dispositifs sensoriels qui facilitent la consommation d'un régime varié. Lorsqu'on a ingéré un certain aliment jusqu'à n'en plus avoir envie, on peut très bien avoir envie d'autres aliments dont les caractéristiques sensorielles sont différentes. Ce mécanisme, le « rassasiement sensoriel spécifique », est bien connu jusque dans les rouages du cerveau. Dans la nature (et dans les sociétés humaines), il facilite la recherche d'aliments variés, ce qui est spécialement important pour les animaux omnivores, dont l'homme, qui doivent extraire de leur environnement de quoi subvenir à des besoins nutritionnels très complexes.

L'homme est un animal social, et l'enfant qui naît se trouve immanquablement soumis aux solutions alimentaires de son groupe. Il serait vain d'opposer ici nature et culture. Bien que la culture impose parfois des attitudes et des comportements antiphysiologiques, en général la « sagesse » d'une culture prolonge celle du corps. La survie du groupe social en dépend. Dès son jeune âge, l'enfant dispose ainsi de connaissances complexes qui le dispensent de faire certaines expériences stériles ou même dangereuses. Les besoins biologiques peuvent être satisfaits par des moyens multiples, parmi lesquels chaque société fait des choix qui lui sont propres. Bien que ces choix soient toujours limitatifs et ne permettent pas de tirer parti de toutes les ressources de l'environnement, ils garantissent des chances de survie même dans un environnement très ingrat.

IL Y A MÊME DES CHIENS OBÈSES

Il ne faudrait pas déduire de ce qui vient d'être dit que tous les goûts et dégoûts alimentaires sont nécessairement sages, puisqu'ils reposent sur le jeu de mécanismes biologiques.

Rappelons-nous que notre espèce a évolué au cours des siècles à travers de longues périodes de pénurie alimentaire, sinon de franche famine, et que les périodes d'abondance ont été rares et réservées à quelques groupes humains privilégiés. La malnutrition a été et est toujours un grave problème pour l'humanité. Cependant, il existe aussi de nombreux exemples de maladies dont l'origine est manifestement liée à l'abondance alimentaire. La grande disponibilité de produits variés, au goût agréable (souvent sucré), prend en défaut les stratégies qui ont été mises en place par l'évolution pour assurer la régulation nutritionnelle dans un milieu moins généreux. Les mécanismes par lesquels s'exprime la « sagesse du corps » atteignent ainsi leurs limites. Donnons-en comme exemple ces sympathiques chiens obèses, tout aussi obèses que leurs maîtres, qui n'ont d'autre tort que de se nourrir comme les humains qui les entourent.

FRANCE BELLISLE
ET
PATRICK EVEN

France Bellisle, laboratoire de neurophysiologie de la nutrition, et Patrick Even, laboratoire de neurophysiologie des régulations, sont tous deux chargés de recherches au CNRS et travaillent au Collège de France.

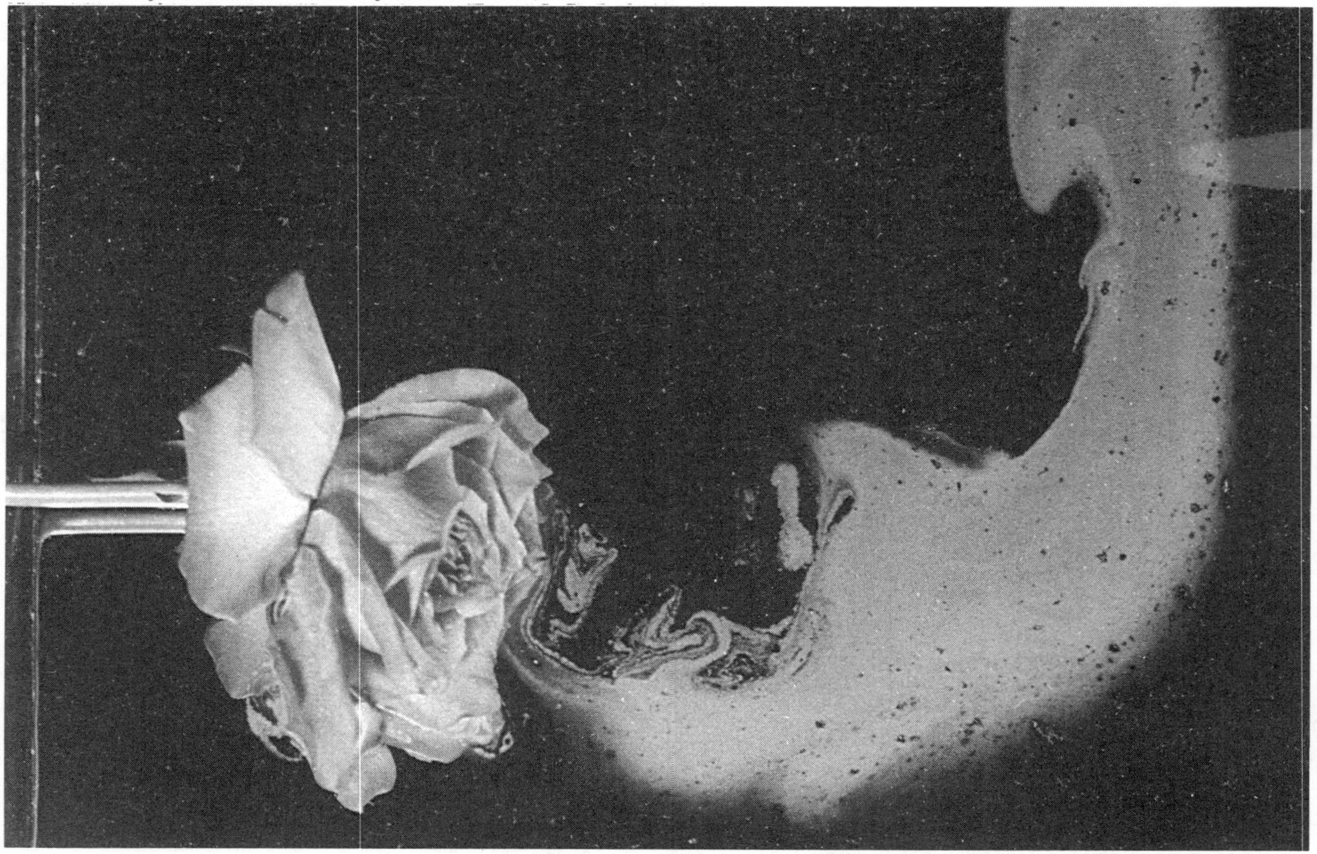

4

AXE DISCRET DE LA PATHOLOGIE

Où l'on verra que l'odeur est aussi dans la tête. Jadis elle était aussi bien un symptôme de sainteté, la cause officielle des maladies, et le remède, sous forme de prescriptions insolites, de bien des maux.

Dans le contexte contemporain de la pathologie des odeurs, on s'interroge sur l'existence d'un « moi olfactif ».

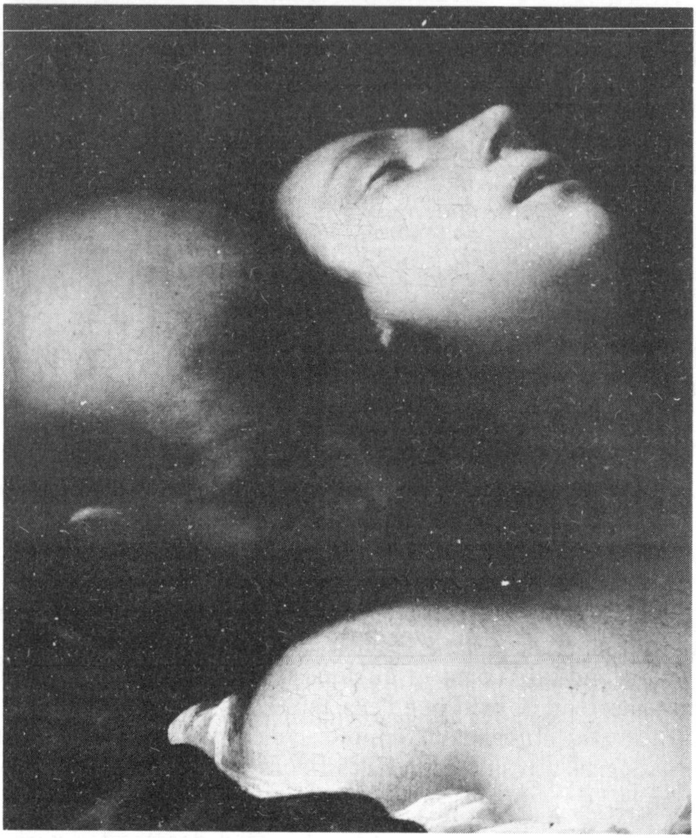

Francesco del Cairo : Agnès et le Bourreau (détail)

JEAN-NOËL VUARNET

LES FLACONS DE L'ÂME OU L'ODEUR DES SAINTS

La sainte est une sorte de fleur dans la littérature mystique, que les peintres représentent : fleur métaphorique et tenant à la main une fleur. L'espace imaginaire de la spiritualité, et en particulier de la mystique féminine, est un espace odorant.

La notion de sainteté en Occident, dès les premiers siècles du Moyen Age, est liée à l'idée d'incorruptibilité. Très souvent, dans les procès de canonisation, on met en avant, non seulement les mérites d'un saint ou d'une sainte, mais sa mort miraculeuse et son existence posthume. Une façon fréquente de prouver le caractère miraculeux de la vie sera de recueillir des témoignages concernant la non-putréfaction du corps et quelque odeur merveilleuse émise par lui, post mortem. Si bien que l'ensemble des textes légendaires, ceux de *La Légende dorée* par exemple, concernent des mortes et des morts, assignés à ressembler à des fleurs improbables extatiques ou massacrées.

Une hagiographie florale exalte plus tard des saintes parfumées de leur vivant, comme Ida et Humiliane, ou bien des saintes dont les stigmates étaient censés dégager des parfums, comme Lydwine, comme Marie Escobar, comme Marie-Madeleine de Pazzi ; ou encore des saintes parfumées au moment de leur mort ou de leur ensevelissement, comme Agnès de Montepulciano, Catherine de Bologne, Catherine de Ricci, Claire, Élizabeth, Françoise Romaine, Rose de Viterbe, Thérèse d'Avila, etc.

ODEURS DU VENDREDI ODEURS DU DIMANCHE

Comment comprendre cette hagiographie et cette iconographie de l'odeur et du parfum ? L'odeur de sainteté, est-ce seulement l'attribut troublant qu'une perception sensuelle ou crédule attribuerait à ces femmes extraordinairement intenses, à ces grandes amoureuses que sont les saintes du calendrier ? Ou bien s'agit-il seulement d'une manifestation de la surhumanité nécessaire à la canonisation ? Cas des odeurs merveilleuses que répandait, dit-on, de son vivant comme après sa mort, sainte Thérèse d'Avila. Bienheureux sentant la violette ou le muguet, exhalant différentes senteurs éthérées, des parfums ineffables ou inconnus... Walter Deona, le seul essayiste qui ait écrit un long ouvrage sur cette question, intitule son livre *L'Odeur suave des dieux et des élus.*

Mais il y a aussi, non moins obsédante et symbolique, la mauvaise odeur. On pense, par exemple, au cas de sainte Rita, patronne des causes désespérées, qui est aussi la patronne des prostituées. Elle était marquée de stigmates, aux mains, aux pieds et au front. Ces stigmates, liés vraisemblablement à une spirituelle expérimentation de l'« abjection », dégageaient une odeur d'épouvante : sainte Rita, la nonne puante. Et la souffrance de la stigmatisation était augmentée par la douleur morale, une pudeur et une honte. Elle pria beaucoup pour que Dieu la débarrassât de cette puanteur, vainement. Elle demanda à sa Supérieure l'autorisation de se rendre à Rome ; celle-ci refusa, à cause de l'odeur. Alors, Rita pria encore et elle fut délivrée ; mais dès son retour au couvent, après son séjour dans la Ville Sainte, l'odeur reparut, Rita redevint un vivant symbole du martyre des noces spirituelles — fille du calvaire, cadavre et fiancée.

Être l'épouse du Seigneur — *Sponsa Christi* — peut se manifester, dans ces cas extrêmes, soit par la présence d'horribles senteurs correspondant à la Passion et à l'abjection du Vendredi Saint, odeurs lourdes et noires du Vendredi, soit par des fragrances ineffables et suaves, qui seraient les odeurs du Dimanche, les odeurs de Pâques, parfums de la Résurrection.

Comment comprendre ces divers parfums ? S'agit-il d'hallucinations collectives ? S'agit-il de phénomènes physiques, puisque de nombreux témoignages font état d'une odeur, soit bonne, soit mauvaise, plus généralement bonne, flottant autour des corps mystiques, en particulier autour des soutanes féminines ? Le jeûne et les pratiques ascétiques transforment-ils ces êtres en des sortes de jardins glorieux qui dégageraient une senteur essentiellement céleste ? S'agit-il tout simplement de supercheries ? Ou bien avons-nous affaire à une sorte de maladie, comme on aurait tendance à le vouloir croire aujourd'hui que le pathologique paraît une catégorie plus importante que le théo-pathique ? D'aucuns pensent à des formes chroniques ou « décompensées » du diabète, car le diabétique dégage, on le sait, une odeur caractéristique de pomme reinette. Les saintes sentaient-elles la pomme reinette ? Certains psychosomaticiens actuels semblent penser en tout cas qu'une interprétation scientifique de l'odeur n'est peut-être pas impossible.

Toujours est-il, et quoi qu'en dise la Science, que la plupart des saintes fonctionnent au moins poétiquement comme des signes odorants complexes, ce sont — dit un poème du *Latin mystique,* ouvrage de R. de Gourmont — « ... les fleurs dont se repaît l'agneau, les fleurs de sa nourriture. Il joue et court l'agneau, et bondit au milieu d'elles et avec elles, il repose dans la ferveur de midi. Il se couche au midi sur le sein des vierges, il fait son lit entre les mamelles des vierges ».

Toujours dans *Le Latin mystique,* cette invocation au merveilleux parterre virginal et olfactif que représentent ces âmes balsamiques : « *O vernantes Christi rosae, o puellae, o agnellae !* (Ô roses printanières du Christ, ô jeunes filles, ô petites agnelles) ».

LE SENS DE L'AURÉOLE

L'hagiographie des émanations spirituelles est extraordinairement rêveuse et elle a beaucoup inspiré les artistes baroques comme Zurbaran, le Bernin, del Cairo ou Murillo... Le cou tranché de Flore, la bien-nommée Flore, dont jaillissent des lys. Agnès est représentée tenant un lys, ainsi que Cécile, Blanche, Agathe, Catherine, Claire... Le tablier de sainte Dorothée est plein de fleurs et de senteurs... Quant à sainte Lydwine (qui, elle, dégageait une mauvaise odeur, comme sainte Rita), selon la légende, elle voyait sortir de sa poitrine un rosier fleuri — et elle savait qu'après l'éclosion du dernier bouton, elle serait morte. De même, les nonnes espagnoles ont raconté qu'un amandier, qui fleurissait toute l'année, avait poussé sur la tombe de sainte Thérèse d'Avila... Mêmes images autour des roses d'Élisabeth, de Gertrude et de Rita. Quant à sainte Rose de Lima, sainte odorante, jeune-fille-en-fleur lorsqu'elle marchait dans les jardins du cloître, toutes les fleurs tournaient vers elle leur calice.

Ces essences font image : une rose, un lys, des objets apparemment communicables ou échangeables mais qui sont les signes, dans l'iconographie religieuse, de l'inéchangeable. Signes d'expériences qui ne peuvent se dire autrement que par un ensemble de métaphores faisant de la sainte, comme le dit saint Ambroise, « le vase du saint amour, un vase tout rempli de la rosée céleste ». *Odor di femina,* comme cette odeur qui faisait palpiter les narines de Don Juan ?

L'odeur de sainteté, c'est ce que les fidèles espèrent ou attendent du corps miraculeux qu'est le corps de la sainte, de l'ascète, du saint. Dans *Les Frères Karamazov,* tout le monde attend le miracle qui attesterait la sainteté — les moines sont nourris de toute une tradition hagiographique et picturale, permettant cet espoir. Seulement, le miracle ne se produit pas. Le corps de Zosime se met à sentir mauvais, comme n'importe quel corps mortel, anti-miracle de l'odeur.

Tout cela correspond à l'attente de l'exceptionnel alors traduit par la présence ou l'absence de quelque chose d'aussi immatériel que l'odeur : on n'attend pas que le saint ou la sainte soit visiblement surhumains, mais qu'ils le soient au moins par des effluves discrets, sueurs de l'âme émérite. L'odeur, c'est un peu l'équivalent de ce qu'en peinture on figure par l'auréole, c'est le signe de l'élection, et ce signe relève toujours à la fois du vérifiable et de l'invérifiable. A-t-on vu ou non une auréole autour de la tête des béatifiables, a-t-on senti ou non leurs extraordinaires relents ? L'odeur s'élève sur un sol qui est celui, désirable et douteux, de l'espoir du miraculeux, et cet espoir se trouve conforté par l'idée que se faisaient les grands mystiques des noces spirituelles.

Déjà, dans *Le Cantique des cantiques*, toute une métaphorique de l'encens, de la myrrhe, des parfums dont s'enduit l'Épouse pour rencontrer l'Époux. L'Épouse parfumée trouvera sa propre essence exaltée par la noce spirituelle. Une odeur double s'exhale d'ailleurs au moment de la rencontre dans une symbolique évidemment sexuelle. Mais il ne faut pas réduire les phénomènes extatiques à la manifestation d'une sexualité même sublime : s'il s'agit de cela, c'est d'une sexualité excédentaire ou « supplémentaire » d'un désir ou d'un émoi qui, donc, se diront par des signes aussi légers qu'impalpables. Par exemple : des odeurs ; par exemple : des auréoles — caprices de la grâce : flacons de l'âme et lumières d'en haut.

Lorsque nous, au XXe siècle, nous rêvons sur ces auréoles, sur ces odeurs, voire sur les stigmates, c'est évidemment dans une position un peu ambiguë. Nous nous trouvons placés devant cette sorte de harem spirituel que représente la totalité de ces âmes épouses, de ces extraordinaires femmes et de quelques hommes rares dans une position de quasi-voyeurisme, position d'extériorité en tout cas ; infantilisés, mais désirants, flairant l'altérité, comme des enfants qui regarderaient dans un dictionnaire les images des saintes martyres déshabillées, ou les visages révulsés des extatiques. Nous sommes « l'enfant au dictionnaire », lorsque nous rêvons, suavité et corruption de ces parfums d'autrefois, qui nous troublent, et de ces émois, supérieurs, peut-être, comme dit Mme Guyon : « à tous ceux que peut procurer l'ordinaire du sexe ».

L'AGNEAU MYSTIQUE

Il est une sainte dont la vie entière est liée à l'odeur, sous deux formes, la forme négative : mauvaise odeur ; la positive : bonne odeur. Sainte Lydwine de Schiedam († 1443), est une étrange extatique qui a beaucoup fait rêver Huysmans, grand amoureux des saintes, et perpétuellement fasciné par la poétique de l'odeur et, comme des Esseintes, par les chemins de croix.

Première station : la petite Lydwine, une jolie et blonde Hollandaise, fait une chute, en patinant sur un lac.

Deuxième station : c'est un tableau de Brueghel ; à Schiedam, pendant l'hiver, elle est devenue, à la suite de cette chute, une infirme (Lydwine est d'ailleurs aujourd'hui la patronne des infirmes).

Troisième station : le mal des ardents, ainsi qu'on le nommait à l'époque, consume ses chairs et la prive du bras droit. Des tumeurs se déclarent dans tout son corps.

Quatrième station : elle suppure, des vers grouillent dans ses plaies, qui dégagent une odeur infecte. Son visage est comme dédoublé, son visage se fend en deux.

Cinquième station : c'est la nuit de l'âme, le désespoir. Elle devient le support de toutes les maladies de la terre, même la lèpre.

Sixième station : miracle ! De ses ulcères et de ses plaies, se dégage une merveilleuse odeur : de cinnamome et de cannelle, disent les témoins.

Septième station : elle commence à concevoir ses croix et ses souffrances comme analogiques aux souffrances du calvaire du Christ. Elle devient, dit Huysmans, une âme réparatrice : un sosie du Fils de l'Agneau.

Huitième station : dans la voie d'une sorte de sublimation, de substitution mystique, elle se trouve la brebis émissaire de toutes les maladies, de tous les péchés du monde : « Un être victimal broyé dans le mortier de Dieu, une lamentable effigie de la souffrance. »

Neuvième station : elle reçoit les stigmates aux deux mains.

Dixième station : un ange de lumière lui rend visite, ainsi que la Vierge et Jésus ; ils la comblent de grâces extraordinaires et lui accordent le don de prophétie.

Onzième station : là, c'est un tableau de Memling ou de Bouts, un terrible tableau flamand... Des soudards ivres entrent chez elle, la déshabillent, la violent et la battent, ils la soufflètent au visage, son visage rongé par les ulcères et par les larmes. Viol de l'infirme puante.

Douzième station : pendant la nuit de Noël, elle est transportée en rêve au paradis, c'est son apothéose, c'est l'*Agneau mystique*, un tableau du Maître de Gand.

Treizième station : le mufle déformé par les larmes, cette trogne coupée en deux et rongée par les abcès redevient ce que peut-être elle n'avait jamais cessé d'être ; Lydwine retrouve son visage de jeune fille.

Quatorzième et dernière station : elle meurt dans un ravissement et son corps répand une merveilleuse odeur.

Cette étonnante histoire donne une image globale de la duplicité de la métaphorique de l'odeur : bonnes et mauvaises odeurs de sainteté. La plupart des manifestations de la sainteté s'accompagnent du phantasme ou de la réalité de telles exhalaisons.

JEAN-NOËL VUARNET

Docteur ès lettres. Enseigne à l'université de Paris-VIII. Principaux ouvrages théoriques : *Le Discours impur*, éd. Galilée, 1973 ; *Le Philosophe-Artiste*, UGE, 10 × 18, 1977 ; *Extases féminines*, essai sur la mystique et sa représentation, éd. Arthaud, 1980.

JEAN-JACQUES CHAVAGNAT ET DENIS RICHARD

LES ODEURS EN TÊTE

« Les parties du corps où il y a le plus d'odeur sont celles qui renferment le plus d'âme. »
GUIDO CERONETTI
***Le silence du corps* (1984)**

Serres[1] fait remarquer, après Rousseau, Balzac, Flaubert, Baudelaire, Sand, Proust, Zola, Vallès, et bien d'autres que « yeux fermés, oreilles bouchées, pieds et poings liés, lèvres closes, nous élisons entre mille, des années après, tel sous-bois en cette saison au coucher du soleil, avant la pluie, cette pièce où l'on entreposait du maïs fourrager ou des prunes d'ente cuites, de septembre au printemps, une femme ». L'olfactif baigne littéralement notre vie.

Les odeurs ont été un auxiliaire précieux pour l'établissement du diagnostic médical dans les siècles précédents. Nos prédécesseurs, avant la technologie moderne, ne négligeaient jamais l'étude de l'haleine, des vomissements odorants ou des excreta.

Ruth Winter rapporte un exemple extrême de ce rôle des odeurs, citant[2] un Paraguayen qui effectuait des diagnostics à distance à partir des chemises et sous-vêtements de ses patients. Un Américain qui lui avait expédié ses chaussettes reçut en retour un verdict d'ankylostomiase (parasitose endémique sous les tropiques). Le médecin traitant du malade confirma le diagnostic du « nez » guérisseur. Cependant, en Europe occidentale, dès la fin du XVIIIe siècle, sous l'influence de Jean-Noël Hallé, premier titulaire de la chaire d'hygiène publique créée à Paris en 1794, et de l'évolution du contexte moral, la chasse aux puanteurs fut entreprise énergiquement[3].

LE DIAGNOSTIC PAR LE NEZ

Le médecin somaticien moderne utilise encore son nez pour certains diagnostics. Ce sera pour se guider à l'haleine piquante du diabétique acétonémique, à la senteur de « paille pourrie » du sujet atteint de brucellose, sans évoquer diverses fétidités d'haleine ou d'excreta. La médecine fourmille d'ailleurs d'observations historiques sur les odeurs : odeur de « plume fraîchement arrachée » de certains pestiférés, odeur d'« étal de boucher » du corps des patients atteints de fièvre jaune, odeur de pourriture lors du scorbut, odeur, plus agréable, de « pin frais » des malades de la typhoïde... Qu'en est-il du psychiatre ? S'il ne se sert pas de son appendice nasal, il rencontre chez de nombreux patients une pathologie et des troubles du comportement où l'olfaction joue un rôle parfois majeur.

Ce sera fréquemment le cas des alcooliques chroniques. Si le buveur occasionnel choisit les vins en fonction de leur bouquet, il n'en va pas de même pour le buveur excessif. Chez ce dernier, il existe en effet une anosmie partielle et transitoire qui ne serait que peu gênante en pratique si elle ne l'exposait à de graves méprises. Les centres de toxicologie connaissent bien ces patients victimes d'intoxications involontaires liées à cette perte d'appréciation des odeurs qui leur fera avaler par erreur divers breuvages contenus dans des bouteilles mal étiquetées.

Plus rares sont les alcooliques chroniques qui, après plusieurs années d'intoxication, présentent un syndrome de Korsakoff. Ce syndrome, essentiellement observé dans les carences en vitamine B1, se traduit par des troubles de la mémoire des faits récents avec fabulation euphorique et fausses reconnaissances : ces patients ignorent totalement leur passé immédiat et paraissent désorientés dans le temps et l'espace. Or diverses études montrent qu'ils présentent aussi une altération de l'odorat et font de nombreuses erreurs lors de la discrimination d'odeurs, confondant très souvent des senteurs différentes.

Outre l'alcool, on notera que le tabac semble influencer, selon de nombreux chercheurs, la capacité olfactive en en élevant le seuil.

D'une manière moins spécifique, chez certains toxicomanes, le nez est utilisé comme voie d'administration de plusieurs produits : cocaïne, héroïne, produits volatils. Mais si la cocaïne et l'héroïne font intervenir le nez comme porte d'entrée dans l'organisme, celles-ci demeurent inodores. Le produit franchit la muqueuse et gagne le torrent sanguin sans stimuler les propriétés olfactives du site. Au contraire, le nez joue un rôle pour les utilisateurs de solvants volatils, même si l'odeur n'est pas identique pour tous. De nombreux sniffeurs en soulignent l'importance, surtout pour les produits qu'ils utilisaient au début de leur intoxication. Plus tard « on ne sent plus rien », précisent-ils. L'important devient alors l'effet anesthésiant et ébrieux avec en filigrane des effets hallucinogènes plus ou moins nets.

LE MOI-PEAU DU BÉBÉ AU TOXICOMANE

Des travaux américains ont, les premiers, mis en évidence que les bébés de six jours tournent plus souvent la tête vers un tampon de gaze imprégné de l'odeur du sein maternel que vers un tampon imprégné de l'odeur d'un sein étranger. Il semble d'ailleurs, pour Montagnier et Schaal, que le contact du nouveau-né avec la source d'odeurs maternelles se traduise par une diminution des mouvements de la tête et une augmentation des mouvements de faible amplitude, correspondant au réflexe dit de fouissement[4]. La mère reconnaît de façon significative l'odeur corporelle de son nourrisson dès le deuxième ou troisième jour après la naissance. Un contact précoce, « peau à peau », de trente à quarante minutes avec son bébé, favorise cette intimité dans l'odeur.

Il n'est pas sans intérêt de remarquer que l'un des tout premiers comportements du nouveau-né de moins de six heures affecte le nez : les narines se dilatent et se rétractent sans relation apparente avec le rythme respiratoire. Ce comportement constitue la première manifestation de l'exploration olfactive du monde extérieur qui, normalement, devrait alors se confondre avec le corps maternel. Cela n'est cependant pas toujours le cas. Ainsi les médications administrées à la mère durant l'accouchement (en particulier les anesthésiques) et les stress que doit subir l'enfant au moment des soins habituels ont pour effet de faire disparaître cette période d'éveil post-partum en rendant le nouveau-né somnolent.

Les parents remarquent d'ailleurs souvent l'importance de l'environnement olfactif pour le bébé qui s'endort, et l'on a utilisé parfois les propriétés apaisantes des odeurs maternelles dans le traitement d'enfants insomniaques.

Les mamans trouvent en général l'odeur de leur bébé agréable. Mais, si, pour une raison quelconque (désordre infectieux ou métabolique par exemple), elle pensent qu'il sent mauvais, ceci peut être à l'origine d'importantes mésadaptations relationnelles.

Peut-on cependant aller jusqu'à cette hypothèse d'un véritable Moi-olfactif — entendons une enveloppe olfactive du Moi — qui précéderait et étayerait un Moi-sonore et un Moi-tactile ? Anzieux[5] rapporte de manière remarquable la psychanalyse d'un jeune Italien qui lui montre ce « Moi-peau », principalement olfactif, « constituant une enveloppe ni continue, ni ferme, percée d'une multitude de trous, correspondant aux pores de la peau et qui sont dépourvus de sphincters contrôlables ; ces orifices laissent suinter le trop-plein d'agressivité intérieure, par une décharge automatique réflexe qui ne laisse pas de place à la pensée pour intervenir : il s'agit d'un Moi-peau passive ». Cette enveloppe d'odeurs est par ailleurs floue, vague, poreuse, elle ne permet pas les différenciations sensorielles qui sont à la base de notre activité.

Il semble que les jeunes toxicomanes utilisent les odeurs de manière régressive, c'est-à-dire pour s'isoler dans un auto-érotisme où la muqueuse nasale s'assimile positivement à une zone érogène. Ce repli sur soi vise vraisemblablement à retrouver une manière d'homéostasie, voire un espace d'illusion sécurisant, proche de la quête du bébé au moment du fouissement. L'adolescent sniffeur recherche l'expérience d'un certain éprouvé, en ré-élaborant cette expérience à partir d'une lointaine trace mnésique. Quelque chose comme une musique dont il ne connaîtrait que la mélodie sans les notes.

ÉPILEPSIE ET PERVERSIONS

L'importance de l'odorat est manifeste dans plusieurs atteintes organiques. Le cas de l'épileptique est patent, le tableau le plus connu étant celui de la crise généralisée tonico-clonique dite Grand Mal. Cependant, pour caractéristique qu'il puisse sembler, ce tableau clinique est loin de représenter toutes les manifestations de l'épilepsie. Nous nous intéresserons plus particulièrement aux crises sensorielles, qui peuvent être visuelles, auditives, gustatives ou, surtout, olfactives. On rapporte alors des sensations d'odeurs sans objet, ou parosmies. Ces hallucinations, peu fréquentes, revêtent volontiers l'aspect d'odeurs inhabituelles, indéfinissables, fantomatiques, mouvantes et généralement désagréables. Le malade pourra ainsi les rapporter à une odeur de brûlé, d'œuf pourri, d'excréments, etc., plus rarement à un parfum, ou à une odeur de fleur, de violette en particulier.

Ces crises sont particulièrement fréquentes dans les épilepsies d'origine tumorale ou vasculaire (ramollissement, hématome ou hémorragie cérébrale).

D'une façon moins spécifique, il semblerait que les traumatismes occipitaux engendrent assez fréquemment des troubles olfactifs. Outre ces processus organiques, on a pu observer des hallucinations olfactives chez quelques patients traités par chimiothérapie pour cancer de la lymphe, après environ six mois de cure. Ces illusions leur rappelaient, ce n'est pas le moindre intérêt de l'affaire, l'odeur propre au service hospitalier où ils avaient été soignés.

Hors de tout contexte organique, on rapporte l'épidémie d'une maladie d'origine psychique, ayant atteint près d'un millier d'étudiants d'une collectivité, dont huit cents jeunes filles. Les symptômes subjectifs — céphalées, vertiges, douleurs abdominales, évanouissements — ne s'accompagnaient d'aucun signe objectif. Le point de départ semble en fait avoir été une odeur d'hydrogène sulfuré s'échappant de latrines défectueuses... Épisode naturel de transition vers le rôle des odeurs dans les perversions. Les manifestations fétichistes où le sujet a besoin d'un objet pour accéder au plaisir sont les plus populaires. Il s'agira d'un objet à sentir plus qu'à toucher ou à lécher, objet souvent sale, malodorant, mais aussi souillé au cours de la manipulation perverse : pieds, cheveux, caoutchouc, cuir, chaussures, sous-vêtements salis, etc., le tout renvoyant volontiers à l'objet fécal. Von Krafft-Ebing rapporte[6] le cas historique d'un homme qui se cachait dans les toilettes pour femmes et chez lequel la seule odeur des excréments féminins déclenchait des orgasmes paroxystiques. Il cite de même le cas d'un autre sujet qui préparait des « confiseries à odeur fécale » pour restaurer une puissance sur le déclin.

L'étape superlative demeure celle des coprophiles et urolagnes qui respirent et ingèrent selles ou urine. On cite à ce propos le cas d'un homme qui entretenait une maîtresse de façon extraordinairement brillante, lui imposant comme seule obligation de manger exclusivement de la pâte d'amandes pour consommer ensuite des selles plus odorantes.

Il est probable que pour les nécrophiles et zoophiles, l'odeur joue aussi un rôle important.

Quittant ces odeurs concrètes pour le délire olfactif, il apparaît que les capacités olfactives du dément, et principalement du dément sénile, sont nettement inférieures à celles des sujets sains. Dans un type particulier de démence, la maladie de Pick, cette perburbation est encore plus rapide.

Chez le schizophrène, les hallucinations olfactives se rencontrent rarement isolées. Elles sont le plus souvent associées à des hallucinations touchant les sensations internes. Les plus caractéristiques sont les hallucinations génitales, cas classique des jeunes filles qui ressentent de violents orgasmes avec le Diable en ayant l'impression de sentir l'odeur d'un sperme méphistophélique. Et les enfants présentant une psychose sévère souffrent de graves perturbations des perceptions sensorielles. Les autistes ont une préférence pour le toucher, l'odorat ou le goût, plutôt que pour l'ouïe ou la vision, et manipuleront beaucoup les objets, les flairant et les faisant tourner.

Que souhaiter, cependant, de mieux que de mourir en odeur de sainteté, comme cette Bienheureuse Béatrice II d'Este dont le tombeau, nous rapporte Camporesi[7], dégageait « une fraîcheur surnaturelle si odorante et si suave, en rien semblable à l'odeur d'une chose terrestre, qu'elle réjouissait, consolait et ravissait quiconque s'approchait de cette sainte sépulture » ?

JEAN-JACQUES CHAVAGNAT
ET
DENIS RICHARD

J.-J. Chavagnat, psychiatre et D. Richard, pharmacologue. Travaillent au CHU de Poitiers.

1. M. Serres, *Les Cinq Sens,* Paris, Grasset, 1985.
2. R. Winter, *Le Livre des odeurs,* Paris, Seuil, 1978.
3. A. Corbin, *Le Miasme et la jonquille,* Paris, Aubier, 1982.
4. H. Montagnier, B. Schaal, B. Herlting, R. Quichon, *L'Aube des sens,* Paris, Stock, 1981.
5. D. Anzieux, *Le Moi-Peau,* Paris, Bordas, 1985.
6. Von Krafft-Ebing, *Psychopathia sexualis,* Paris, Payot, 1969.
7. P. Camporesi, *La Chair impassible,* Paris, Flammarion, 1986.

ANNICK LE GUÉRER

DU MIASME AU MICROBE

Jusqu'aux recherches pasteuriennes sur les micro-organismes, vers 1880, les mauvaises odeurs sont considérées en Europe comme acteurs directs de la santé et de la vie. Les exhalaisons nauséabondes qui émanent des marécages, charniers, cloaques et fosses d'aisances sont tenues pour responsables de nombreuses maladies mortelles. Synonyme d'une fin effroyable, la peste est particulièrement illustrative des liens établis entre la puanteur et la nocivité : dès le XIIIe siècle, le terme de « pestilence » désigne aussi bien une odeur infecte que l'épidémie, et le verbe « empester », apparu au XVIe siècle, prend au siècle suivant le sens d'empuantir.

Pendant des siècles, la relation entre peste et odeur a été au cœur des croyances populaires et a généré les différentes théories médicales concernant l'étiologie, la nature et le mode de propagation du fléau (encore que ces différents domaines n'aient pas toujours été bien distingués). La prophylaxie et la thérapeutique par les parfums ne sont que la conséquence logique de ces représentations. Il en est de même pour toute une série de mesures de désodorisation complémentaire passant par le développement de l'hygiène publique et certaines exclusions sociales. Ainsi la peste apparaît-elle comme un révélateur privilégié des pouvoirs mortifères, prophylactiques et curatifs, qui furent attribués à l'odeur.

En chassant à l'aide de feux de bois aromatiques la peste[1] qui ravage Athènes, au Ve siècle avant J.-C., Acron d'Agrigente[2] tire les conséquences de l'idée selon laquelle l'épidémie naît de l'air. Élément vital mais aussi délétère, il influe, selon Hippocrate et ses disciples, sur l'organisation physique et psychique des individus. Son action bénéfique ou nocive dépend essentiellement de sa « constitution » : les changements de saison, les perturbations atmosphériques provoquent des altérations sensibles dans ses qualités (température, sécheresse, humidité, consistance). Mais elle est liée aussi à la présence ou à l'absence d'émanations pathogènes qui le souillent. C'est ainsi que les odeurs exhalées par la fange et les marais engendrent des maladies[3] et que les fièvres épidémiques ou pestilentielles viennent d'un air infecté d'exhalaisons morbifiques[4], de « miasmes[5] ». Lorsque cet air corrompu pénètre dans un organisme présentant une surabondance de sang et d'humeurs, due à un mauvais régime de vie, la peste, affirme Galien, se déclare rapidement. Pour de nombreux auteurs anciens, elle se propage ensuite par les émanations et l'haleine fétide des malades.

Toutes ces représentations se complexifieront au fil des siècles sans perdre pour autant leurs liens avec l'odeur. Pressé par le roi Philippe VI de se prononcer sur l'origine de la grande « peste noire » qui décime la population européenne en 1348, le collège de la faculté de médecine de Paris déclare : « la corruption meurtrière de l'air[6] » est due essentiellement à une conjonction astrale néfaste. A cette occasion, d'abondantes vapeurs empestées se sont élevées de la terre et des eaux.

Convaincus que « l'infection de l'air corrompu et empoisonné, exhalé par la respiration des malades, se communique aux assistants[7] », les médecins incitent les bien-portants à se « tenir éloignés de toutes les maladies qui répandent une mauvaise odeur parce que ces maladies sont contagieuses[8] ». Employées sous des formes très diverses, chargées de purifier l'atmosphère et d'accroître les résistances de l'organisme, les substances odorantes sont les armes principales contre la peste. A côté des « antidotes » que l'on hume, il en existe d'autres à usage externe ou interne. Fumigations de storax, costus, oliban, gomme arabique, trochisques de marjolaine, macis, genévrier, aloès, pilules de mélisse, basilic, muscade, cannelle, conserves de roses, de buglosse, lotions de menthe, girofle, romarin, cardamome, électuaires d'huile de nard, alipte, garingal, noix de ben, véronique, poudre de safran, encens, feuilles de zédoaire, pommes d'ambre, musc, boîtes de senteurs, sirops de citron, grenades, éponges imbibées de vinaigre font partie du prodigieux arsenal aromatique du Moyen Age.

A l'époque de la Renaissance, les pouvoirs accordés à l'aromate vont être renforcés par ceux d'anti-venins spécifiques car il s'agit désormais, comme le fait remarquer, en 1478, Marsile Ficin, de « dompter le dragon » de la peste qui jette son « haleine venimeuse » sur l'homme[9]. En 1546, Jérôme Fracastor accroît l'angoisse suscitée par les émanations des pestiférés en révélant qu'elles recèlent des germes vivants invisibles produisant « toute une série de rejetons [...] qui sèment la contagion[10] ».

La peur des « vapeurs infectes » conduit en 1562 Ambroise Paré à demander aux magistrats d'« avoir l'œil sur certains larrons, meurtriers et empoisonneurs, plus qu'inhumains qui gressent et barbouillent les parois et portes des bonnes maisons, de la sanie des charbons et bosses, et autres excremens[11] ». Une fois celles-ci infectées, il leur est facile d'y entrer pour se livrer au pillage, voire « estrangler les pauvres malades dans leur lit[12] ». Isoler les pestiférés, tuer les chiens et les chats qui transportent dans leurs poils les vapeurs pestilentielles, expulser les comédiens et les gens de mauvaise vie, désodoriser la cité en la nettoyant, pavant et en évacuant ses déchets, renvoyer à la périphérie, en raison de leurs activités nauséabondes, les ouvriers qui travaillent les cuirs, les peaux et les laines, autant de mesures qui s'imposent [13]. Mais aussi, il faut fuir tous ceux qui sont en contact avec les malades et les morts : médecins, chirurgiens, apothicaires, barbiers, prêtres, gardes, serviteurs et fossoyeurs emportent dans leurs vêtements l'air pesteux, comme les clients d'un parfumeur ressortent tout imprégnés des senteurs flottant dans sa boutique.

L'HALEINE FATALE

Dans l'anxieuse incertitude qui entoure l'épidémie, l'odeur apparaît comme le seul signe qui permette vraiment de l'identifier. En 1620, David Jouysse recommande ce moyen : « Il faut sçavoir et recongnoistre l'odeur de la peste et alors estans hors de cette odeur, il n'est pas mal à propos d'exiter les sternuations [14]. » Toutefois le procédé n'est pas sans danger. Persuadés que le fléau qui ravage leur ville en 1665 se décèle à l'haleine, les Londoniens n'osent cependant s'informer de cette façon car « il faudrait faire monter la puanteur de la peste jusqu'à son cerveau pour reconnaître l'odeur [15] ». La hantise de la fétidité atteint à Londres un point d'acmé. Le danger est partout : puanteur des cadavres non ensevelis, qui propage l'infection, miasmes des maisons contaminées que les passants tentent d'éviter en marchant au milieu de la rue, souffle fatal des malades que les domestiques rapportent avec les achats dans les maisons bourgeoises, effluves des pestiférés et des faux bien-portants qui exhalent la mort.

Pour éviter toutes ces odeurs meurtrières, les gens se terrent chez eux. L'assistance à l'office religieux tient de l'héroïsme. On se munit à profusion de substances odoriférantes qui répandent des senteurs encore plus puissantes que chez l'apothicaire ou le droguiste. Mais une mauvaise odeur, immédiatement associée à la peste, suffit à vider l'église.

Au XVIIIe siècle, les découvertes des chimistes sur la nature de l'air et sa dégradation par les échanges respiratoires dans un milieu confiné ajoutent aux peurs séculaires des anxiétés nouvelles. Les espaces de concentration humaine mal aérés — prisons, hôpitaux, casernes, navires, salles de spectacles — « focalisent l'attention des hygiénistes [16] ». Les prisons où croupissent dans la fange des hommes mal tenus fomentent quantité de maladies contagieuses qui déciment les villages, les villes et les armées et vont porter la désolation jusque dans les colonies. Puanteur des latrines, sols imbibés de crachats, d'urine et d'excréments, entassement, aération et hygiène défectueuses, vêtements imprégnés d'effluves putrides, concourent à rendre les geôles royales dangereuses pour l'humanité. Neutraliser l'infection devient impératif. Propositions de pavage, de fenêtres en « espagnolettes[17] » permettant le renouvellement de l'air, de tuyaux en grès favorisant son ascension, de vêtements de toile bleue faisant écran aux miasmes, de lits individuels ou du moins à deux places, reflètent inquiétudes anciennes et modernes. Si la circulation de l'air et le désentassement deviennent des soucis majeurs, l'odeur excrémentielle n'a rien perdu de son pouvoir anxiogène[18]. Mais ces nouveaux sujets d'inquiétude ne font pas oublier pour autant les foyers d'infection les plus traditionnels. En 1790, Vicq d'Azyr, secrétaire perpétuel de la Société royale de médecine, approuve sans réserve le projet d'un certain Boncerf, relatif au dessèchement des marais. Leurs exhalaisons occasionnent des fléaux meurtriers ainsi qu'une certaine peste connue sous le nom de « febris hungarica, pestis delphica[19] ». Région d'eaux stagnantes, le Languedoc connaît une forte mortalité. La Franche-Comté, en revanche, pays de montagnes où ne se font pas sentir ces funestes influences, possède une population nombreuse qui procure à l'armée 30 000 hommes et fournit à l'Église nombre de religieux et de religieuses.

LA QUERELLE CONTAGIONNISTE

En fait ni l'échec de l'eudiomètre à traquer le miasme[20], ni les révélations de la chimie pneumatique ne parviennent à affaiblir les anciennes croyances relatives aux « constitutions » et au rôle morbifique de la puanteur atmosphérique. Si les nouvelles connaissances relatives à l'air interdisent désormais de le considérer comme une substance élémentaire capable de « pourrir » quand un dérèglement dans ses « qualités » intervient ou que des exhalaisons putrides le souillent, elles permettent encore de voir dans ce mélange gazeux le réceptacle et le véhicule d'émanations malfaisantes susceptibles d'engendrer et de propager les épidémies. Auteur d'expériences pourtant décisives sur les altérations de l'air confiné par la respiration, Lavoisier lui-même s'appuie sur les conceptions traditionnelles pour expliquer l'origine de la peste à Constantinople : elle renaît chaque année des relents d'immondices et d'animaux morts dans la chaleur humide du printemps. Symbolisée par une « vieille femme vêtue de noir, soufflant le venin mortel[21] », la peste conserve à travers le temps et les théories ses liens avec l'odeur.

En 1846, la confrontation entre contagionnistes et non-contagionnistes exaspère les divergences en matière d'étiologie et de propagation de la peste. Les contagionnistes souhaitent obtenir l'extension des mesures quarantenaires. Ils accusent leurs adversaires d'en prôner l'abolition pour des raisons essentiellement mercantiles. Selon Pariset, qui défend la thèse de la contagion, il ne faut imputer la véritable cause de la peste ni aux états atmosphériques, ni aux miasmes des marais, ni à la malpropreté, ni à une existence misérable. Seules les émanations des cadavres qui contiennent des poisons animaux sont susceptibles de donner naissance au fléau. Le « secret maléfice[22] » dont souffre l'Égypte vient de l'abondance de cette matière putrescible : cimetières si proches des habitations que les « morts semblent faire partie des vivants[23] », quartiers sombres, humides, sans aération, où les maisons regorgent de cadavres ; villages « bâtis de charogne et de boue [...] plongés dans une fournaise de mort[24] ».

L'abandon des salutaires pratiques d'embaumement a conduit l'Égypte moderne à devenir le berceau du fléau. Toute cette pourriture qui n'est plus préparée, salée, desséchée, enveloppée de bitume, de linges parfumés, recueillie dans des tombes de pierre, des cercueils de sycomore, ou entassée dans des millions et des millions de vases de terre cuite mais qui est « aujourd'hui mêlée sans préparation et comme incorporée toute crue avec la terre », transforme ce pays en un vaste cimetière, en une « véritable distillerie de cadavres[25] ». Or, expose Pariset, le coton, le lin et le chanvre venus d'Égypte apportent la peste en Europe. Ces plantes textiles absorbent et conservent les germes exhalés par les cadavres. Entreposées dans des magasins ou dans les cales des vaisseaux, les miasmes qu'elles recèlent peuvent, en raison du manque d'air et de la chaleur, se prêter à de dangereuses combinaisons. C'est ce qui explique les cas de morts foudroyantes survenant à l'ouverture des magasins de coton et les maladies mortelles dont sont atteints les ouvriers de Constantinople qui manient le lin et le chanvre en provenance d'Alexandrie.

Ces conceptions sont vivement critiquées. Selon les contagionnistes, raille Rochoux, les émanations des pestiférés s'attachent à certains corps susceptibles de les retenir pendant plus de trente ans et de les transporter à des distances illimitées. « Ainsi des brins de paille, quelques morceaux de corde, une toile d'araignée, des mouches, comme l'assure encore M. Pariset, doivent suffire pour contagier des villes entières[26] ». Clot-Bey lui aussi tourne en dérision les contagionnistes qu'effraie un duvet ou une plume voltigeant dans l'air. La peur qu'un bout de fil ne se colle à leurs chaussures les oblige même à tremper dans l'huile leurs semelles avant de sortir ! Pourquoi suivre plus longtemps les errements de Fracastor ? conclut la commission de l'Académie royale de médecine chargée d'examiner les questions relatives à la peste et aux quarantaines. Dénonçant la confusion et l'anarchie qui règnent dans les deux camps, elle ne reconnaît véritablement qu'un seul mode de transmission : l'« infection miasmatique », c'est-à-dire l'air porteur de miasmes pestilentiels. Comme le fait remarquer Pariset, cette théorie n'est pas une découverte : « Le fond reste le même : un malade, des émanations, un homme sain qui, en les inspirant, devient malade comme le premier[27]. » En 1873, vingt ans avant les intuitions de Yersin sur le rôle du rat dans la diffusion de la peste[28], c'est encore la conception exprimée par Adrien Proust.

Objet de sollicitude inquiète depuis plusieurs siècles, la pureté de l'air allait encore, en 1880, éveiller les soupçons, lorsqu'une vague inhabituelle de mauvaises odeurs déferla sur Paris[29]. Ce n'est véritablement qu'après les découvertes du vibrion du choléra par Koch en 1883, et du bacille typhique par Gaffky en 1884, que l'identification de la nocivité à la fétidité commencera à perdre de sa force. Jusqu'à la fin du XIXe siècle, les représentations relatives à la peste demeurèrent donc liées à l'odeur. La permanence et la vigueur de cette conception peuvent surprendre. Il faut cependant se rendre compte que, forte de racines plongeant dans l'Antiquité du monde méditerranéen, elle pouvait se recommander, en outre, d'une quasi-universalité. Ainsi la médecine chinoise, qui avait étudié de façon approfondie les diverses formes de peste et établi, de longue date, une corrélation entre les rats et la peste humaine, faisait-elle une place importante à l'odeur dans ses explications de l'étiologie et de la propagation du fléau : « Les rats mouraient parce qu'ils prenaient la mauvaise odeur de la terre, et les hommes avaient ensuite la peste parce qu'ils prenaient la mauvaise odeur des rats[30]. »

ANNICK LE GUÉRER

1. Les termes de *loimos* en grec et de *pestis* en latin sont des termes vagues servant à désigner un « fléau » en général. Hippocrate et les médecins de l'école de Cos désignaient sous le nom de maladies épidémiques toutes les maladies « communes », c'est-à-dire qui se font sentir à tout le monde et qui ont également une cause commune. Il faut préciser également que la nature exacte de la peste d'Athènes n'a pas encore vraiment été identifiée. C'est à partir de la célèbre peste noire de 1348 que, dans le langage courant, la peste désigne plus particulièrement cette épidémie à bubons et à charbons (ou à crachements de sang) qui entraîne des morts promptes et nombreuses.
2. L'attribution par Galien et Aetios d'Amide de cette fumigation antipestilentielle à Hippocrate n'est, selon Mirko Grmek, qu'une « légende ». D'après Plutarque, Oribase et Paul d'Égine, c'est Acron d'Agrigente qui en aurait eu l'idée. *Cf.* M. D. Grmek, « Les vicissitudes des notions d'infection, de contagion et de germe dans la médecine antique » in *Textes médicaux latins et antiques*, Saint-Étienne, centre J. Palerme, 1984, p. 65.
3. Cf. Hippocrate, *Des humeurs*, in *Œuvres complètes*, trad., commentaires et notes par E. Littré, Paris, 1846, t. V, p. 493.
4. Cf. Hippocrate, *De la nature de l'homme*, in *Œuvres complètes*, *op. cit.*, 1849, t. VI, p. 55.
5. Du grec *miasma*, souillure. *Cf.* Hippocrate, *Des vents*, in *Œuvres complètes*, *op. cit.*, t. VI, p. 97 et 99.
6. « Consultation sur l'épidémie faite par le collège de la faculté de médecine de Paris en 1348 » in H.E. Rébouis, *Étude historique et critique de la peste*, Paris, 1888, p. 77.
7. *Ibid.*, p. 131.
8. *Ibid.*, p. 131.
9. M. Ficin, *Antidote des maladies pestilentes*, Cahors, 1595, p. 41.
10. J. Fracastor, *Les Trois Livres sur la contagion, les maladies contagieuses*, Paris, 1893 (trad. et notes de L. Meunier), p. 66.
11. A. Paré, *Le Vingt-Quatrième Livre traitant de la peste* in *Œuvres complètes*, présentées par J.F. Malgaigne, Paris, 1840, vol. 3, p. 378.
12. *Ibid.*

13. Cf. A. Le Guérer, « L'odeur de la peste », in *Traverses* n° 32, septembre 1984, p. 68-69.

14. D. Jouysse, *Examen du livre de Lampérière sur le sujet de la peste*, Rouen, 1622, p. 290.

15. D. Defoe, *Journal de l'année de la peste*, Paris, Gallimard, 1982, p. 303.

16. A. Corbin, *Le Miasme et la jonquille, l'odorat et l'imaginaire social, XVIIIe-XXe siècles*, p. 123.

17. A.L. de Lavoisier, *Observations sur les prisons actuelles de la Conciergerie* (1780), in *Œuvres*, Paris, 1864-1893, t. 2, p. 491.

18. Un extraordinaire projet de sièges d'aisances rédigé en 1780 par Lavoisier en est la preuve. Pour éviter les émanations des matières fécales qui s'attachent habituellement aux parois des tuyaux d'évacuation et permettre leur chute directe, il faut que les cuvettes « forment des portions de cônes tronqués dont la base sera en bas [...] Ces ouvertures pourraient être faites en fonte de fer, mais elles doivent être assez épaisses et assez fortes pour ne pouvoir être brisées par les efforts des prisonniers », *ibid.*, p. 492-493.

19. *De l'influence des marais sur la santé et de la nécessité des desséchements.* Extrait des *Mémoires de la Société royale de médecine*, Paris, 1790, p. 9.

20. En 1755, Landriani et Fontana mettent au point séparément un appareil, l'eudiomètre, pour mesurer la salubrité de l'air.

21. J.-J. Ménuret de Chambaud, *Essai sur l'action de l'air dans les maladies contagieuses, qui a remporté le prix proposé par la Société royale de médecine*, Paris, 1781, p. 53.

22. « Discussion dans le sein de l'Académie de Médecine, séance du 14 juillet 1846, opinion de M. Pariset » in Prus, *Rapport à l'Académie royale de médecine sur la peste et les quarantaines*, Paris, 1846, p. 926.

23. *Ibid.*, p. 935.

24. *Ibid.*, p. 937.

25. *Ibid.*, p. 936.

26. *Ibid.*, p. 693.

27. « Discussion au sein de l'Académie de médecine, séance du 14 juillet 1846, opinion de M. Pariset » in Prus, *op. cit.*, p. 948.

28. Alexandre Yersin découvre en 1894 le bacille responsable de l'épidémie et révèle le rôle du rat dans sa transmission. Mais il faudra attendre encore quatre ans pour comprendre, grâce aux travaux de Paul-Louis Simond, comment ce bacille passe du rat à l'homme : la puce du rat est l'agent vecteur de la peste et inocule le bacille. En 1897, W.M. Haffkine met au point le premier vaccin antipesteux. *Cf.* H. Mollaret, J. Brollolet, *Yersin ou le vainqueur de la peste*, Paris, Fayard, 1985.

29. Voir sur ce point G. Jacquemet, « Médecine et maladies populaires dans le Paris de la fin du XIXe siècle » in *L'Haleine des faubourgs ; ville, habitat et santé au XIXe siècle*, Paris, *Recherche*, décembre 1977, n° 29.

30. M. Rouffiandis, « Théories chinoises sur la peste » in *Annales d'hygiène et de médecine coloniales*, Paris, 1903, p. 342.

YVES HERSANT

LE SOUFFLE VITAL ET L'AIR NOURRICIER

Il n'y a rien dans l'intellect si le corps n'a roulé sa bosse, si le nez n'a jamais frémi sur la route aux épices.
MICHEL SERRES

Au chevet de Démocrite, ses amis se lamentent : à quatre-vingt-dix ans passés, le philosophe est mal en point. Lui qui avait tant couru le monde, en quête de sensations renouvelées, voilà qu'il ne tient plus sur ses jambes ; lui qui s'était montré si boulimique, si exceptionnellement avide de connaissances et d'impressions, voilà qu'il ne peut plus s'alimenter. L'heure est venue pour lui de rendre l'âme : c'est-à-dire, selon la doctrine de ce rigoureux matérialiste, de laisser se disperser dans l'univers les minuscules atomes sphériques qui composent sa *psychè*. Or que fait l'agonisant ? Une ultime démonstration : pour complaire à ses élèves, qui le supplient de survivre, il demande des petits pains chauds (ou, selon d'autres, un pot de miel) ; et, en humant ces substances que son estomac ne peut absorber, il résiste quatre jours durant à la mortelle inanition. Aux disciples de conclure : la vie est respiration, la respiration est nourriture ; la nourriture est une ingestion d'atomes, dont le bienfaisant afflux compense les pertes de l'organisme. Il faut veiller toutefois, sachant que les corps odorants émettent des particules de formes diverses — tantôt arrondies, tantôt pointues, ou bien crochues et hérissées —, à sélectionner les effluves et à choisir les plus idoines.

Dix-neuf siècles après cette expérience si réussie, un autre savant a médité sur les petits pains de Démocrite : l'efficacité de leur senteur émerveille Marsile Ficin. En tant que néoplatonicien, il n'a pas la réputation d'être matérialiste ; mais en sa qualité de médecin, il ne néglige aucun moyen d'améliorer la vie des hommes. Celle des intellectuels surtout, ces « athlètes de l'esprit » auxquels il entend garantir — outre la longévité et la vigueur — une heureuse symbiose avec le monde : « J'ai composé, écrit-il en 1489 à Laurent de Médicis, le *De literatorum valetudine curanda* en pensant m'acquitter de ma dette envers mon père, médecin. Après cela les lettrés souhaitaient non seulement bien vivre, mais vivre longtemps. J'ai donc rédigé pour eux le *De vita longa*. Mais en ce domaine si important, ils se méfiaient des médecins et des remèdes terrestres. J'ai donc ajouté le *De vita coelitus comparanda,* pour que, du corps vivant du monde lui-même, puisse se propager dans notre propre corps, comme dans un membre de ce monde, une vie plus vigoureuse... » A bien des égards, ces trois textes, rassemblés en un seul ouvrage (le *De triplici vita,* qui fut célèbre au XVIe siècle) méritent qu'on y remette le nez : à l'âge des modernes déodorants, il ne faudrait pas trop sourire des vieilles sapiences de Ficin, de son hygiène toute spirituelle, de sa thérapeutique olfactive. Ni de l'idée selon laquelle les puanteurs et les fragrances n'affectent pas le seul bien-être, ou le fonctionnement de l'organisme, mais la vie même de l'intellect.

« Du nourrissement des esprits, et de la conservation de la vie par les odeurs » : avec le précieux appui de Galien et d'Avicenne, le chapitre central du livre résout quelques problèmes d'importance. Pourquoi les hommes « débiles et grêles », dans les pays chauds et pleins de senteurs, peuvent-ils sans inconvénient ne se repaître que de parfums ? Et quand nous venons à défaillir, quand les sens nous abandonnent, pourquoi l'inhalation de certaines substances peut-elle souvent nous ranimer ? La réponse tient en deux points. Entre l'odeur et les « esprits », il existe premièrement une naturelle affinité ; au même titre que ceux-ci, celle-là est une vapeur. Aérienne et impalpable, elle occupe entre âme et corps une position intermédiaire : exactement comme ces esprits, engendrés du sang le plus subtil, qui dans la pensée de l'époque jouent un rôle déterminant.

Marsile Ficin résume ailleurs cette doctrine assez complexe : « vapeur du sang, pure, déliée, chaude et claire, le *spiritus* s'envole jusqu'au cerveau, où l'âme l'utilise continuellement pour mettre en mouvement les sens [...] Ainsi le sang est-il au service du *spiritus,* le *spiritus* au service des sens, les sens au service de la raison ». Si l'on se rappelle, en second lieu, que c'est toujours du semblable que le semblable se nourrit, on comprend que l'esprit humain puisse tirer tant de profit des fines senteurs de la nature. Au vieillard et au malade, privés de mets plus consistants, elles refont une santé ; à l'intellectuel méditatif, elles confèrent de l'acuité. Suffisantes à la survie, ces formes sublimées des aliments sont nécessaires à la pensée : si manger du sucre fait grossir, humer le sucre rend subtil.

Influant sur le travail de l'intellect autant que sur la vie organique, conditionnant la spéculation autant que les processus digestifs, l'olfaction est donc dotée d'un statut médico-philosophique, au moins égal en importance à celui du régime alimentaire. Si le foie et l'estomac préfèrent de solides nourritures, le cœur producteur d'esprits exige des vapeurs odorantes : cette physiologie se discute, mais l'intuition est remarquable qui, de l'olfactif au cognitif, établit un lien étroit. Selon une telle conception, parler du *flair* d'un chercheur ne serait pas pure métaphore.

CONTRE LA MÉLANCOLIE LES ARÔMES DE MARSILE FICIN[1]

Mais les senteurs éparses dans l'air qui nous pénètre de toutes parts, nous communiquant les qualités des corps tant inférieurs que célestes, sont très inégalement recommandables. Lesquelles vaut-il mieux puiser — pour s'exprimer comme Ficin, ou son traducteur du XVIe siècle — « avecques l'organe du flairer » ? Importante pour tout le monde, puisque l'on devient ce que l'on hume, la question semble vitale pour ceux qui souffrent de l'humeur noire. C'est même à un double titre que les mélancoliques sont concernés : intellectuellement privilégiés, selon une antique tradition, ils ont une vocation particulière à faire travailler leurs esprits ; mais le dérèglement de leurs humeurs, dominées par l'atrabile, les coupe du monde environnant et pervertit leurs sensations. Voués à la plus haute vie spirituelle, et englués pourtant dans la matière, les saturniens restent écartelés entre finesse et grossièreté. Par une cruelle ambivalence, la complexion des génies les précipite dans un cloaque.

Non seulement ils se croient plongés dans un monde nauséabond — n'assure-t-on pas que Louis XI, l'atrabilaire vêtu de noir, reniflait partout des miasmes ? —, mais de fait ils sentent mauvais : nombre de médecins ont décrit leur complaisance pour le fétide, la corruption de leur haleine, l'infecte vapeur qu'ils exhalent et dont ils contaminent leur entourage. D'où le souci de Marsile Ficin, et la thérapie qu'il préconise : contre les déjections méphitiques, la légèreté des fragrances. Contre la pestilence mortifère, contre l'odeur de haine recuite et de mauvaise digestion, les émanations balsamiques et la senteur des bouquets. Il ne s'agit pas ici d'hygiène, au sens familier et moderne, mais de psychosomatique avant la lettre. Les mélancoliques n'ont que trop tendance à rechercher la gravité, à plonger dans le cœur des choses, à s'emprisonner dans le compact : les fraîcheurs élémentaires, les émanations volatiles rendront à leur corps trop terrestre l'aisance des mouvements aériens dans un espace reconquis. De même, les mélancoliques n'ont que trop tendance à croire que le temps s'immobilise, ou que le passé les écrase et fait d'eux des morts-vivants : en humant des parfums fugaces, ils retrouveront le goût de l'éphémère et la perception d'une durée.

Rétablir l'accord avec le monde, enseigner le bonheur de vivre par une esthésie systématique, c'est bien à quoi s'emploie Ficin en offrant aux nez mélancoliques une « variété d'odeurs élues » ; avec la diététique et l'astrologie, avec la magie et la musique — qui contribuent elles aussi à recharger l'homme en *spiritus* —, cette science des arômes compose la plus douce des médecines. On peut en résumer les préceptes : choisir d'abord l'environnement, ne pas s'installer à demeure aux abords des marécages, aller chercher dans les collines un air pur et lumineux qui insufflera la vie dans les artères. Dans cette nature odorante, préférer en second lieu les effluves subtils et vaporeux aux émanations puissantes et lourdes. Plutôt que les odeurs animales — à de rares exceptions près, le musc étant la plus notable —, humer les senteurs des végétaux : non les feuilles mortes ni les sous-bois, mais la violette et le citron, le safran et la cannelle, la menthe fraîche et le fenouil, le clou de girofle et l'eau de rose... Parfums certes très différents, et inégalement sophistiqués, mais tous susceptibles d'entraîner l'homme dans leur propre sublimation, en chassant toute pensée de pourriture et de noirceur. Surtout si, troisième précepte, on les croise et les combine, jusqu'à obtention du juste degré de fraîcheur et de chaleur, d'humidité et de sécheresse : ainsi seront composées, en mariant les fleurs aux fruits et les épices aux écorces, les curieuses *pommes de senteur* dont la Renaissance est si friande.

Mais rien ne vaut ces deux merveilles : la fleur des fleurs qu'on appelle miel, et le soleil liquide qu'est le vin blanc. Que dire alors de leur mélange ? Dans la rêverie ficinienne, réside peut-être le secret de Démocrite : « Quant à moi, s'il usa de miel j'estime que c'était du miel fait liquide en vin blanc, qu'il versa sur les pains chauds. »

YVES HERSANT

Maître de conférence à l'EHESS (Centre de recherche sur l'art et la littérature). Ouvrage à paraître : *La Mélancolie*, Fayard, 1987. Membre du comité de rédaction de *Critique*, *Le Genre Humain*, *FMR*.

1. Ces arômes et quelques autres s'exhalent de l'étude de Jean Starobinski : « Histoire du traitement de la mélancolie des origines à 1900 », *Acta Psychosomatica*, 1962.

CATHERINE GLASER

LE FLAIR DU GÉNIE

En 1816, le docteur Hippolyte Cloquet publiait *L'Osphrésiologie*, ouvrage qui restera jusqu'à la fin du XIXe siècle cité comme la première référence sérieuse dans l'étude médicale de l'odorat. Mais, ce *Traité des odeurs, du sens et des organes de l'olfaction* marque aussi la dernière possibilité de rassembler en un même lieu une connaissance des odeurs et de leurs principes, physiologiques et psychologiques, puisque l'auteur y expose l'incompatibilité entre une aperception olfactive et la construction d'un savoir sur le nez. On y comprend en effet que si, comme le voulait Rousseau, les odeurs peuvent vivifier la pensée et solliciter l'imagination, elles n'ont qu'une influence minime sur l'entendement ; plus développé et plus délicat chez « les êtres organisés destinés naturellement à l'état sauvage que chez l'être intelligent destiné à l'état social », l'odorat, sens de la connaissance instinctive, régresserait avec la civilisation. Si bien qu'il se trouverait réduit à l'état de vestige chez les savants qui en étudient le fonctionnement !

Les successeurs d'Hippolyte Cloquet mettront au point une méthode permettant d'en mesurer les traces : l'olfactométrie, inaugurée en 1848 avec la réalisation d'un premier osmi-esthésimètre, suivi, une quarantaine d'années plus tard, de nombreux olfactomètres. Seront alors déterminées avec précision les anosmies, hyposmies, hyperosmies, parosmies, cacosmies, isosmies [1] et autres perversions olfactives pouvant atteindre l'être microsmatique qu'est devenu l'homme civilisé. S'ils ne sentent plus, les savants parlent, et ils inventent des mots pour dire les dérivés d'un sens qui s'est anémié à mesure que se développait le langage.

PLUS ON PARLE, MOINS ON SENT

A partir de 1861, les travaux de Broca sur la localisation des centres cervicaux apporteront une preuve supplémentaire de cette évolution inverse de la sensibilité aux odeurs et de la faculté de parler. En comparant le cerveau humain à celui d'animaux osmatiques, on constatera que les régions de l'écorce auxquelles aboutit le nerf olfactif se sont atrophiées chez l'homme, au profit des centres du langage avec lesquels elles voisinent. Mais avant ces révélations anatomiques les médecins avançaient une autre preuve : à l'époque du rut, les animaux se flairent ; les hommes, eux, déclarent leur amour. Transformation que le Dr Voivenel, dans sa thèse *Littérature et folie* (1907), résumera dans les termes suivants : « La parole est la plus terrible des armes sexuelles [...] c'est par les mots qu'on prend les femmes. »

Toutefois, cette substitution des mots aux odeurs n'est pas totale. D'abord, les premiers n'ont aucun effet sur l'impuissance masculine, alors que les substances aromatiques sont prescrites. Des Esseintes, le héros d'*A rebours* de J.K. Huysmans, utilise cette médication quand il souhaite retrouver, non une vitalité au présent, mais le « goût naguère adoré de certaines femmes » ; il laisse alors fondre dans sa bouche des bonbons composés d'une « goutte de parfum de sarcanthus, une goutte d'essence féminine, cristallisée dans un morceau dc sucre » qui évoquent des « souvenances d'eau opalisée par des vinaigres rares, de baisers très profonds, tout imbibés d'odeurs ».

Il est bien connu que les femmes dégagent des sécrétions cutanées particulières, phénomène qui, selon le docteur Caufeynon (*La Volupté et les parfums,* 1903), témoigne du lien rattachant l'espèce humaine aux animaux. Autre manifestation de cette lointaine parenté, il arrive que des mâles humains tombent subitement amoureux en humant les exhalaisons féminines. Ainsi les spécialistes attribuent-ils à une exaltation de la sensibilité olfactive certains coups de foudre et de honteuses mésalliances. Ils expliquent enfin comment les parfums ont gardé toute leur puissance sur ces hommes facilement impressionnables, d'une sensibilité pathologique et sexuellement déséquilibrés, que sont les écrivains.

LES MOTS ET LES MAUX DES ODEURS

Partage des rôles, à l'époque où la science dissèque les organes de l'olfaction, la littérature prospecte l'osméologie. Baudelaire invente des associations olfactives, des mots « tout imprégnés de musc[2] », un langage de parfums qui « chantent les transports de l'esprit et des sens[3] ». Maupassant fait croire qu'il est possible de retrouver au fond des vieux flacons de toilette « des parcelles de son existence, et toutes les odeurs errantes, celles des rues, des champs, des maisons, des meubles, les douces et les mauvaises, les odeurs chaudes des soirs d'été, les odeurs froides des soirs d'hiver[4] ». Zola donne à lire la symphonie des fromages du *Ventre de Paris,* les émanations du linge sale de *L'Assommoir,* les mélanges de rose, de lilas, de jacinthe, de fadeur des cuvettes et de patchouli sec du cabinet de toilette de *Nana,* les puanteurs du fumier de *La Terre* que le paysan remue avec une « jouissance de bon mâle comme l'odeur même du coït de la terre », et bien d'autres encore.

On trouve au chapitre X d'*A Rebours* un condensé des exercices de style aromatiques qui parcourent la littérature de la seconde moitié du XIXe siècle. Grand admirateur de Baudelaire, comme lui écœuré de respirer les « miasmes morbides[5] » de son temps, le héros d'Huysmans cherche, à l'instar du maître, à compenser le dégoût qu'il ressent par des fragrances plus subtiles. Dans un premier temps, il s'initie à la « langue des parfums, aussi insinuante que celle de la littérature », en apprend l'histoire, la grammaire, la syntaxe, aidé en cela par sa sensibilité d'hystéro-neurasthénique. Puis il se lance dans la composition de stances aromatiques. Surgissent alors les maux des odeurs, et Des Esseintes se réveille, un beau matin, obsédé par un imaginaire arôme de frangipane. Pour y remédier, il orchestre ses fluides en une « phrase fulminante dont le hautain fracas » devrait anéantir « le chuchotement de l'astucieuse frangipane ». Mais si les parfums « riches et triomphants » peuvent compenser les odeurs du siècle, ils restent inopérants sur les hallucinations : les érudites préparations de Des Esseintes ne le guérissent pas de sa parosmie à la frangipane mais délabrent un peu plus son système nerveux.

Outre Baudelaire, outre les traités des chimistes et parfumeurs qu'il cite, Des Esseintes a lu *La Faute de l'abbé Mouret,* le roman de Zola qu'il préfère, celui où se rencontrent les associations les plus alambiquées. Association d'essences : encens de la lavande, musc du thym, oranger, héliotrope exhalant une haleine de vanille ; association de parfums, de sons, de couleurs : petites notes musquées s'égrenant d'un tas de violettes, voix de cuivre des œillets à l'odeur poivrée... Ces variations odorantes d'un jardin imaginaire où les fleurs se pâment, où « les germes mûrs charrient une ivresse de désir », frôlent les sueurs humaines, les filles à la chevelure grasse, l'haleine pestilentielle de la basse-cour, les vapeurs de fumier. Zola y conjugue tous les effluves, sans que les uns anéantissent les autres, des plus répugnants aux plus voluptueux, des plus sauvages aux plus factices, en passant par l'odeur de sainteté du héros.

Une telle science devait rendre perplexes les médecins qui cherchaient chez les écrivains des illustrations de leurs théories. Le cas Baudelaire, par exemple, leur convenait parfaitement : d'avoir trop respiré, il mourut aphasique. Le docteur Michault relate comment, d'abord atteint « d'inversion de la parole », l'auteur des *Fleurs du mal* finit par n'avoir plus que trois syllabes à sa disposition : « non ! cré non ! non[6] ». L'histoire veut que Zola soit mort asphyxié à l'oxyde de carbone : un gaz inodore. L'étonnante santé de ce nez virtuose méritait examen attentif. Nouveau partage des rôles, alors que des lettrés s'intéressent au « romancier aux narines frémissantes[7] » et répertorient les passages de ses œuvres où il est question d'odeurs, les scientifiques auscultent son organe de l'olfaction. C'est le Dr Toulouse, l'un des pionniers de l'olfactométrie, qui se chargera des tests, dans le cadre d'une *Enquête médico-psychologique sur les rapports de la supériorité intellectuelle avec la névropathie* (1896).

L'objectif du Dr Toulouse était de mettre fin au débat qui agitait le monde des aliénistes sur la nature du génie. Hypertrophie de certaines fonctions pour les uns, phénomène de dégénérescence mentale pour les autres, la supériorité intellectuelle, surtout dans le domaine des arts, pouvait procéder du nez. Du nez comme source d'émotions, comme organe d'une connaissance instinctive et, enfin, dans ses rapports avec la sexualité. Une des explications proposées du génie littéraire consistera à dire que, si l'olfaction agit sur les organes génitaux, inversement ceux-ci retentissent sur celle-là. Et la finesse de l'odorat chez les maîtres du verbe pourrait n'être que la conséquence d'un déséquilibre sexuel. Ce type de diagnostic fut porté sur les littérateurs par les Drs Lombroso (*L'Homme de génie,* 1889), Nordau (*Dégénérescence,* 1864), Voivenel...

Toulouse ne réussit pas à clore le débat, qui connut encore quelques années de succès, mais il présenta le premier cas d'un génie minutieusement observé de son vivant. Entre autres épreuves, il fit respirer à Zola du camphre, d'abord une solution qui correspondait au seuil normal de perception : aucune réaction. Il dut considérablement augmenter la dose avant d'obtenir une réponse. Résultat : perception inférieure à la moyenne. Celui que l'on avait accusé d'avoir créé la littérature putride était un hyposmique ! Doué d'une prodigieuse mémoire des odeurs, capable d'une grande discrimination, mais au flair bas, un « olfactif cérébral » uniquement. Les parfums dont il parlait étaient dans sa tête ; il les subodorait tout juste, et s'il les inspirait, c'était à ses lecteurs. Après tout, *La Terre,* le plus malodorant de ses romans, fut applaudi par Mallarmé, le poète de la suggestion par excellence. Finalement, qu'il ait été — comme le voulut Max Nordau — un dégénéré qui éprouvait un plaisir sensuel en humant les fétidités, ou qu'il ait souffert d'une diminution du pouvoir olfactif, Zola suggéra si bien les odeurs, qu'à travers des mots, il réussit auprès des savants qui examinèrent son cas, à faire naître la sensation du fumier de *La Terre,* du *Ventre de Paris,* du corps de *Nana...* Certains en eurent la nausée.

CATHERINE GLASER

Historienne de la littérature. Analyse les discours littéraires et scientifiques au XIXe siècle. A publié en France et au Québec plusieurs articles sur la question.

1. Parosmie : sensation erronée de l'odorat ; cacosmie : sensation d'une mauvaise odeur ; isosmie : confusion entre les odeurs. Bibard, *Contribution à l'étude des troubles de l'odorat,* thèse, Paris, 1897 ; Collet, *L'Odorat et ses troubles,* Paris, 1904 ; Nique, *Contribution à l'étude des anosmies,* thèse, Lyon, 1897. 2. « Les Métamorphoses du vampire », *Les Fleurs du mal.* 3. *Correspondances.* 4. *Fort comme la mort.* 5. « Élévation », *Les Fleurs du mal.* 6. *La Chronique médicale,* n° 6, 15 mars 1902. 7. Léopold Bernard, *Les Odeurs dans les romans de Zola,* Montpellier, 1889.

HERVÉ MASSON

FUMETS D'OUTRE-MONDE...

« Le parfum de la dent d'un homme mort sans doubte délivre de ce mal » (le « mal des dentz »). C'est Messire Roch le Baillif, « édelphe et médecin spagiric » qui nous assène cette affirmation dans son *Demosterion* publié à Rennes en 1578. Disons tout de suite que, ne souffrant pas souvent des « dents » et n'ayant pas de cadavre au frigo, je n'ai pas eu l'occasion de vérifier le bien-fondé de la recette. Et qu'importe ! L'intérêt de la proposition est ailleurs. Elle démontre que le sieur Roch, comme tous ses confrères adelphes[1] et spagyristes[2], croyait ferme à l'efficacité des parfums et des odeurs dans les opérations magiques.

De nos jours encore, les rituels de magie cérémonielle et de théurgie sont encombrés de parfums et de fumigations soigneusement décrits et répertoriés. Quant aux sorciers des campagnes, aux praticiens de magie naturelle, aux fabricants de philtres d'amour, aux envoûteurs et désenvoûteurs de tout poil, aux longanistes[3] et quimboiseurs[4] des terres créoles, ils font un usage quotidien de plantes odoriférantes, verveine ou œillet, rose ou lavande, girofle ou noix muscade, macérées dans de l'eau de senteur ou de l'« eau de *kapi* » (prononciation créole pour Capri ?) : l'au-delà, l'outre-monde est grouillant d'odeurs.

L'odeur de sainteté. Manière de dire ou réalité objective ? Je ne saurais en décider. Reste que toute mon enfance catholique a été bercée de légendes à ce sujet ; par exemples les roses de sainte Thérèse de l'Enfant Jésus, dont mon père assurait avoir respiré l'arôme un jour de détresse. Rétif, je me demandais si Jeanne d'Arc ne sentait pas plutôt la grillade, saint Georges les émanations de soufre du dragon et le bon Benoît Labre, qui avait fait vœu de ne jamais se laver, la crotte ! Ou bien encore j'imaginais les saints — que ma mère assimilait volontiers aux curés et aux bonnes sœurs — traînant dans leur pieux sillage la senteur acide des sacristies, mêlée aux relents de bougies mortes et de savon de Marseille si caractéristique des soutanes et des guimpes d'antan. Je ne fus pas long pourtant, l'adolescence et sa sensualité venues, à préférer les parfums plus prometteurs — plus lascifs aussi — des ouvrages d'occultisme.

LES GÉNIES NE MANQUENT PAS DE NEZ

À en croire ses familiers, l'au-delà nous est proche : il nous entoure, nous cerne de près. Il n'est invisible que pour ceux qui ne savent pas voir.

Âmes errantes de désincarnés, larves astrales, anges puissants, génies divers, méchants diables jouent la sarabande à nos portes sans que nous nous en avisions.

Parmi tous ces esprits invisibles, une gent semble particulièrement intéressante ; c'est la grande famille des « élémentals » : les esprits des quatre éléments. A l'air les sylphes, au feu les salamandres, à l'eau les ondins, et à la terre les gnomes. Le comte de Gabalis de Montfaucon de Villars en faisait, comme chacun sait, grand cas ; et les grimoires regorgent de formules pour les évoquer et les réduire en servitude. Ils ont ainsi la réputation d'être fort serviables pour ceux qui parviennent à les conjurer ; les plus gentils d'entre eux étant les gnomes.

Ils sont généreux, les gnomes.

Qui d'entre nous n'a rêvé de devenir riche tout d'un coup, sans effort, comme par un coup du sort ?

Vous qui rêvez, savez-vous que, maîtres du monde souterrain, les gnomes sont les gardiens naturels de ces prestigieux trésors, qu'ils en disposent à leur gré et ne demandent qu'à vous aider ? Il suffit de savoir les séduire. Et les gnomes sont sensibles aux fumigations parfumées.

Gardons-nous de prendre ces révélations à la légère car, dit la Cabbale intellective[5] : « Il est trop constant que les esprits aériens qui sont destinés par le Créateur au service des hommes, peuvent être attirés par les parfums, et au contraire, les esprits malins et malfaisants qui pourroient empêcher les bénignes influences, sont éloignés par les vapeurs de ces parfums. C'est ce que l'on peut voir dans l'histoire de Thobie [...], où l'ange qui le guidoit lui ordonna que quand il seroit dans sa chambre avec sa femme, il ne manquât pas de faire un parfum sur des charbons ardents avec le foye du poisson qu'il lui avoit fait éventrer, afin que, par la vertu secrette de ce parfum, les malins esprits qui avoient étouffé les maris de sa femme ne lui pussent nuire et fussent écartés de la chambre nuptiale. »

Comme l'indique le livre du Grand Albert[6] : ces parfums sont en correspondance avec les sept planètes traditionnelles de l'astrologie et les sept jours de la semaine.

LES SECRETS DU GRAND ALBERT

Voici leur composition :

« *Parfum du dimanche (Soleil)*

« On préparera, pour le parfum du dimanche, les drogues suivantes, savoir : la quatrième partie d'une once de safran, autant de bois d'aloès, autant de bois de baume, autant de graine de laurier, autant de clous de girofle ; autant de myrte, autant de bon encens, un grain de musc, un grain d'ambre gris.

« Il faut pulvériser et mélanger ensemble toutes ces drogues ; vous en formerez de petits grains avec un peu de gomme adragante, détrempée dans de l'eau rose et quand ils seront bien secs, vous en servirez dans l'occasion, en les jetant trois à trois sur les charbons ardents.

« *Parfum du lundi, sous les auspices de la lune*

« Ce parfum doit être formé des drogues suivantes : vous prendrez une tête de grenouille verte, les prunelles des yeux d'un taureau blanc, de la graine de pavot blanc, de l'encens le plus exquis, comme le storax, benjoin ou oliban, avec un peu de camphre. Pulvérisez et servez trois à trois. Ne pas oublier auparavant de mêler avec le sang d'une jeune oie ou d'une tourterelle.

« *Parfum pour le mardi, sous les auspices de Mars*

« Ce parfum doit être composé d'euphorbe, de bdellium, de sel ammoniac, de racines d'ellébore, de poudre de pierre d'aimant, et d'un peu de fleur de soufre. Pulvérisez le tout et ferez une pâte avec du sang de chat noir et de la cervelle de corbeau...

« *Parfum du mercredi, sous les auspices de Mercure*

« Ce parfum doit être composé de graines de frêne, de bois d'aloès, de bon storax, de benjoin, de poudre d'azur, de bouts de plumes de paon. Pulvérisez et incorporez du sang d'hirondelle et un peu de cervelle de cerf...

« *Parfum du vendredi, sous les auspices de Vénus*

« Ce parfum doit être le musc, l'ambre gris, bois d'aloès, roses sèches, corail rouge. Incorporez avec du sang de colombe ou de tourterelle et de la cervelle de deux ou trois passereaux...

« *Parfum du samedi, sous les auspices de Saturne*

« Ce parfum doit être composé de graines de pavot noir, de graines de jusquiame, de racine de mandragore, de poudre d'aimant et de bonne myrte. Incorporez avec du sang de chauve-souris et de la cervelle de chat noir... »

Tête de grenouille, yeux de taureau blanc, cervelle de cerf, chat noir, sang, d'autres recettes parlent de testicule dextre d'un léopard ou du bonnet d'une corbelle qui n'a point encore connu le corbeau ! Ne nous esclaffons pas : il se pourrait bien que ces sinistres plaisanteries recouvrent un sens caché. P.V. Piobb parle de sens cryptographique et révèle que : « sang » signifie sangdragon (résine des Indes) ; « cervelle », cérase (gomme de cerisier) ; « tête de grenouille », renoncule (*rana* en latin) ; « œil de taureau », œillet rouge ; « corail rouge », piment des jardins, etc. Quant aux noms d'animaux auxquels sont censés appartenir sang ou cervelle, ils évoqueraient des planètes ou des signes zodiacaux en correspondance avec ces animaux. C'est ainsi que « chat » ou « corbeau » appartiennent à Saturne, « cerf » à la Lune, etc.[7] Reste que le langage ne manque pas de merveilleux.

SENTEURS DOUCES ET EXCRÉMENTIELLES

Mais si les invisibles se montrent sensibles aux parfums que leur fabriquent les hommes, ils possèdent et tiennent à notre disposition leur propre rayonnage de parfumerie. Les influences planétaires se manifestent par le truchement de senteurs subtiles que nous devrions nous exercer à déceler. C'est ainsi que le Soleil exhale un parfum d'héliotrope ; la Lune d'iris ; Mercure de genièvre ; Vénus de verveine ; Mars de bruyère ; Jupiter de menthe, et Saturne de pavot.

Toutefois, l'odeur de l'outre-monde n'est pas toujours agréable. Celles qui viennent d'en-bas, des régions infernales ou de leurs abords, sont franchement nauséabondes. Les exorcistes en savent quelque chose qui ont eu affaire à des possédés nauséeux. De l'abîme monte une odeur de soufre, de cadavre en décomposition et d'excréments, la même que celle qui émane du derrière du Grand Bouc du sabbat que sorciers et sorcières sont tenus de baiser amoureusement. Les facéties olfactives du démon constituent ainsi le revers (c'est le cas de le dire) de la médaille du pouvoir occulte.

Rassurons-nous pourtant, il existe des moyens de chasser les diables puants. On retiendra à titre d'exemple la formule d'exorcisme que conseille la Cabbale chrétienne pour renvoyer à son habitat abyssal le diable des latrines : « Sur la tête du lion et dans la gueule de la lionne, j'ai trouvé le sched Bar-Shiriga-Panda. Je l'ai jeté sur un lit de cresson, et frappé avec une mâchoire d'âne[8]. » En entendant ces mots, le mauvais esprit s'enfuit aussitôt et les cabinets fleurent bon un relent d'Air-Wick.

Pour bouffonnes qu'elles soient, ces déviations ne doivent pas nous faire perdre de vue la situation éminente attribuée à l'élément olfactif dans le grand puzzle de la tradition sacrée. Il existe une véritable herméneutique de l'odorat et de sa fonction. Cette herméneutique a pour axe le vaste système des correspondances et *signatures* observées depuis des millénaires par les sages et les théosophes dans toutes les aires culturelles du monde. Du simple berger en son alpage au savant astronome en son observatoire, du modeste rebouteux des campagnes au brillant médecin des cours princières, nombreux ont été les chercheurs qui, à partir de l'observation quotidienne, ont contribué à définir les chapitres successifs du *Liber Mundi*, le livre de la Nature. Paracelse, Cornelius Agrippa, Robert Fludd, Jacob Boehme furent de ces hommes inspirés. Plus près de nous, Swedenborg fut de la même lignée.

SWEDENBORG : LE NEZ MÉTAPHYSIQUE

Le Suédois Emmanuel de Swedenborg (1688-1772) était le fils d'un évêque luthérien. Docteur en théologie à vingt et un ans, il se fit une réputation européenne comme ingénieur. Ami de Newton, il inspira Balzac, Baudelaire et Malcolm de Chazal. C'est en 1744, au cours d'une vision, qu'un esprit lui dicta sa « mission » spirituelle. Dès lors il consacra sa vie à nous renseigner sur la géographie et la vie de l'au-delà. On lui doit, entre autres révélations, un gigantesque système des correspondances.

Adepte de la doctrine du monde visible microcosme de l'univers invisible, le Bouddha du Nord, comme l'appelait Balzac, voit dans chacune des parties du corps humain une représentation analogue à ce qui existe dans le corps spirituel du « Très Grand Homme ». Ces représentations sont reliées entre elles et avec le reste de l'univers visible ou invisible par un vaste jeu de correspondances.

Swedenborg a consacré ainsi plusieurs pages de ses *Arcanes célestes*[9] aux Odeurs et aux Narines. Il existe, dit-il, des sphères spirituelles qui, selon le bon plaisir du Seigneur, sont changées en odeurs afin d'être perçues. « Ces odeurs proviennent d'une double origine, à savoir de la perception du bien et de la perception du mal ; celles qui proviennent de la perception du bien sont très agréables, s'exhalant comme de fleurs odoriférantes de jardin [...] ; dans des sphères de semblables odeurs se trouvent ceux qui sont dans le Ciel ; au contraire, les odeurs qui proviennent de la perception du mal sont très désagréables, fétides et puantes, comme celles d'eaux corrompues, d'excréments, de cadavres et sont nauséabondes comme celles de rats, de poux domestiques [...]. » Ces mauvaises odeurs sont délectables pour ceux qui sont en enfer ; par contre, elles saisissent d'horreur les bons esprits. Et le prophète de raconter : « Au-dessus de ma tête se tenait invisible un esprit ; je perçus qu'il était présent d'après une puanteur semblable à la puanteur excrémentielle des dents ; et ensuite, je perçus une mauvaise odeur comme celle de corne ou d'os brûlé ; puis il vint une grande foule d'esprits semblables, s'élevant d'en bas *non loin du dos* [...]. » Plus loin le visionnaire parle d'esprits qui sont dans un enfer excrémentiel et ne pensent à autre chose qu'au « pouvoir de l'âme sur l'anus, et à l'influx de la volonté pour pousser dehors les excréments ».

Obsession ? Sans doute la même qui faisait dire à certains gnostiques docétistes que le « Christ mangeait et buvait mais ne déféquait pas ». Indigne fonction ! Soyons-en assurés : les saints et les bons esprits sont constipés.

HERVÉ MASSON

Historien des religions. Auteur de plusieurs ouvrages dont le *Dictionnaire des hérésies dans l'Église catholique*, éd. Sand, 1986 ; le *Dictionnaire initiatique des sciences occultes*, éd. Sand, 1985 ; *La Gnose, une et multiple*, éd. du Rocher, 1981.

1. Adelphe : médecin soignant à l'aide de plantes médicinales.
2. Spagyriste : alchimiste.
3. Longaniste : fabricant d'onguents, à l'île Maurice ; sorcier.
4. Quimboiseur, « tiens, bois » (en créole) : fabricant de tisane, à la Martinique et en Guadeloupe ; sorcier.
5. Manuscrit de la Bibliothèque de l'Arsenal.
6. *Les Admirables Secrets d'Albert le Grand et les Secrets merveilleux du Petit Albert*, Paris, 1965, Nouvel Office d'Édition.
7. P.-V. Piobb, *Formulaire de Haute Magie*, Paris, 1937, Éditions Dangles.
8. Texte cité par Franck Duquesne in *Satan*, Desclée de Brouwer, Paris.
9. Swedenborg, *Traité des Représentations et des Correspondances*, La Différence, Paris 1985. (Avec une bonne préface de Jean-Marc Tisserant.)

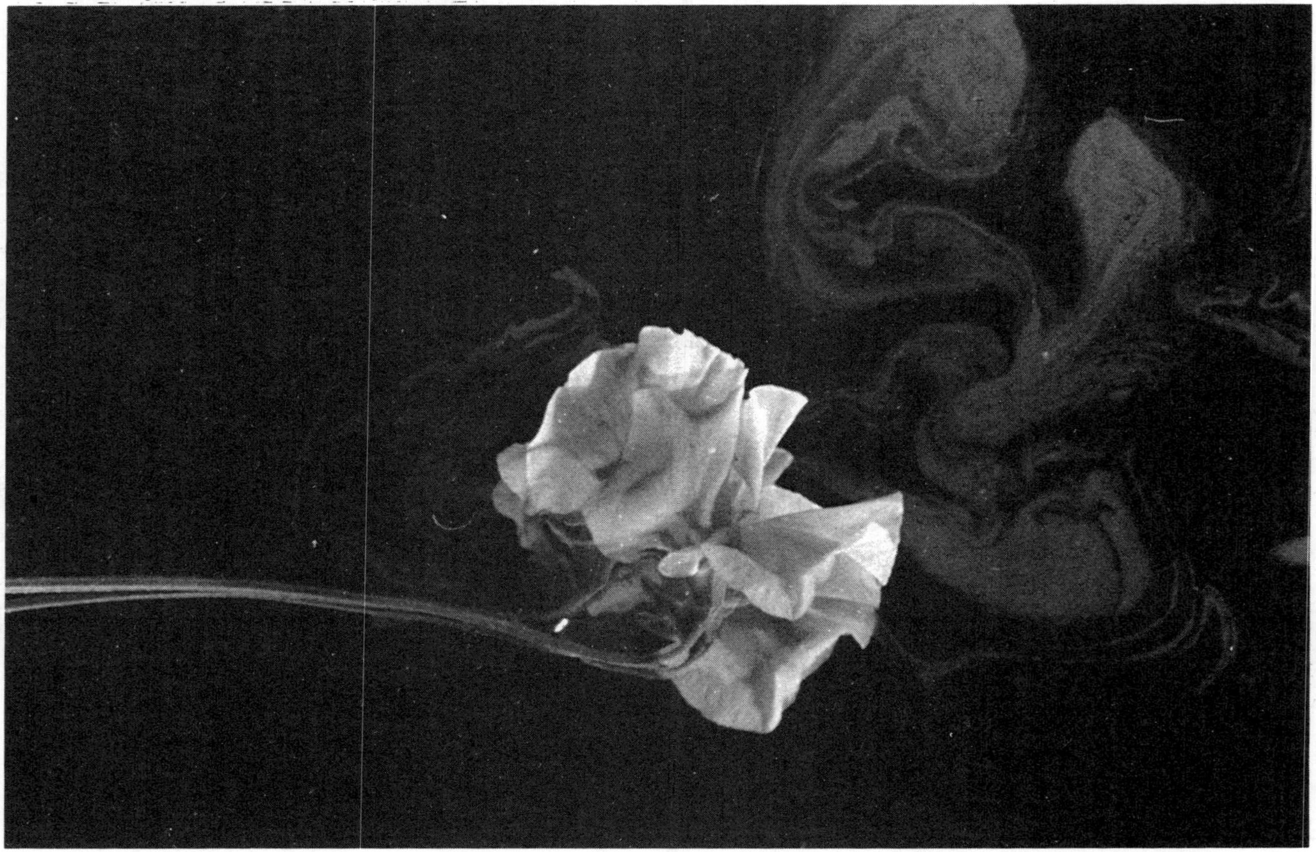

5

LA PAILLE ET LA POUTRE

Curieux comme ce sens, qui, pour certains, est indicible, voire inexistant, reprend ses droits pour appuyer un sentiment, une idéologie.
Attraction-répulsion : réalités amoureuses et théories racistes sont indissociables du nez et des odeurs, et ceci aux quatre coins de la planète : la poutre étant toujours dans le nez du voisin...

LAURENT DISPOT

L'ESCROQUERIE DU NEZ[1]

La théorie du « sang » est un exemple massif et tragique de la « science spontanée », physiologique, médicale, biologique, qui est le noyau dur du racisme. Mais dans le même registre : connaît-on... la « jiffa *» ? C'est, en arabe, la prétendue « odeur caractéristique » des juifs. J'ai appris ce mot d'un Tunisien, par ailleurs brave garçon. Il m'assurait gravement pouvoir reconnaître un juif rien qu'à l'odeur, les yeux fermés. Cela s'appelle la «* jiffa *», se récriait-il ; c'était* bien connu *! C'était* prouvé *! C'était...* scientifique *! Lui-même, disant cela, sentait fort l'huile d'olive d'un de ces gros sandwiches locaux. Ce que je trouvais fort sympathique, sans qu'il me vienne à l'idée de théoriser cela en «* arabia *», en critère d'une quelconque « race » arabe (quel est le pourcentage de « gènes arabes » en Tunisie, si berbère et kabyle... ?) : les Grecs de la palestre chez Platon devaient sentir l'huile d'olive aussi ; c'est l'odeur commune aux peuples de la Méditerranée, la mer au milieu des terres (Médi-terra), la mer du métissage entre les terres. Il me disait cela, ce garçon, sur le site de Carthage, fondée par des Sémites, des Sémites comme lui (en tant qu'il est arabe) et comme les juifs ; sur le site de ces inventeurs de l'écriture qu'Homère appelle Phéniciens (*Phoïnikès*, ceux qui produisent la pourpre) et qui se désignaient eux-mêmes comme du pays de Canaan : « Demandez, écrit saint Augustin le Tunisien, à nos paysans ce qu'ils sont. Ils vous répondront, en langue carthaginoise : "*Chanani*" (Cananéens). » Six cents ans après la chute de Carthage, le grand évêque découvre encore avec admiration cette fidélité sémitique ; mais moi, au même endroit, en pleine modernité de la fin du XXe siècle, je découvre la petite horreur mesquine de l'antisémitisme au jour le jour, fort à la fois de sa naïveté, de son « innocence », et de ses* prétentions scientifiques. *La «* jiffa *» est l'exemple dérisoire de cette « science spontanée » du racisme : on aimerait en rire seulement, mais c'est d'une tristesse ! Tout le problème est donc de trouver des certitudes et des* démonstrations suffisamment fortes pour briser cette force assassine de la bêtise « innocente » mais sûre d'elle, pour lui donner mauvaise conscience, pour l'ébranler et l'étrangler d'incertitudes sur elle-même ; et alors, de pouvoir en rire férocement et largement tout son soûl, le plus cruellement possible, de s'en donner à cœur joie sur ces fausses vérités réduites à leur état de petites saloperies.

La « jiffa », cela ne se dit pas qu'en arabe. Les amateurs du rabbin Kahane, l'agitateur raciste israélien, en diffusent la version anti-arabe (c'est l'honneur d'Israël que ses dirigeants démocratiques tentent de barrer la route du pouvoir à Kahane). La « jiffa », cela se dit aussi semble-t-il en « kanak », puisque M. Tjibaou, chef du FNLKS (« Front de libération kanak »), je cite, « ne peut plus supporter l'odeur du Blanc ». Cela s'est écrit en français en 1915 comme « La bromidrose fétide de la race allemande » par Edgar Bérillon, inspecteur des asiles d'aliénés — et semble-t-il passablement aliéné lui-même, mais ce délire était commun à la plupart, des deux côtés du Rhin, à cette époque, il était normalité, normalité scientifique, je vous prie. « La bromidrose (de brômos, puanteur, et idrôs, sueur) est une des affections les plus répandues en Allemagne. Un grand nombre de médecins français, lorsqu'ils ont eu à soigner des blessés allemands, ont reconnu spontanément qu'une odeur spéciale, très caractéristique, émanait de ces blessés. Tous sont d'accord pour affirmer que cette odeur, par sa fétidité, affecte péniblement l'odorat (...). Plusieurs aviateurs m'ont affirmé que lorsqu'ils arrivent au-dessus d'agglomérations allemandes, ils en sont avertis par une odeur dont leurs narines sont affectées, même lorsqu'ils survolent à une très grande hauteur (...). L'Allemand se rapprocherait des espèces animales chez lesquelles la peur ou la colère ont pour effet de provoquer l'activité exagérée de glandes à sécrétion malodorante (...). Dans les hôtels de la Riviera, les chambres qui ont été occupées par des Allemands conservent indéfiniment cette odeur spéciale, très pénible pour les odorats sensibles. Elle explique pourquoi les hôtels où descendent les Allemands sont délaissés par les voyageurs des autres nationalités (...). Cette particularité, comme me le faisait remarquer M. le professeur Albert Robin, s'explique parfaitement par ce que nous savons de la composition générale de l'urine allemande (...). Le cœfficient urotoxique est chez les Allemands au moins d'un quart plus élevé que chez les Français. Cela veut dire que si 45 centimètres cube d'urine française sont nécessaires pour tuer 1 kilogramme de cobaye, le même résultat sera obtenu avec environ 30 centimètres cube d'urine allemande. »

Ce texte qui nous fait rire aujourd'hui est l'expression surabon-

dante de la « jiffa » *comme science spontanée, et surtout de son « sérieux bestial », comme disait Nietzsche (à propos des Allemands : mais ça n'a pas de frontières, la preuve). Argumentation médicale (« un grand nombre de médecins français... »), physiologique, biologique, chimique même (« le cœfficient urotoxique »), citation d'un mandarin de la Faculté (« M. le professeur A. R... »), style du compte rendu d'expérience : c'est pourtant* faux *de part en part. Bien sûr, on rit beaucoup ; mais en même temps cela fait froid dans le dos. Et cette réduction de la « race » ennemie à l'animalité (« l'Allemand se rapprocherait de ces espèces animales qui... ») conduit à quoi ? A l'abattoir.*

Or il se trouve que c'est à propos de l'odorat que l'on emploie encore couramment le mot « archaïque » sans nuance péjorative, sans complexe moderniste à la Rocard. On dit : « des cinq sens, l'odorat est le plus archaïque ». Et ce n'est pas péjoratif. C'est naturiste *: cela vous rattache à l'animal. Ou c'est luxueux, artiste : c'est le monde des parfums et des « nez », des renifleurs professionnels de la parfumerie. Les Français ne sont pas peu fiers de compter treize d'entre eux parmi les quinze meilleurs « nez » du monde ; mais ce n'est pas un effet de « la race », c'est l'effet de l'ancienneté du métier à Grasse, Provence. Il est logique dans le cadre de son* escroquerie à l'archaïque *que le racisme s'empare de l'odorat : l'odorat symbolise l'archaïque par excellence. Mais il lui permet surtout de faire coup double : de tenir à la fois à la TMN*[2] *(animalité du reniflement) et à la science (distinction-classification des odeurs avec la plus grande finesse). S'agissant non de parfums, mais de la sueur d'humain, ou de l'odeur prétendument* sui generis *de telle ou telle « race », le langage de la science médicale se trouve détourné au profit du naturisme TMN : car c'est ici* directement, spontanément, naturellement *du corps (du nez) que vient la* science *sur les autres corps. Le racisme comme* « science spontanée » *se présente ici en même temps comme* « sagesse archaïque » *TMN : la* Nature *sang-et-sol liée à la* Mère *est savante spontanément. La Mère ? Pourquoi la Mère ? Quel rapport avec le nez ?*

Freud a buté pas mal d'années sur cette affaire de nez. Non pas en fait, il faut bien le dire, qu'elle ait présenté par elle-même une difficulté si énorme : mais l'homme « sur » qui Freud a opéré son propre transfert inconscient, indispensable à sa propre analyse, Wilhelm Fliess, était un obsédé du nez, un véritable théoricien de « l'archaïque nasal ». Et la difficulté d'abord insurmontable pour Freud (inconsciemment) résidait dans le contournement du délire d'un homme qui sur le moment était « son tout » (comme on dit de Tartuffe pour Orgon). La théorie de Fliess est que le nez aurait des espèces de menstruations périodiques qui mesurent le temps organique vécu par chacun, et que ces périodes seraient déterminées, définies exclusivement... par la mère : elle transférerait ses rythmes à l'enfant. Fliess « supprime » toute influence ou détermination paternelle. *Cette théorie est évidemment une époustouflante entreprise de rationalisation de la TMN, une faramineuse tour de Babel du culte de la Grande Mère archaïque, une psychose paranoïaque ; et le sel ironique de l'affaire est que Freud, ébloui par son amour de transfert et qui se faisait tout petit devant ces « intuitions géniales » (il les a fait éditer !), ait été celui qui a miné le plus efficacement ce type d'échafaudages, trouvé les conditions du souffle qui fortement disperse comme à Babel ces escroqueries TMN à l'archaïque* et *à la science.*

Qu'il y ait, cependant, des investissements métaphoriques sexuels sur le nez, c'est indéniable — mais toute *partie du corps est susceptible d'être ainsi investie par la métaphore (ce que montre l'étude de l'hystérie). Par exemple, la vieille légende des dimensions des sexes d'hommes en rapport avec le nez de leurs porteurs.*

Un lieu commun éculé de l'antisémitisme est qu'on reconnaît les juifs à leur nez (cela n'a d'ailleurs pas dû peu *jouer dans l'affaire Fliess-Freud). Le croisement des deux thèmes de cet imaginaire du nez — sexualité, antisémitisme — mène tout droit à la curiosité fascinée et répulsive pour ce « mystère » qui n'en est pas un : la circoncision.*

Le racisme est ainsi une « science » de gens bien-nez *: il faut avoir du nez pour reconnaître les juifs, et en même temps les juifs sont reconnaissables à leur nez. Il est temps d'en avoir plein le nez, de ces histoires.*

1. Extrait du *Manifeste archaïque* par Laurent Dispot, éd. Grasset, 1986.
2. TMN : Terre, Mère, Nature.

LAURENT DISPOT

Écrivain, journaliste. Auteur de *La Machine à Terreur ou Révolution française et Terrorisme*, Grasset, 1978 ; *Le Manifeste archaïque*, Grasset, 1986.

PHOTO KIUSTON HALLÉ

Rodin, « Iris, messagère des dieux ».

ODOR DI FEMINA

I

On m'avait éduqué dans la honte de mon nez. On me disait : « On ne voit que ça sur ta figure ! Il y a ton nez qui dépasse ! » Tous les subterfuges étaient bons pour le dissimuler : mains, écharpes, cagoules... J'évitais surtout que l'on me regarde de profil, que l'on me surprenne de côté. Un jour, une belle jeune fille — c'était dans le métro — me fit de chaleureux compliments sur mon profil. Je crus d'abord que l'on se moquait une nouvelle fois de moi, mais je compris très vite que cet émoi soudain était sincère. Mon attitude dès lors se métamorphosa. En digne héritier de D'Artagnan et de Cyrano, je décidai non seulement d'arborer ce qui jusqu'alors avait fait l'objet de tant de plaisanteries mais, plus encore, d'en explorer tous les mystères, d'en étudier toutes les possibilités... J'éduquai avec un enthousiasme de néophyte ce sens de l'odorat que Descartes dans son langage imagé disait « dépendre de plusieurs filets qui s'avancent de la base du cerveau vers le nez, au-dessus de ces deux petites parties toutes creuses, que les anatomistes ont comparées aux bouts des mamelles d'une femme... » Je ne vis bientôt plus le monde qu'au travers de mon facial appendice. Ce n'est que bien plus tard, en lisant Nietzsche, que je compris pourquoi j'éprouvais un vif intérêt pour les choses de la morale. Car si la morale est affaire d'odeur, le nez constitue bien à cet égard un instrument de connaissance autrement plus affûté que la science et la religion confondues...

II

Je sus que je l'aimais quand je compris que j'acceptais

toutes ses odeurs, les plus intimes, les plus extrêmes, les plus douteuses... Après chacune de ses visites, je restais longtemps étendu à flairer, la tête enfouie dans les draps, les traces de son fulgurant passage. Parmi tous les parfums de nos amours mêlées, je distinguais précisément le sien. Quand ses visites se faisaient rares, il m'arrivait même de ne plus changer les draps de peur que sa présence ne s'efface... Mais ce qui, sans conteste, avait le plus le don de m'étourdir était l'odeur de son sexe sur mon sexe. Je ne me lavais pas et guettais, non sans quelque volupté, les effluves qui remontaient de mes vêtements, lors de ces interminables soirées mondaines qui succédaient souvent à nos tendres et fougueuses étreintes... Mon plaisir était accru parce que je savais qu'au même moment, dans une autre soirée, mon amie — elle m'en avait plusieurs fois fait la confidence — s'adonnait au même rituel...

III

J'aimais jusqu'à ses parfums les plus indiscrets, jusqu'à ses sécrétions et humeurs les plus inavouées... Nous lisions ensemble ces incroyables lettres que Joyce écrivait à sa « petite péteuse » de Nora... Nous pouffions de rire et de plaisir — comme d'authentiques collégiens — en prononçant tous ces mots écrits le plus *salement* possible : « sueur empuantie qui monte de ton cul », « bruit impudique que tu fais derrière, suivi d'une mauvaise odeur qui monte en volutes de tes fesses »... Jamais pourtant nous ne nous livrâmes l'un l'autre à une telle publicité de nos intérieurs... Si nous étions convaincus que l'obscénité de Joyce n'était jamais vulgaire, nous ne voulions pas pour autant nous laisser aller aux vulgarités de l'illustration...

IV

Sentir l'être aimé, c'est être pendant quelques instants dans l'illusion de sa présence. C'est croire qu'il est possible d'accéder à son intérieur, c'est-à-dire finalement d'avoir accès à son âme. Les odeurs de l'amour sont quelque chose comme des épiphanies de l'âme. Mais l'odeur, comme l'âme, est pur leurre. On s'en repaît, on s'y vautre, on s'y abîme, mais jamais on ne s'en trouve possesseur. En ce sens l'odeur est bien ce qui de l'autre signe son irréductibilité.

V

Et si l'odeur était la véritable manifestation de l'être ? « Là où ça sent la merde, ça sent l'être », écrit somptueusement Artaud.

VI

Produit complexe de l'alchimie du corps, l'odeur n'est pas *une*, comme elle n'est pas *pure*. Elle se déploie en strates plus subtiles les unes que les autres, procède par contamination, infiltration, débord... Perfide, elle insinue et s'insinue... Elle est le signal de la fidélité et de la trahison confondues...

VII

Je suis condamné à son odeur. Les autres corps me paraissent fades ou fétides. La fidélité n'est pas affaire juridique ou morale. C'est une question d'odeur. Pour me détacher de la fascination de l'être aimé, je peux me convaincre de bien des travers concernant son corps ou son caractère. Il subsiste cependant toujours entre nous cette odeur qui justement n'est ni entièrement corporelle ni entièrement spirituelle parce que, perfidement, elle relève des deux.

VIII

L'odeur résiste à l'image. On ne peut parler en ce sens d'un *imaginaire* de l'odeur. Plus près du corps, plus près des sens, elle est à la fois plus volatile et plus prégnante. Pour reprendre les célèbres catégories kantiennes de la beauté, l'odeur est à la fois *vague* et *adhérente*. Je ne peux la nommer, mais il m'est également impossible de m'en débarrasser.

IX

Il y a dans l'abandon qui règne dans la plupart des églises de nos contrées latines une forte charge sensuelle. Cette senteur âcre qui, des confessionnaux poussiéreux aux draperies douteuses et aux chapelles désaffectées, se répand d'une manière lancinante est pour moi très fortement associée à celle du sperme. Tout dans ces lieux transpire le désir. Aussi l'église relève-t-elle pour moi d'une forme hautement spiritualisée du bordel : bordel des formes, bordel des âmes...

X

Je crois pouvoir être capable de tuer pour ne pas perdre les senteurs musquées de ses aisselles brunes. De la même manière, je suis sûr que son odeur a déjà eu raison de moi. Il est une fatalité de l'odeur, quelque chemin que l'on emprunte, on finit toujours par y revenir et par s'y anéantir, à l'image de cette « interminable odeur d'eucalyptus » vers laquelle le malheureux Lönnrot, de la nouvelle de Borges, est inexorablement aimanté...

BERNARD MARCADÉ

Écrivain et enseignant. Auteur, notamment, de *L'Éloge du mauvais esprit*, éd. de La Différence, 1986.

CHRISTIANE ALBERT

L'INSOUTENABLE ODEUR DE L'AFRIQUE

On pourrait s'attendre à ce que la littérature coloniale sur l'Afrique noire, journaux intimes, romans, récits de voyages, soit aussi haute en odeurs qu'en couleurs. Or le sens olfactif semble peu développé chez nos écrivains et quasi atrophié chez certains. Nombreuses sont en revanche les descriptions provoquées par des sensations visuelles — couleurs, végétation, paysages — et auditives — bruits, chants d'oiseaux, tam-tams...

Néanmoins, au détour d'une page, au détour d'une phrase, s'exhalent parfois quelques senteurs exotiques qui permettent de saisir le nez colonial de l'Afrique noire. Et manifestement, il respire mal.

Le climat d'abord accable. Si André Gide s'extasie sur la pureté de l'air « parfois si léger, si suave, si voluptueusement doux, qu'on croit respirer le bien-être » (*Voyage au Congo*, 1927), son enthousiasme n'est pas partagé par la plupart des écrivains qui s'accordent à trouver qu'« il y a quelque chose de pourri dans l'air » qui ressemble à « une purée de miasme » (Maurice Bedel, *Tropiques noirs*, 1950). La chaleur, la moiteur, l'humidité « pèse aux épaules comme une couverture de laine mouillée » (R. Guillot, *Le Blanc qui s'est fait nègre*, 1946). Rien ne permet d'échapper à cette sensation désagréable, aggravée par le fait que, quelle que soit la région d'Afrique évoquée (savane, forêt), règne une odeur « âcre », « âpre », « piquante », « forte », « desséchée », une odeur de « fermentation de terre fiévreuse » (Maurice Bedel, *ibid.*), « une chaude odeur sauvage [qui] monte de cette haleine puissante » (R. Maurice, *Suprême refuge*, 1946). Les pluies, parfois, permettent de respirer « la bonne odeur des terres mouillées », mais cette odeur a vite fait de se métamorphoser sous la plume de l'auteur qui l'évoque en « pestilence de la brousse inondée » (René Maran, *Batouala*, 1921). Il se dégage, alors, « une fade odeur de boue et de pourriture végétale » (Jean d'Esme, *Fièvres*, 1935). Elle finit par recouvrir toutes autres senteurs que l'on pourrait supposer plus agréables comme celles des fleurs, de la végétation ou des arbres, dont il n'est jamais question dans ces ouvrages.

La faune, elle aussi, empoisonne littéralement. Les hippopotames « se vautrent dans des cuvettes pestilentielles » (Maurice Bedel, *ibid.*). Les fauves se signalent le plus souvent par « leur puanteur sauvage », par « une âcre senteur mêlée à des relents putrides » (J. Sermaye,

Barga, Maître de la brousse), ou éventuellement par une « immonde odeur de charogne ». Les insectes, particulièrement les fourmis, laissent derrière eux « une prenante odeur de pourriture » (René Maran) ; quant aux chenilles, « si on les écrase, maladroit, gare à soi ! On est puni par huit jours consécutifs de puanteur extrême qui se dégage lentement de cette bouillie inoubliable » (Louis-Ferdinand Céline, *Voyage au bout de la nuit*, 1952).

DES IDÉES REÇUES DE L'ANTIQUITÉ

Cette Afrique noire aux relents suspects, créée par les écrivains blancs, se fonde certainement sur leurs impressions directes, justes ou erronées, ressenties lors d'éventuels séjours sur ce continent. Elle reproduit aussi, sans nul doute, des conceptions héritées de plusieurs siècles. Les Français portent sur l'Afrique un jugement négatif, longtemps avant d'avoir eux-mêmes visité cette région du monde[1]. Leurs premières impressions jaillissent de leur contact avec des civilisations ayant entretenu des relations avec les peuples africains, tels que les Grecs et les Romains, qui leur transmettent un certain nombre de clichés défavorables.

A partir du XVe siècle, les récits de voyages, particulièrement ceux des Portugais, qui dès cette époque débarquent sur les côtes africaines, cimentent ces idées reçues de l'Antiquité avant qu'ils ne commencent, eux-mêmes, à y pénétrer. Au XIXe siècle, l'exploration de l'Afrique est pratiquement achevée, mais les nombreux récits de voyageurs, commerçants ou missionnaires, ne parviennent pas à modifier un certain nombre de constructions mentales négatives, d'autant que le climat et les fièvres font de nombreuses victimes parmi les explorateurs, contribuant ainsi à construire une représentation de l'Afrique comme terre insalubre et inhospitalière, comme « une immense réserve pullulante de bêtes et de maladies » (Louis-Ferdinand Céline), comme un continent malodorant.

Comment s'étonner, alors, de ce que les habitants du continent africain participent d'une altérité, elle aussi, négative ? Ils émettent, en effet, « une odeur propre à l'homme noir de peau » (René Maran) et semblent posséder « un nerf olfactif autrement façonné que le nôtre [celui des Blancs] » (L. Sonolet, *Le Parfum de la dame noire*, 1911). Ils ignorent de ce fait « les odeurs stercoraires des quartiers noirs » (Maurice Bedel) ou de leurs habitations à « l'odeur épaisse et âcre, cendre, sueur et terre mêlées » (R. Gauthereau, *Journal d'un colonialiste*, 1946). Lorsqu'ils se déplacent, ils sont suivis par « un sillage odorant (...) fait d'étranges relents » (A. Demaison, *Les Oiseaux d'ébène*, 1925), et il suffit qu'ils s'assemblent pour qu'aussitôt l'atmosphère soit « alourdie par la transpiration des peaux graissées » (H. Crouzot, *Azizah de Niamkoko*, 1959). Quand ils dansent, « une odeur lourde de sexe, d'urine, de sueur et d'alcool s'étale, plus âcre que la fumée » (René Maran). Il leur arrive aussi « de sentir puissamment le manioc » ou autres aliments et « il se dégage [alors] de tous ces corps nus, enduits d'huile, une odeur de poisson séché presque intolérable » (André Gide). On la respire aussi dans « les marchés indigènes, colorés, animés, traversés de rires et de quolibets, dominés par l'odeur de poisson altéré » (Maurice Bedel).

LE PARFUM DE LA DAME NOIRE

Mais c'est surtout lorsqu'il s'agit des femmes que nos écrivains deviennent prolixes. Contrairement aux femmes blanches qui, en général, traversent les récits enveloppées d'une odeur « propre », « nette », « saine », faite de savon, de lavande et de « sueur fraîche » (H. Crouzot), les Africaines possèdent « la plus négresse odeur, Tout ! » (Georges Conchon, *L'État sauvage*, 1964). Diversement qualifiée de « lourde odeur de chambrée » (H. Crouzot), de « suint », de « discret relent de cuir de Russie mêlé à un intense dégagement d'huile rance », ce parfum naturel se confond avec « une odeur artificielle, celle du beurre de karité avec lequel les moins distinguées de ces dames oignent leur chevelure luisante. (...) Il rend ce service à la dame blanche de l'annoncer partout où elle passe ». (L. Sonolet). Elles n'en possèdent pas moins le privilège de dégager le parfum le plus fréquemment évoqué dans nos textes, bien que toujours dénigré.

On peut, en outre, noter dans certains romans l'évocation d'odeurs liées à la chasse qui échappent à la polarisation négative soulignée précédemment. Elles appartiennent, cependant, davantage au registre de la sublimation qui transforme certaines pulsions en valeurs socialement reconnues. Ainsi, l'odeur de la graisse de la carabine et celle de la poudre procurent, déjà, au chasseur « une joie puissante » (H. Crouzot). Mais cela n'est rien en regard de l'odeur « lourde », « prenante », de « la bonne odeur du sang. Et comme elle enfièvre, comme elle enivre ! » (René Maran). On ne peut cependant pas considérer ces odeurs comme représentatives de l'Afrique, dans la mesure où elles appartiennent au répertoire universel de la chasse.

Les essences exotiques finissent par symboliser le dépaysement et l'inconnu des terres lointaines et, comme le souligne Céline : « C'est par les odeurs que finissent les êtres, les pays et les choses. Toutes les aventures s'en vont par le nez (...). Alors, l'odeur âcre de l'Afrique nuit après nuit s'est estompée. Il me devint de plus en plus difficile de retrouver son lourd mélange de terre morte, d'entrejambes et de safran pilé. »

CHRISTIANE ALBERT

Professeur de littérature française en Centrafrique. Travaille sur l'image des femmes dans la littérature.

1. William B. Cohen, *Français et Africains, les Noirs dans le regard des Blancs*, Gallimard, 1980.

À L'OUEST, SOMMES-NOUS TOUS DES « PUE-LE-BEURRE » ?

« Une odeur corporelle suffocante. Cette odeur de fromage particulière aux étrangers. » C'est en ces termes que le romancier japonais Shusaku Endo décrit l'odeur que dégage le corps des Occidentaux. Il ne s'agit là ni d'un excès de plume, ni d'une fantaisie d'artiste mais du fameux consensus nippon qu'admirent tant certains étrangers.

Certes, il existe des originaux. Kazuo Watanabe est l'un d'eux. Pour ce spécialiste de Rabelais, l'odeur de l'Occident est délicieuse, à tel point qu'il va jusqu'à juger « l'odeur du métro parisien comme ce que l'on fait de mieux ».

Mais pour le reste de la population de l'archipel, il en va tout autrement : l'odeur du fromage, et subséquemment celle des Blancs, est peu ragoûtante. Pourtant, les choses évoluent. Quasiment inconnu il y a encore trente ans, le fromage, occidentalisation oblige, conquiert peu à peu droit de cité sur les tables de l'archipel. On en est encore aux pâtes cuites, et parmi elles les moins odorantes, mais le progrès est certain.

BATA KUSAI

Toutefois, si le fromage entre dans les habitudes, le vocabulaire conserve les traces du rejet qui accueillit le fromage et la civilisation occidentale toute empreinte de son odeur. *Bata kusai* (littéralement « pue-le-beurre ») qualifie à la fois notre odeur corporelle et nos mœurs. Aujourd'hui l'expression, péjorative, s'adresse aux Japonais, mais surtout aux Japonaises, qui ont résidé en Occident. *Bata kusai* s'applique aux comportements qui dérogent à la tradition.

Faire preuve de caractère dans un pays qui privilégie l'effacement des femmes devant les hommes ne peut être qu'une perversion venue de cet Ouest caractérisé par son « odeur de fromage », et acquise par des contacts trop poussés avec ses habitants. Si les Japonais sont féroces pour le *Bata kusai* de leurs compatriotes, en revanche ils font preuve de mansuétude à l'égard des étrangers. L'« odeur de fromage » a ses raisons : d'abord, il y a l'hygiène douteuse des Occidentaux. Sur ce terrain, personne ne peut rivaliser avec les Japonais. Ils ont élevé la pratique quotidienne du bain, le *furo*, au niveau d'un rituel social. Le décrassage énergique, puis le long trempage dans une eau très chaude, se font collectivement enfants et parents mêlés — et parfois avec quelques invités. Autre facteur explicatif de la mauvaise odeur des Occidentaux : leur sudation excessive, qu'aggrave un penchant à trop boire. Enfin — et c'est l'explication couramment retenue : l'alimentation.

Trop de viande ! Trop de laitages ! Trop de protéines ! De prime abord, cette remarque peut être prise pour un avertissement désintéressé. Il n'en est rien. On touche ici à l'un des tabous, probablement le mieux gardé, de la société nippone.

En effet les produits carnés ne sont pas en odeur de sainteté dans l'archipel. Le bouddhisme et le shintoïsme additionnent sur la question leurs deux réprobations. Si le Japon ignore les valeurs chrétiennes du Bien et du Mal, il s'est focalisé sur la dualité Pur/Impur ; et quoi de plus impur à ses yeux que la viande et le sang, prompts à pourrir ?

Préjugé oublié avec l'augmentation de la consommation de steaks ? Pour l'alimentation certes ; il n'empêche que trois millions de Japonais, les Burakumin, continuent dans le Japon moderne à payer la souillure de leurs ancêtres. Comme eux, ils restent parqués dans des ghettos et astreints aux seules professions qui leur soient permises. Celles-là même qui les ont souillés héréditairement : la boucherie, le tannage, la cordonnerie.

Les problèmes d'odeurs peuvent aussi devenir le terrain symbolique où se joue le destin du pays. On l'a vu lors de l'ouverture du Japon, à partir de 1853. Confrontée à l'Occident et à sa supériorité technique, l'élite de l'archipel se divise en deux camps : d'un côté les promoteurs de l'occidentalisation ; de l'autre, les traditionalistes xénophobes. Chacun choisit un signe de ralliement, un symbole. Les premiers mangent de la viande de bœuf dont « l'odeur est celle de la civilisation », les seconds prennent comme repoussoir cette même viande de bœuf dont « la puanteur est celle des Nambanjin[1] et de leur civilisation qu'il faut rejeter à la mer ».

L'odeur de fromage ne suscite plus de débats aussi âpres. Pourtant il subsiste contre elle une méfiance instinctive. La littérature érotique l'avoue. L'un de ses schémas les plus classiques emprunte au pouvoir des senteurs corporelles des Occidentaux. Une Japonaise fait l'amour avec un Blanc ; au début avec réticence à cause de son odeur, mais peu à peu cette odeur de fromage fait ses délices et la plonge dans des jouissances sans cesse grandissantes au point qu'elle ne peut plus se déprendre de ce parfum ensorcelant.

LES FRAGRANCES D'HEIAN

À leur arrivée au Japon, les Occidentaux découvrent une culture déjà oublieuse de son odorat. La période japonaise de l'odeur appartient déjà au passé. Pour le professeur Kazuhiro Asami, Heian (794-1185) fut l'apogée de l'art japonais de l'odeur. A cette époque, le parfum participe à l'art de vivre et pas seulement pour masquer les effluves des corps lavés seulement l'été. Façonné par le bouddhisme, le goût d'Heian dédaigne le présent et se complaît dans les réminiscences. L'action est forclose, seules les sensations comptent ; mais il faut qu'elles soient fugitives, suggérées. Alors rien ne peut, mieux que les odeurs, répondre à ces impératifs esthétiques : être présent mais insaisissable, perceptible et quasiment incommunicable. Aucun mot ne peut exprimer réellement une odeur : elles sont le symbole parfait de cette évanescence des choses qui obsède la culture d'Heian.

Alors chacun, à la Cour, s'occupe à composer son parfum, qui résumera sa personnalité et servira à l'identifier. Ces mélanges odorants savamment élaborés doivent être discrets. On délaisse les odeurs entêtantes. On se tourne vers les encens apportés du continent par les bonzes. Le santal et le musc sont connus. On imprègne plutôt les vêtements que les corps, en les suspendant dans les fumées d'un brûloir. De cette manière, on obtient un « parfum de parfum ».

Des tournois de senteurs, les *Koawase*, sont organisés sur le modèle des joutes poétiques. Deux concurrents ou deux équipes s'opposent sous l'arbitrage de juges qui récompensent les meilleures combinaisons.

Mais, surtout, le parfum est le complice de l'amour. Des brûloirs dissimulés sous le plancher embaument lentement les chambres de rendez-vous. L'encens est un aveu, qui éveille le désir et ajoute au plaisir.

Mais il peut aussi servir la jalousie, car l'époque est à l'inconstance. Déceler les traces d'un parfum sur les vêtements d'un courtisan permet de connaître le nom de sa bonne fortune. Alors les femmes s'ingénient à déposer leur parfum sur leur amant, souvent à l'insu de ce dernier. Le souvenir de la rencontre restera un peu plus longtemps à l'esprit de l'homme volage et, en outre, cela sert à mettre en garde une rivale éventuelle. Plus sournois, le parfum peut servir à compromettre une maîtresse ou un amant engagé ailleurs. Dans ces conditions, chacun passe aussi longtemps à effacer les traces odorantes de ses liaisons qu'à nouer des intrigues.

Ce goût pour le parfum et les odeurs se retrouve dans la littérature d'Heian. La sensibilité bouddhique rejoint les préoccupations quotidiennes. « En attendant, la senteur de la fleur de tachibana me fait me souvenir de mon ancien amant » (le *Kokinshu*). Dans l'œuvre phare d'Heian, le *Genji monogatari*, le fils du Genji est appelé Kaoru Kimi : le Prince de l'odeur ; allusion aux nymphes de la mythologie bouddhique dont la pureté se manifeste par de suaves exhalaisons.

La page d'Heian tournée, la culture japonaise se virilise. Fini le temps des amours nonchalantes et de la nostalgie. Les guerriers de Muromachi (1336-1568), sous l'influence du Zen, tentent de systématiser les odeurs, d'en faire une discipline rigoureuse et élitaire comme la cérémonie du thé ou le tir à l'arc. Des écoles se forment sous l'autorité de maîtres. Mais « la voie de l'odeur », le Kodo, tourne court. Il ne reste de cette tentative que des pots en argent, probablement parmi les plus belles pièces de l'orfèvrerie nippone.

L'époque d'Edo (1603-1868), qui succède à celle des samouraïs, offre encore moins de facilités à un retour éventuel de l'art du parfum. La bourgeoisie d'Osaka se plaît trop dans l'agitation des quartiers de plaisirs pour goûter aux saveurs volatiles ; à moins que ce ne soient celles des courtisanes qui, elles, renouent avec l'usage érotique du parfum. Les délicates fragrances d'Heian sont définitivement déclassées : les *Nambanjin* peuvent venir avec leurs essences diluées dans de l'alcool et, surtout, leur incroyable odeur de fromage.

BRUNO BIROLLI

Journaliste, spécialiste du Japon.

1. *Nambanjin* (barbares du Sud) : terme générique désignant les Européens.

FRANCIS PLANQUE

DANS LE TRAIN DU NORD

La petite valise ne pèse pas bien lourd. Pourtant, tu t'éponges le front. Le train du Nord est à quai, bondé, et tu commences à te demander si tu vas pouvoir monter dedans. Dans ton pays ça ne se passerait pas comme ça. Tu pousserais, tu ne craindrais pas d'écraser encore, davantage les voyageurs entassés dans les couloirs et les soufflets.

Seulement tu es au Siam — qui ne s'appelle pas encore la Thaïlande. Les types qu'il te faudrait bousculer passeraient tous au-dessous de ton bras, et tu fais le complexe de la grande brute étrangère. D'autant plus que la patte velue du colonialisme ne s'est jamais abattue sur les innocents Siamois. Tu voudrais te faire tout petit, passer inaperçu. Attention, si ça continue le train va partir sans toi. On t'a pourtant prévenu que les chemins de fer roulent à l'heure, au Siam.

Et en plus, tu te sens empoté comme un vrai péquenot. Ça doit faire plus de trois ans que tu n'as pas vu un train, une gare. Comme bâtiment, comme hall, celle-ci ferait penser à la gare de Saint-Pierre-des-Corps. Courants d'air en moins, odeurs en plus.

Les odeurs ! A cause d'elles, impossible d'oublier où l'on est : en haut, tout en haut du Siam, pas très loin de la Chine, tout près des États Shan de Birmanie, tout près du Laos d'où tu arrives à pied, par la jungle. Autrefois, avant que les Européens viennent tout chambouler, avec des traits épais sur les cartes et des douaniers qui patrouillent, la contrée des frontières s'est appelée les « Sip Song Panna », le Pays des Douze Mille Rizières.

C'est là que tu vis, dans un village qui sent la fleur de frangipanier. A la nuit tombée, les éléphants domestiques rentrent en ronchonnant. Le cornac juché au-dessus des grandes oreilles fait la leçon à sa bête, à mi-voix, comme à un vieil enfant. Sur le fleuve passent les billots de teck que les éléphants ont roulé hors de la forêt. Et dans les montagnes, jamais bien loin, les champs de pavot à opium se jardinent en douce. Tout autour de toi l'odeur des feux de bois se répand dans le village. Le repas du soir se mijote ici et là dans les paillottes sur pilotis. Des bruits étouffés, des chuchotements. Tu te balances dans ton hamac, mais pas tout seul.

L'ODEUR DE MORT DES GRANDES VILLES D'ASIE

Alors, ce hall de gare incongru, ces jacassements, ces 40° de chaleur et sans doute 99 % d'humidité, ces mendiants unijambistes exhibant leurs ulcères purulents, et ce train qui ne veut pas de toi, alors, la barbe !

Et cette odeur ! Tu es habitué à l'odeur de fertilité de la terre d'Asie, et ici c'est l'odeur de mort des grandes villes d'Asie, celle que tu as découverte sur le trajet des cargos à l'est de Suez : Aden, Bombay, Colombo, Calcutta, Singapour, Batavia (pot de chambre de l'Asie, odeur innommable des canaux fangeux dans les quartiers « indigènes » de Batavia où les Hollandais n'ont sûrement jamais mis le nez), Bangkok, Saïgon, ou plutôt sa jumelle Cholon, Manille, Shanghai — le Shanghai du Kuomintang en pleine décomposition, pas celui qui, quarante ans plus tard, sentira la poussière récemment balayée et le savon bon marché.

L'odeur qui offense tes narines sur le quai où stationne le train du Nord comporte d'abord, comme note de fond, un fort relent d'excréments. Au point qu'un touriste de passage ne sentirait rien d'autre. En analysant, toutefois, tu identifies, par en dessous, d'abord une âcre odeur de brûlé, celle-là même qui se dégage des tas d'ordures géants en train de se consumer à petit feu dans les interminables bidonvilles des faubourgs. Et puis, selon le vent, ou selon tes propres fantasmes, tu trouves une note piquante de teinture d'iode parfaitement inexplicable, une note de sueur humaine, une autre d'huile rance, une de graillon, une de vomi, et finalement l'odeur de la fumée de charbon maigre qui s'échappe de la locomotive sous pression.

Comme tout ça sent le sale ! Tu as envie de te rincer la bouche. Pour un peu, tu repartirais aussi sec dans ton village des collines sous les frangipaniers.

Plus que cinq minutes avant le coup de sifflet du chef de gare. Tu reluques pour la énième fois l'antique wagon-lit en bois, le demi-wagon de première et le demi-wagon de seconde, toutes classes beaucoup trop chères pour toi. Il n'est même pas sûr que ton minable ticket de troisième t'autorise à voyager sur le marchepied.

Mais voici qu'on t'appelle en anglais, d'un compartiment de troisième, justement. La voix décidée, impérieuse, hache les mots en petits morceaux. Un Chinois. Au Siam, les Chinois prospèrent. Ils tiennent tout le commerce et vivent entre eux.

ÉNORME ÉCLAT DE RIRE DES CHINOIS

« Mister ! »

Tu t'approches et on te propose de monter, de prendre place au milieu des Chinois. « On se serrera un peu. » Facile à dire, mais par où monter ? Tu esquisses le geste de passer par la fenêtre. Énorme éclat de rire des Chinois qui examinent la proposition, vite, vite. Proposition adoptée.

« Donner valise, donner chapeau, donner chaussures, vider poches. » Cinq ou dix Chinois se penchent par la fenêtre pendant que tu tentes un rétablissement. Dix mains te saisissent, au cou, à l'épaule, à la ceinture, aux jambes, et tu bascules sur les genoux de ces petits hommes qui poussent des cris de triomphe, applaudissent et rient à en hoqueter.

Installation, serrée bien sûr, petit coup d'alcool de riz au goût suret que tu connais bien. Tout le compartiment sent le sur à plein nez. Le lait tourné et la pomme sure. Odeur insidieuse, acidulée, par bouffées carrément aigre, à la limite du supportable. Relent de la transpiration des Chinois ? Pourtant ceux qui sentent le plus fort sont ceux qui ne transpirent pas.

A peine assis, la causette a commencé dans l'odeur entêtante du cidre. Dès que tu franchis la porte du couloir pour aller aux toilettes (car tu es arrivé finalement à te faufiler dans le couloir entre les Siamois endormis debout, et ils ne sentent, eux, rien de particulier), cela cesse.

En fait, il n'y a qu'un seul Chinois qui parle anglais, et il sert d'interprète. Les autres opinent, gesticulent, insistent pour faire poser leur question. On mange tout en parlant, des fruits, du riz, des sucreries, des saucisses, du poisson séché. Un solide en-cas arrosé de thé de Chine de différentes provenances et encore d'alcool de riz.

Tous les sujets vont y passer. L'argent, les paris, le jeu, la possession des biens de ce monde, les moyens de s'élever rapidement dans l'échelle sociale, et l'histoire personnelle de tes compagnons de voyage qui se présentent fièrement comme « hommes d'affaires » et racontent leurs débuts comme coolie dans les rues de Bangkok en débarquant de Canton ou de Pékin. Et puis l'amour, les aphrodisiaques, les filles, les belles métisses qui jouent des hanches dans les bars de Bangkok. La femme à la maison, les enfants. Des photos circulent.

Questions indiscrètes, commentaires en chinois sur tes déclarations. Bref, une prise de contact avec des inconnus qui t'amènent à leur en dire bien plus qu'à de vieux amis.

Les Chinois fument sans arrêt, mais l'odeur du tabac n'arrive pas à couvrir l'odeur des corps chinois. Des parties de mah-jong commencent vers le milieu de la nuit et l'on n'entend plus que le bruit des dominos chinois sans cesse déplacés, ponctué par les exclamations des joueurs.

Tu les regardes jouer. De braves types, sans doute redoutables s'il s'agit de vendre ou d'acheter, mais pétant de santé, incapables de dissimuler leurs ambitions, si heureux de leur petite place au soleil, si heureux de t'avoir pour eux tout seuls.

Plus le temps passe, plus l'odeur se développe. Par instants ça devient presque une odeur de pipi au lit dans une chambre de vieux.

Tu as mal à la tête, à la fin. Encore une heure et le train du Nord entrera en gare de Bangkok. La fatigue due à l'entassement à treize dans un compartiment de huit ; l'abrutissement de ces quinze heures de rabâchage sans fin, de ces disputes en chinois à donner le tournis ; cette espèce d'interminable comédie improvisée où tu te sens à la fois spectateur et acteur ; tout ça a fini par te vider le cerveau. Une seule idée surnage : l'odeur de Chinois va bientôt disparaître et ton mal de tête s'en ira comme par enchantement. Sur le quai de la gare de Bangkok, tu pourras respirer à pleins poumons l'odeur de mort de l'Asie des grandes multitudes. D'accord, d'accord. Mais au moins tu en auras fini avec ce confinement qui tourne au supplice.

Le train roule dans les faubourgs. Adieux réciproques. Tous les Chinois debout se liguent pour faire pression sur l'interprète qui résiste, semble gêné. Tu mets ton grain de sel.

« Qu'est-ce qu'ils disent ?

— Non, non, pas intéressant.

— Mais si, enfin, je vois bien qu'il y a quelque chose. Dites.

— Eh bien voilà. Si nous avons tous joué au mah-jong, c'était pour nous changer les idées. Essayer. L'odeur... l'odeur nous a empêchés de dormir. Parce que... vous sentez tellement mauvais ! »

Ils se mirent tous à glousser comme des gamins.

FRANCIS PLANQUE

Industriel. Auteur de *Au cœur des affaires*, coll. HD, éd. Autrement, 1987.

6

MENER LES GENS PAR LE BOUT DU NEZ

Le champ des industries de l'odeur grandit sans cesse. Dépassant le stade traditionnel de la parfumerie, des besoins nouveaux apparaissent, les gammes de produits et de services se multiplient. Le temps de la récolte héroïque des matières premières animales a cédé la place à une concurrence planétaire : en fin de compte, le consommateur, conscient ou non, se laisse mener par le bout du nez.

JEAN-LOUIS PEYTAVIN

ONZE MILLIARDS DE DOLLARS

« Les arômes et les parfums ne servent à rien » : leur poids est négligeable, ils n'ont aucune valeur nutritive et ils n'ont aucun effet vitaminique ; pourtant, toutes classes confondues — car on ne peut séparer les « flaveurs » agro-alimentaires des plus subtiles réalisations de la parfumerie alcoolique —, ils représentent un poids économique considérable, que l'on évalue aujourd'hui à environ onze milliards de dollars dans le monde.

Non seulement on les retrouve dans les plus anciennes activités commerciales de l'humanité, mais ils font régulièrement la une de l'actualité économique et industrielle, car les grands groupes chimiques, pharmaceutiques et agro-alimentaires considèrent aujourd'hui que ce secteur frivole et marginal est en fait éminemment stratégique.

La production et le commerce des odeurs et des senteurs, secteur économique historiquement majeur, a fait partie pendant des siècles de la fascination exercée sur l'Occident par l'Orient, les « Indes », ou le monde tropical. Et la conquête de ces marchés a participé à la redistribution géopolitique du monde, depuis le temps des Croisades jusqu'à l'aube de la colonisation.

Rôle olfactif, rôle hygiénique, rôle liturgique : jusqu'aux grandes révolutions industrielles du XIXe siècle, le monde de l'homme est essentiellement odorant, comme l'a si bien raconté Alain Corbin[1]. Mais les découvertes modernes de l'hygiène, de l'urbanisme et surtout de l'alimentation vont rapidement bouleverser ce commerce traditionnel. En particulier, deux inventions vont avoir un rôle fondamental : d'abord l'hygiène publique, qui, avec l'apparition des égouts et de la salle de bains, va chasser les effluves des grandes villes et imposer l'idéologie du propre. Ensuite les nouveaux modes de conservation des aliments : au début du XIXe siècle, Nicolas Appert découvre la conservation des aliments en récipients hermétiques après chauffage (appertisation, pasteurisation, stérilisation, etc.). Tournant majeur pour l'alimentation, car les conserves vont constituer, avec l'industrie du sucre de betteraves, le fondement de toute l'industrie alimentaire. Avec Nicolas Appert, les aliments peuvent circuler à l'échelle mondiale, et de nouveaux produits peuvent rencontrer de nouveaux consommateurs. Mais il y a un revers à la médaille : la conservation et en général tous les traitements que l'on fait subir aux aliments sont des ennemis implacables des flaveurs et des arômes.

C'est pourquoi l'on assiste, à la fin du XIXe siècle, notamment à Grasse, la ville des gantiers-parfumeurs, à une redistribution et, en réalité, à une véritable naissance de l'industrie des odeurs et des arômes. C'est à Grasse, en effet, que de grands inventeurs comme Léon Chiris ou Louis Roure mettent au point les techniques de la distillation des fleurs, de l'enfleurage, de la composition ou de l'extraction des essences par solvants. Renaissance des parfums : exit les lourds parfums orientaux, fortement épicés et musqués, au profit d'odeurs plus délicates et plus « printanières », qui vont souligner la nouvelle propreté des corps. Naissance de la chimie des arômes, qui vont bientôt être indispensables pour redonner du goût aux aliments sans saveur.

Récemment encore, cette industrie était une spécialité française, malgré un mode de production encore très artisanal. Cependant, après la Seconde Guerre mondiale, l'explosion de la demande, la relative pénurie des matières premières, les nouvelles techniques de l'industrie agro-alimentaire ainsi que les nouvelles exigences des consommateurs font le lit d'une nouvelle industrie chimique ; les aromatisants font de plus en plus appel aux produits de synthèse. C'est aussi le début du relatif déclin de l'industrie française qui, si elle reste prépondérante dans le secteur des parfums, est peu à peu devancée par ses concurrents américains et japonais dans le domaine de l'industrie aromatique.

L'ÈRE INDUSTRIELLE EST ARRIVÉE

Ce secteur économique regroupe une gamme de produits très étendue, dont l'évolution est très disparate, selon les types de produits. Le secteur de base, majeur, est bien sûr représenté par la parfumerie alcoolique et les grandes marques, mais sa croissance aujourd'hui est relativement faible, puisque elle est seulement de 2 à 4 p. 100 par an. L'industrie des arômes, quant à elle, est en pleine expansion : la croissance moyenne du chiffre d'affaires est environ de 15 p. 100. En dix ans, les arômes sont passés de 10 p. 100 du marché des produits odorants à 25 p. 100. Enfin, le secteur recouvre également les cosmétiques, les produits d'hygiène et de beauté, les produits capillaires, ainsi que toute une gamme de nouveaux produits intermédiaires (comme les lessives parfumées ou les shampooings-douche) qui contribuent largement au succès de ce secteur économique.

Aujourd'hui, l'industrie des essences et des arômes est soumise à des influences nouvelles qui exigent un complet bouleversement des stratégies industrielles : le phénomène majeur est sans doute l'évolution de la demande, tant au niveau des produits odorants que des produits alimentaires. Depuis 1982, la demande en produits d'hygiène et de beauté a présenté une croissance de 25 p. 100, et l'on estime qu'en 1990 ils représenteront 1 p. 100 de la consommation globale des ménages. Il faut noter que les modes alimentaires sont en train de se modifier considérablement : nous évoluons de plus en plus vers une alimentation industrielle, avec la surgélation, la cuisine « préparée », et la mode du « grignotage ». Évolution favorisant d'autant plus l'industrie des arômes synthétiques, qui envahissent désormais la charcuterie, la boulangerie, la bière, les crèmes glacées, les plats surgelés, la gamme infinie des crunchies et autres biscuits apéritifs.

Cette évolution et cette sophistication de la demande posent des problèmes redoutables à l'industriel qui doit, parallèlement, poursuivre un effort de recherche et de développement important pour précéder la demande, et imposer de nouvelles molécules en faisant appel à toutes les ressources de la chimie de synthèse et, de plus en plus aujourd'hui, aux procédés des biotechnologies. Car le plus « simple » des arômes est un produit d'une infinie complexité, exigeant idéalement une centaine de composants, si l'on veut reproduire une flaveur naturelle. Ceci est vrai lorsqu'on veut reproduire des arômes aussi sophistiqués et aussi « affinés » que ceux des fromages, mais aussi lorsque l'on veut reproduire une odeur apparemment banale comme celle du thym ou de la menthe, dont la qualité est le résultat de la combinaison de plusieurs dizaines de composants, où les plus infimes ne sont pas les moins importants.

L'ensemble de ces paramètres fait que nous passons aujourd'hui inéluctablement d'une ère artisanale — fondée sur l'extraction de produits naturels — à une ère industrielle imposant de nouvelles technologies et la production d'arômes synthétiques qui, seules, peuvent permettre d'abaisser les coûts et d'obtenir des produits originaux et de qualité régulière.

C'est pourquoi nous assistons à l'intégration progressive des entreprises de parfumerie au sein de grands groupes industriels, seuls capables d'investir suffisamment en recherche, et qui, aujourd'hui, ont besoin de cette industrie pour leurs besoins propres. Il s'agit de grands groupes de la chimie comme Hoechst, de groupes lessiviers comme Unilever, agro-alimentaires comme Nestlé ou Moët-Hennessy ou pharmaceutiques comme Sanofi.

ARÔMES, FRANCE : 2 MILLIARDS DE FRANCS

Le marché mondial de l'industrie aromatique alimentaire, évalué à deux milliards de dollars, est dominé par les grands groupes américains ou japonais, avec en particulier IFF (International Flavors and Fragrances, 500 millions de dollars) et le groupe japonais Takasago (quatre groupes japonais parmi les dix premiers). Le groupe suisse Hoffman-La Roche qui contrôle Givaudan arrive actuellement à la deuxième place.

En dehors de IFF, les principales sociétés américaines sont : Lautier, BBA, CAL (groupe Pfizer), Felton et Sozio (groupe Hercules). En Suisse, le marché est dominé bien sûr par Hoffman-La Roche avec Givaudan et Roure Bertrand Dupont, ainsi que par Firmenich et le groupe Nestlé. En Allemagne, les principales sociétés sont Haarman et Reimer (groupe Bayer), Dragoco, Silesia et le groupe Hoechst. En Hollande, le marché est largement dominé par le groupe chimique Unilever qui contrôle Bertrand Frères et qui, fin 1986, a absorbé le groupe Naarden, à la suite d'une OPA.

L'exemple du groupe anglo-hollandais Unilever est caractéristique : ses besoins en arômes et parfums sont de plus en plus importants dans des secteurs très diversifiés, par l'intermédiaire de ses filiales alimentaires (potages Royco), lessivielles (Skip, Omo), produits d'hygiène (Cif, Vigor), ou cosmétiques (Harriet Hubbard Ayer, Jean-Louis Scherrer ou Nino Cerruti). Unilever (320 000 personnes, 188 milliards de francs) contrôle déjà PPF International et, avec Naarden, constituera désormais le deuxième groupe mondial des arômes.

Malgré les regroupements en cours, le marché reste encore très atomisé, puisque le numéro 1, IFF, ne couvre que 10 p. 100 des besoins mondiaux, tandis que le numéro 10, Dragoco, ne contrôle que 2 p. 100 de ce marché. La place de la France, malgré son rôle historique majeur, est encore plus discrète, puisqu'un des principaux groupes de ce secteur, Sanofi, malgré un chiffre d'affaires de 200 millions de francs, ne couvre que 1 p. 100 du marché mondial.

En France, le chiffre d'affaires du secteur est évalué à deux milliards de francs, répartis entre une centaine de sociétés. Cette activité se caractérise par une marge brute importante (50 p. 100 environ) et par une balance commerciale positive, puisque l'exportation française atteint 300 millions de francs. Cependant cette apparente bonne santé ne doit pas faire illusion, car l'importation de matières premières et de compositions est évaluée à 870 millions de francs. Le bilan général est donc déficitaire, au sein d'une industrie très morcelée, où la part française tend à se réduire d'année en année.

Les principales entreprises françaises du secteur sont Mane (numéro 1 français, 20e mondial, avec un chiffre d'affaires de 450 millions de francs comprenant l'activité parfumerie), suivi de Mero International (groupe Sanofi), puis de Robertet qui prend pied sur le marché américain en rachetant Jay Flavors, Fontarome (groupe Servier), Metayer et Sima. Les groupes agro-alimentaires sont représentés surtout par Moët-Hennessy, BSN, Pernod-Ricard et les fromageries Bel.

PARFUMS, FRANCE : 31 MILLIARDS DE FRANCS

L'industrie des parfums obéit à la même logique de concentration entre les mains de grands groupes internationaux. En France, le chiffre d'affaires des parfums et cosmétiques est évalué pour 1987 à 31 milliards de francs, soit une croissance en volume d'environ 2 p. 100 (mais une croissance en valeur de 8,5 p. 100). Cette industrie est fortement exportatrice (56 p. 100 de la production française de parfums est exportée) et le marché intérieur est encore très protégé (taux de pénétration 9 p. 100), malgré une progression sensible des importations. Enfin, la consommation des ménages croît rapidement, avec une progression en volume de 24 p. 100 en quatre ans.

La structure du marché intérieur se modifie en fonction de la place de plus en plus importante prise par le discount (ainsi que le duty free), du lancement de produits nouveaux, ainsi que des dépenses de publicité, qui atteignent 20 p. 100 du chiffre d'affaires de la profession.

Ce secteur est moyennement concentré, puisqu'il regroupe 184 entreprises de plus de 10 personnes, dont 13 p. 100 réalisent 60 p. 100 du chiffre d'affaires. Cette dispersion apparente ne doit pas cependant masquer la part dominante de grands groupes comme l'Oréal (50 p. 100 de la production française et leader mondial avec un chiffre d'affaires de 2,6 milliards de dollars), Sanofi (17 p. 100) ou Moët-Hennessy (8 p. 100). Les groupes étrangers sont également présents en France avec Avon (1,7 milliard de dollars dans cette branche), Shiseido (1,6 milliard de dollars), Revlon (1,1 milliard), Wella, Beiersdorf, ou les groupe de chimie-pharmacie comme Beecham, American Cyanamid ou Squibb.

Le numéro 1, l'Oréal, dont l'activité est à 85 p. 100 tournée vers la parfumerie, la coiffure et les produits d'hygiène, réalise seulement le quart de son chiffre d'affaires en France. Les parfums et les produits de beauté, en forte croissance, représentent aujourd'hui 30 p. 100 de l'activité du groupe dont 75 p. 100 à l'étranger. C'est aux États-Unis que la croissance du chiffre d'affaires consolidé dans ce secteur a été le plus remarquable, avec une hausse annuelle de 20 à 30 p. 100 depuis 1982. Les principales sociétés de cette division sont Lancôme (1 154 millions de francs en 1985), Parfums Beauté International (727 millions de francs), Biotherm, Scental (Hong Kong) ainsi que les différentes filiales de distribution de ces produits en Italie, RFA, Pays-Bas, États-Unis, qui distribuent les marques Paloma Picasso, Ralph Lauren, Cacharel, Guy Laroche, André Courrèges.

Le groupe Moët-Hennessy présente une structure entièrement différente puisque, sur un chiffre d'affaires 1985 de 7,689 milliards de francs, la branche parfums représente 1,719 milliard de francs, réalisés essentiellement par Christian Dior et, en moindre partie, par Roc. En 1985, les parfums représentaient 22,4 p. 100 de l'activité de Moët-Hennessy, contre 23,5 p. 100 en 1983. On observe une tendance contraire chez Veuve Clicquot, puisque les parfums (Givenchy) représentent une part croissante de l'activité (32,9 p. 100 en 1985 pour un chiffre d'affaires global de 1 151 millions de francs). La société Martell est également présente dans ce secteur, avec les parfums Jacomo qui réalisent un chiffre d'affaires de 188,5 millions de francs, soit environ 9 p. 100 de l'activité du groupe.

Les groupes français de chimie et pharmacie sont tous présents dans ce domaine : Rhône-Poulenc, Pierre Fabre, mais surtout Roussel-Uclaf (Rochas) et Sanofi.

Chez Sanofi, les parfums et produits de beauté représentent le tiers de l'activité, pour un chiffre d'affaires global d'environ 12 milliards de francs. Le succès de Sanofi dans cette branche — qui regroupe Roger et Gallet, Van Cleef & Arpels, Molyneux, Stendhal, Charles Jourdan — est dû essentiellement au succès de sa filiale Yves Rocher, dont la croissance est toujours de 20 p. 100 par an, pour atteindre plus de 3 milliards en 1985.

Cette concentration de l'industrie des arômes et des parfums au sein de quelques groupes chimiques ou pharmaceutiques va modifier considérablement le profil d'une profession encore très morcelée. Elle va aussi accentuer la concurrence au niveau international, mais également l'effort de recherche et de création de nouveaux produits. Car si la composition reste un acte très créatif, qui fait appel à des talents artistiques, la synthèse de nouvelles molécules exige beaucoup d'argent et un équipement que seuls peuvent s'offrir de grands groupes.

JEAN-LOUIS PEYTAVIN

Médecin de formation. Aujourd'hui grand reporter au *Figaro*. S'intéresse notamment aux stratégies industrielles et à l'évolution des technologies.

---

1. A. Corbin, *Le Miasme et la jonquille, l'odorat et l'imaginaire social, XVIIIe-XXe siècles*, Flammarion.

ESPRITS ANIMAUX, AVEZ-VOUS DONC UNE ÂME ?

entretien avec
JACQUES SCHLIENGER

Il mériterait le surnom de « Monsieur Musc », une des quatre matières premières animales qu'il a négociée pour la société Bing, trente ans durant tout autour du globe.

Jacques Schlienger. - Dans le négoce des quatre matières premières animales, c'est une vérité de La Palice, vous ne pouvez pas vendre ce qui est mal acheté. Il faut être en première main. C'est pour cela que je n'ai pas hésité à aller au Canada pour le castoréum, en Chine et au Népal pour le musc, en Éthiopie pour la civette, et à avoir des contacts directs avec les chasseurs de cachalots.

Autrement. - En quoi ces matières sont-elles utiles à l'animal qui les fabrique ?
Toutes les hypothèses sont avancées ; on dit que le musc et la civette s'en servent pour marquer leur territoire et le castor pour se graisser la peau ; mais l'ambre ? Ces produits sont entourés d'une aura, d'un mystère, dont je suis moi-même prisonnier. La chimie et l'analyse ont beau progresser, il y a toujours « la part du Bon Dieu », le petit quelque chose qui échappe à toute explication. Il y a des muscs, des civettes, des ambres de synthèse, qui sont des produits... morts ; or, le produit animal vit. Et c'est le but de leur usage dans les formules : le musc exalte, l'ambre lie, la civette fixe ; le castoreum, c'est autre chose. Je ne suis pas parfumeur, mais, les yeux bandés, je peux vous dire si ce produit est mort ou vivant, c'est flagrant.

C'est comme un déclic ?
Chacun a son système. Je n'ai jamais senti une odeur pour elle-même, mais toujours par rapport à ce qu'elle me rappelait. Dans ma famille, il y avait une maison au bord de la mer ; c'était un délice quand au printemps, on ouvrait tout : on pénétrait dans une odeur d'ambre et de varech, de mer ...

Comme dans votre bureau ?
Il fut un temps où les odeurs de Bing étaient célèbres ! Nous avions toujours 100 à 200 kilos d'ambre... L'été, on nous sentait du haut en bas de l'avenue de Wagram ! Moi, mes vêtements continuent à sentir, les chiens me sentent, même après des années. Autrefois, mes amis me disaient que j'empestais !

Ce n'est vraiment pas un métier banal !
Ce qui était merveilleux, c'était de rencontrer tous ces gens passionnants. Notre maison avait été une des premières à commercer avec la Chine, avant 1850, peu de temps après la guerre de l'opium. A mon premier voyage dans ce pays, malgré la Révolution, ils avaient toutes les archives de la maison, montrant qu'on achetait le musc par 120, 130 kilos à la fois, ce qui est inimaginable aujourd'hui. Il ne doit pas y avoir plus de 10 pour 100 de la production annuelle de musc réservée à la parfumerie occidentale ; tout le reste est consommé sur place, en

Chine, Japon, Corée, Inde, à des fins médicinales.

Quelles en sont les indications les plus courantes ?
C'est la panacée, ça guérit tout ! Ça va de la femme enceinte au poitrinaire, les maladies de peau, je n'ai jamais pu savoir ; le drame du musc, c'est son prix. Pour protéger les hardes de musc, la réglementation est aussi sévère que la contrebande est florissante : un Tibétain qui a deux poches de musc vit une année avec. Moi, j'ai connu l'époque où il fallait payer, sur place, plus de 300 000 francs le kilo : ça rebute un peu le parfumeur...

A ces prix-là, il doit y avoir pas mal de fraude ?
Le truc le plus connu maintenant, c'est de remplir les poches de musc avec du sang, des poils, ou de la peau séchée. En fait, quand le musc sèche, il se met en grains, il devient cassant comme du thé. Pour le raviver, il faut l'humidifier petit à petit, ça se fait à l'œil, à l'odeur, au toucher, c'est assez difficile pour qu'il devienne velours sous les doigts. Mais à l'intérieur de la poche, c'est très laid, une grosse châtaigne aplatie de 25 grammes en moyenne (une once), à l'intérieur, une espèce de boue brun-noir, tout dépend de la nourriture de l'animal. Plus vous allez vers l'est, Sikkim, Bhoutan, meilleur est le musc.

Dans la définition du musc, on dit toujours que « le chevrotin porte-musc broute le nard parfumé des prairies de l'Himalaya », non ?
Ceux que nous estimons, nous, être les animaux donnant les meilleures qualités de grain, sont ceux qui se nourrissent d'une famille d'artémises. Elles donnent au musc une odeur d'herbe fraîche que nous exigions : le musc, ce n'est pas du tout l'odeur d'urine ou d'ammoniaque, comme on a tendance à l'imaginer. D'ailleurs, j'ai gardé, dans ma collection privée, des absolus de musc invendables, dont le prix de revient dépasserait un million de francs le kilo ; ils ont des années, et l'on dirait du jasmin, la tendance florale l'emportant sur l'animal. Mais je me souviendrai toujours de ma première poche de musc : je l'avais laissée sur le rebord de ma fenêtre grande ouverte, et je n'ai pas pu dormir !

Comment vous les procuriez-vous ?
J'ai traité avec les caravaniers d'Asie centrale, bien sûr, et j'ai même participé à des chasses, à ma grande honte. Mais je n'ai jamais tué un oiseau, je ne vois pas pourquoi j'aurais tué un musc, dans ces pays de rêve ! Parce qu'il faut les tuer, pour prélever la glande des adultes mâles ; ce sont des animaux méfiants, craintifs, qui ne se reproduisent pas en captivité ; on a tenté de les élever dans de grandes réserves au Népal, dans des fermes en Chine, ça n'a rien donné. On y arrivera peut-être un jour. En attendant, les poches sont préparées avec une habileté diabolique, qui permet d'en faire 2 ou 3 avec une : la poche, c'est du cuir, en le trempant, on peut l'étirer ; puis le remplir avec des produits 100 pour 100 naturels, ou avec leur soupe à eux. Quand ils tuent un animal, généralement ils en mangent une partie, ils gardent la peau, la triturent pour éliminer les poils, parce que cette peau sent cette odeur, elle permet de « rallonger la sauce ». Ce qui m'a toujours amusé, ce sont les fameuses « peaux bleues », prétendument les meilleures peaux du monde. Je les revois, tous ces grands parfumeurs, mes grands amis, les Jacques Guerlain, Ernest Beaux, Ernest Schiftan ; en fait de poches bleues, c'est comme de la viande crue, il y a une membrane mordorée, jolie à l'œil, et ces poches-là, c'était comme une dou-

blure : ils achetaient une doublure !

Impossible de prélever ces glandes « en douceur » ?
Non, la poche est à l'intérieur du ventre, contrairement à la civette ; autrefois, les hommes le « trappaient », arrivaient à déceler le sexe de l'animal ; aujourd'hui, ils tirent ça à l'arme de guerre, à des distances terribles et ils ont décimé les troupeaux. La civette, c'est autre chose, certains de ces chats sauvages *(civetta viviferra)* se défont de leurs poches en se frottant sur les buissons, sur les cailloux, et les indigènes les ramassent ; mais on l'a plus généralement par l'élevage.

Pour le musc, c'est une chasse sanglante, donc en danger ; pour la civette, plutôt un élevage et un commerce ; le produit survit-il mieux ?
Les civettes sont dans les mains de milliers d'éleveurs éthiopiens, parce que de tout temps il y a eu beaucoup de troupeaux, donc de la viande, et que la civette est un animal très carnassier. Ce n'est pas du tout le petit chat mignon ! Nous avons été traduits par le World Wild Life américain, disant que nous étions des égorgeurs de petits chats roses. On a dû emmener tout le monde en Éthiopie pour leur montrer qu'on ne faisait pas pire que les gaveurs d'oie. Ces bêtes sont dans des cages, nourries selon des cycles déterminés : un jour farine, un jour œufs, un jour viande. Tous les neuf jours, elles sont curetées : on tire les pattes arrière, on sort l'animal aux deux tiers de sa cage, et avec une grande cuillère en bois légèrement graissée pour ne pas le blesser, on lui extrait cette matière, à peu près la valeur d'un petit ongle à chaque fois. Par an, pendant sept, huit ans, une civette adulte, saine, mâle (le produit est un peu meilleur) ou femelle, donne 400 à 450 grammes, ce qui fait environ 2 tonnes à l'exportation.

C'est l'unique lieu d'élevage ?
Il y a de la civette partout en Afrique, et même en Asie ; le drame, c'est de pouvoir les nourrir correctement : si vous leur donnez du poisson, la pâte sentira le poisson. Ces produits, qui ont l'air très costauds, sont en fait très sensibles : dès que vous y touchez, c'est cassé. Cela demande un entretien considérable, une surveillance médicale parce que c'est un capital énorme pour ces gens-là ; un Institut Pasteur labellise les qualités suivant leur teneur en civettone. A mon avis, il n'y a presque pas de produit pur, tout ça est allongé avec des beurres de cacao, c'est épouvantablement truqué, il faut faire attention, mais cela reste abordable, de l'ordre de 500 dollars le kilo.

Elle ne joue un rôle qu'en parfumerie ?
En Éthiopie, tout sent la civette ! Au début certainement, les Éthiopiens s'en enduisaient plus pour masquer les odeurs mauvaises. Je n'ai jamais entendu parler de rôle médicinal. Ce sont de vieilles traditions qui doivent bien remonter au roi Salomon ! Produit indispensable pour eux comme pour nous. Je me souviens que Jacques Guerlain me disait : « J'ai quatre produits animaux dans mes formules ; si je ne devais en garder qu'un, automatiquement ce serait la civette. » Impossible d'imaginer *Jicky* ou *Shalimar* sans ce fixateur naturel ; mais j'ai souvent fait le test, avec des doses homéopathiques, dans une formule ; un nez exercé vous dit toujours si c'est une civette naturelle ou synthétique, il y a une différence considérable, malgré la qualité des produits fabriqués par Firmenich, Givaudan, Delaire... En tout cas, les tentatives pour diversifier

les lieux d'élevage et d'approvisionnement n'ont pas marché, ça reste très centralisé, à l'inverse du cachalot, qu'il faut suivre partout dans ses migrations ! Ça, c'est le plus fabuleux de tous les produits !

Humble concrétion intestinale du plus gros des animaux, n'est-ce pas ?
C'est sûr, on a trouvé cette explication : ils se gavent tellement de pieuvres et autres — un cachalot pèse quand même 30 à 40 tonnes, ils finissent par se coller des histoires biliaires terribles ; j'ai vu des traces de ventouses sur des cachalots qui faisaient 1 mètre de diamètre, c'est dire les combats qui doivent se livrer à quelque 2 000 ou 3 000 mètres sous l'eau.

C'est comme si Moby Dick avait la vedette dans *Vingt mille lieues sous les mers* !
Cependant, c'est très curieux, de mémoire de pêcheur, aucun cachalot n'a attaqué un nageur, alors qu'il est carnassier et qu'un seul coup de queue casse un canot en deux.

Nous sommes probablement moins bons que les pieuvres...
C'est prodigieux de voir et les hommes qui les chassent et les ruses de l'animal pour s'en sortir : ils abordent le cachalot comme le toréador aborde le taureau. D'ailleurs, ils lui parlent : « Pauvre cachalot, je vais te tuer, mais tu es l'animal le plus brave, je te respecte »... La seule chose qui m'apaisait, c'est qu'il y a beaucoup plus de bêtes qui s'en sortent que de bêtes qui y restent. Vous savez l'histoire, les chasses sont suspendues, et on pense que d'ici peu de temps, les troupeaux vont se reconstituer. Les Japonais mangent la chair du cachalot, c'est absolument infect, nous le donnons plutôt au bétail ; et les baleines nous intéressent surtout pour leurs graisses très particulières, notamment pour l'industrie optique et certains équipements militaires ; le spermaceti a fait les beaux jours de la cosmétique et de la savonnerie, remplacé maintenant par des graisses synthétiques... C'est étonnant à quelle vitesse on dépèce un cachalot ! Aux Açores, en Espagne, au Brésil, au Chili. Des hommes en houseaux, comme sortis d'un tableau de Bosch avec leurs grandes faux ; sans un mot, chacun à sa tâche. En trois quarts d'heure, l'animal n'existe plus ; il est désossé, en morceaux, les chaudrons d'huile chauffent, pas une goutte de sang, on attend la bête suivante...

On trouve fréquemment de l'ambre ?
La bête est d'abord tuée pour l'huile ; s'il y a de l'ambre, tant mieux, sinon on sera plus chanceux au prochain, on ne peut pas dire.

Quand on le trouve, il est comment ?
C'est sale, poisseux, mais il n'y a pas de sang. Le plus gros bloc jamais trouvé faisait 450 kilos ; dans ce cas-là, on trouve des masses d'eau putride à l'intérieur ; il vaut mieux acheter les rognons, bien secs, qu'on trouve encore sur les plages d'Australie ou de Nouvelle-Zélande, de l'ambre échoué, qui a séché au soleil, et qui a pris une teinte et une odeur exquises. C'est un produit très mystérieux : nous avions toujours 100, 200 kilos d'ambre qui séchaient sur des claies comme des fromages ; on les surveillait, on les sentait, on les retournait. Par vice, peut-être, je rentrais vingt fois par jour dans cette pièce. Par moments, je reculais devant la densité de l'odeur ; je revenais dix minutes après, ça ne sentait plus rien. Toute odeur avait disparu.

Aucune explication, bien sûr ?
Non, ça rejoint toujours mon idée que ces produits-là vivent, respi-

rent, exhalent, meurent, reviennent, repartent ; et c'est probablement ce rôle-là qu'ils jouent dans une formule, c'est en ce sens que ces produits sont irremplaçables.

Nous étions arrivés à deux catégories d'ambre très distinctes, selon leur utilisateur. Chanel était intéressé par un ambre qui sentait l'algue, le nérol, la mer, le sel, ce côté un peu léger. C'était l'ambre marin de Chanel. Guerlain, lui, recherchait l'ambre qui sent le cuir, le fauve, l'odeur de selle de cheval ; ça, c'était l'ambre Guerlain, tout différent. Il y a des ambres gris, noirs, dorés ; ce qui compte en parfumerie, c'est l'odeur ; et il faut que l'ambre soit très très sec pour le réduire en poudre, dont on fait des infusions ou des teintures dans l'alcool. Si un ambre ne sèche pas au bout d'un an ou deux, il ne sèchera plus ; on a tout essayé, les fours, le soleil, les ondes : la nature reste la plus forte.

En revanche, ça se trafique moins ?
Absolument ! Un bloc est ce qu'il est, et s'achète au nez et au toucher. Pour d'autres usages, parfois. Henri de Monfreid raconte que, dans ses voyages, il était reçu chez certains Arabes, et, dans les tasses où l'on boit du café vingt fois par jour, il y avait un espace au fond où l'on mettait toujours un peu d'ambre !

Est-ce que le mot ne recouvre pas plusieurs produits ?
Bien sûr, il y a la résine fossile, dont on fait des chapelets ou des bijoux. Et puis, il y a l'ambrette, ou musc ambrette naturel, qui vient d'une graine originaire du Brésil. C'est un produit magnifique, très demandé, mais très cher ; il entre dans les grands extraits, Chanel et autres. Les Arabes en frottent sur leurs vêtements, et, la chaleur aidant, cela donne une odeur d'ambre. On trouve aussi des ambres reconstitués, une masse neutre qu'on aromatise à tant pour cent avec ce que l'on veut.

Quand on est novice comme un touriste, c'est sur ces matières-là que l'on tombe ! Mais, racontez-nous plutôt le castoréum.
Oui, laissons le peuple de mes amis les cachalots, pour rejoindre les tribus de castors, et les Indiens canadiens avec eux : c'est un animal sacré, qui fait partie de leur famille. Mais ce sont aussi de tels bûcherons que si jamais on ne les détruisait pas, il n'y aurait plus de forêt canadienne dans dix ans. Production régulière donc, et qui ne manquera jamais.

Voilà qui nous change un peu !
Ne parlons pas du produit des castors russes, il sent le poisson de façon très prononcée. Le castoréum canadien sent l'encre, le cuir. Là, pas de mystère : c'est le produit d'une glande interne qui permet au castor, qui vit dans l'eau, de s'huiler en permanence la peau pour se protéger. Les chasses sont à la fin de l'année, tous les trappeurs apportent leurs peaux dans des grands centres de triage, pour les adjudications : c'est facile.

Et ça rapporte gros ?
A part les truqueurs qui les trempent dans l'huile pour les conserver (en fait, pour les alourdir), ce sont les grosses compagnies de la Hudson Bay, d'Ontario à Winnipeg, de North Bay, qui vendent les peaux et les poches en même temps depuis toujours ; avec un gros marché maintenant à New York, à cause de la forte consommation dans les produits de parfumerie pour hommes. J'ai vu des entrepôts grands comme la moitié d'un terrain de football, pleins de fourrures : lynx, loup, castor...

Au fond, l'époque n'est pas révolue ?
Le seul produit vraiment en danger pour l'Occident, c'est le musc.

Mais je comprends que les parfumeurs, les jeunes surtout, hésitent : une formule, ça peut durer longtemps, il faut assurer. Celui qui a vraiment fait le *Cinq* de Chanel n'imaginait pas que ça irait aussi loin ; et les problèmes d'approvisionnement peuvent toujours se poser. Civette, castoréum, pas de problème ; ambre, les troupeaux se reconstituent, il reviendra ; le musc risque d'être de plus en plus consommé sur place, il déclinera, c'est probable.

Vous avez eu beaucoup de chance de vivre toutes ces aventures...
... oui, et de rencontrer des animaux aussi extraordinaires que les gens !

propos recueillis par
JACQUELINE BLANC-MOUCHET

MARTIN DE LA SOUDIÈRE

L'IMPOSSIBLE BOUQUET

1985, troisième mercredi de juin, roseraie de Bagatelle[1]. Neuf heures du matin. Le « premier prix du parfum » est attribué à Krilof Kriparfy[2], une superbe rose blanc-saumon. Le jury se retire. Tout l'été, le public viendra se pencher pour juger par lui-même de l'excellence de ce choix. En septembre, de part et d'autre de ce rosier, ces visites auront laissé leurs marques : la plate-bande y est anormalement usée sous le pas de ces curieux qui l'auront maintes et maintes fois enjambée pour mieux s'en approcher.

8 juin : un camion quitte Saint-Flour, chargé de quatre tonnes de corolles de narcisses. Dans six heures, il déchargera sa floraison dans une usine de Grasse.

Au sein du « concours des roses » de Bagatelle — véritable institution qui a vu le jour en 1907 —, tout récemment, en 1982, a été créé le « prix du parfum ». Ce nouveau concours, qui vient couronner les « roses à senteur » s'est ouvert à la demande et sous la pression du public et des parfumeurs. Depuis plusieurs années, l'on reprochait aux roses d'avoir perdu de leur parfum, aux rosiéristes de se désintéresser de cette caractéristique de la fleur.

Les narcisses (Narcissus poeticus L.) *poussaient sagement sur les prairies naturelles des moyennes montagnes du Massif Central et de Haute Provence. Pour eux seuls. Délaissés même des troupeaux. Soudain, dans les années 1945-1950, voici les parfumeurs de Grasse qui battent ces campagnes par courtiers, collecteurs et leveurs de plantes sauvages interposés à la recherche de cette amaryllidacée, offrant ainsi aux cueilleurs de champignons et de myrtilles — principalement des agriculteurs — un nouveau créneau, une nouvelle « saison », comme disent ces derniers*[3].

Le concours des roses se prépare dix-huit mois à l'avance par le travail de trois commissions. La Commission permanente[4] se réunit quatre fois, et attribue à chacune des prétendantes (une centaine de variétés) une note sanctionnant les qualités suivantes : floribondité ; « remontance » ; nombre de semaines de floraison et de fleurs qui éclosent ; « déflorescence » ; port (il doit être régulier, droit, non avachi) ; résistance aux intempéries, à la maladie ; couleur ; parfum.

La veille du concours, la Commission des nouveautés donne une note de nouveauté (chaque rosier est noté sur cinq et non plus sur dix).

Ce n'est que fin mai-début juin que s'épanouissent les narcisses, les premières fleurs de ces campagnes d'altitude. Les prés blanchissent alors par ondes successives qui gagnent de jour en jour les zones les plus hautes, comme sous l'effet d'une poussée de fièvre végétale, soulignant les prés les plus humides et les berges des ruisseaux. Alors peut s'ouvrir la « saison » des narcisses.

Troisième et dernière commission, le Grand jury est composé de la Commission permanente, à laquelle s'adjoignent d'autres personnalités françaises et étrangères (présidents de « sociétés de roses », etc.), en tout presque cent personnes. Comme pour un défilé de mode, déambulant le long des mannequins immobiles, ces spécialistes décernent une ultime note (sur cinq) qui, cumulée avec les précédentes, sélectionne les lauréates de l'année réparties en deux groupes — roses nouvelles et roses de paysage —, et attribuent le prix du parfum[5]. Pour ce dernier, des certificats sont aussi décernés. Avant qu'ils ne portent leur appréciation sur leur cahier, on fait sentir aux membres du jury sur de vieux rosiers hors concours des roses-témoin dont le parfum, mondialement et unanimement reconnu, sert de valeur de référence : *Nuage parfumé, Rose de L'Hay, Rosa centifolia,* etc.

Pas de connaisseurs chez les cueilleurs ; seuls les distinguent leur plus ou moins grande opiniâtreté et leur savoir-faire. Enfants, femmes, hommes connaissent les meilleurs prés, y repérant les zones où les fleurs sont les plus « épaisses ». Ils fauchent celles-ci à l'aide d'un outil confectionné localement, un large peigne en aluminium muni d'un long manche en bois surmonté d'un godet qui retient les corolles que viennent de couper les dents du râteau. Choisissant les traînées et les nappes de narcisses les plus serrées, ils ratissent derrière le vent afin que les fleurs se présentent plus facilement devant l'instrument. L'on cueille partout, d'abord sur ses propres pâturages, puis sur ceux du voisin, si celui-ci donne son accord. Mais des piratages se produisent. Parfois dès l'aube opèrent des équipes de cueilleurs indélicats... et certains villages de Margeride connaissent alors une petite guerre des narcisses, occasion de régler ses comptes entre clochers.

Issue de multiples et complexes croisements et hybridations, chaque rose garde le secret de ses origines, de sa fabrication, ne dévoilant que sa grâce et son nom. Les roses à senteur ne font pas exception. Jardiniers et parfumeurs vous diront pourtant que certaines couleurs sentent « mieux », semblant appeler et retenir de plus subtils et durables parfums : les rouges ; surtout les rouges foncés, sombres, veloutés ou tirant sur le violet, les blancs. Les roses jaunes, quant à elles, sont très odorantes, mais leur arôme est très instable, et parfois elles dégagent de très mauvaises odeurs.

Entêtante, lourde, chaude, ample, l'odeur des narcisses, flatteuse pour un nez de touriste, incommode le cueilleur quand il met en sacs puis entasse ces fleurs dans son véhicule. Certains y sont même franchement allergiques. Vidées de leur contenant et mises en tas, les corolles s'échauffent vite ; et c'est pour combattre cette macération du parfum que le collecteur, toutes les heures, brasse, tourne et retourne à la fourche les congères de fleurs blanches amoncelées dans son entrepôt, et qu'il doit les expédier par camion frigorifique le soir même de leur récolte, au plus tard le lendemain matin. Le mot « narcisse » viendrait d'ailleurs du grec narkè, *qui signifie « engourdissement »*. Ces fleurs, nous dit l'abbé Coste[6] *« même les moins odorantes, produisent un assoupissement, et presque une sensation douloureuse »*.

Reine du parfum, la rose de Bagatelle, superbe dans son allée, sentira tout l'été, et même plus avant. Surtout très tôt le matin, ou encore le soir, car, durant la journée, la chaleur et les gaz de la ville viendront contrarier le dégagement de son parfum, en étouffer la délicatesse. Star, elle a donc ses humeurs, ses moments. Elle a aussi ses admirateurs. L'on peut voir des visiteurs s'installer dès l'ouverture de la roseraie pour inhaler de leurs bancs ces îlots de senteur, raconte le chef jardinier. Lui-même, qui habite avec sa femme un pavillon dans l'enceinte du jardin, il lui arrive, au printemps ou au début de l'été, de s'asseoir sur ces mêmes bancs, à la tombée de la nuit, ou de faire en compagnie de son épouse un petit « paseo » amoureux à la rencontre de ces odeurs familières qui les accompagnent, à la faveur d'une légère brise, jusque dans les allées voisines de la roseraie.

Pendant ce temps, jetés dans d'immenses cuves, compressés, dans les usines de parfumerie de Grasse, les narcisses se transforment en concrète et en « absolu », substance noirâtre de la consistance du goudron, obtenue par extraction au benzène ou à l'acétone, qui servira à apporter à certains parfums une « note narcisse ». Parfums dont les cueilleurs ne connaîtront pour la majorité d'entre eux, ni les vertus ni la douceur. De ces fleurs, ils n'auront jamais connu que la fatigue du ramassage, l'odeur lourde dans la chaleur de juin, et les quelques centaines de francs qu'ils auront touchés chaque jour, l'espace d'une semaine. « On gagne aussi aux fleurs », disent-ils pour indiquer la brièveté et la moindre rentabilité de cette cueillette printanière par rapport aux autres.

Parfum élu, singulier ; parfums vendus au kilo, à la tonne. Fleur soignée, courtisée ; fleurs sauvages, décapitées. Tout oppose rose et narcisse. Qu'auraient-elles à se dire ? Sont-elles seulement cousines ? Impossible bouquet. Ce qui pourtant les réunit, c'est un destin hors du commun des autres fleurs ; leur résistance — dans leur unicité ou au contraire leur profusion — à se laisser mettre en vase, un peu comme la fleur de Mallarmé : « Je dis une fleur, et [...] musicalement se lève, l'idée même et suave, l'absente de tous bouquets. »

Qui ne rêverait de la fleur qui résumerait en elle toutes les autres ? Peut-être, dans sa resserre, le jardinier de Bagatelle conserve-t-il jalousement une rose aux cent parfums, odorophore, une fleur au parfum d'éternité, s'enfermant avec elle comme le vigneron dans sa cave. Peut-être le cueilleur de Lozère rêve-t-il chaque printemps de narcisses géants qui gagneraient toute l'étendue de ses prés. Dans leur quête, l'un et l'autre ont quelque parenté, chacun à la recherche de sa fleur impossible... De même fleurit, dans un conte populaire, une fleur des neiges qui défie l'hiver et la loi qu'il impose.

MARTIN DE LA SOUDIÈRE

Ethnologue au CNRS. A publié avec R. Larrère, *Cueillir la montagne*, éd. La Manufacture, Lyon, 1985. A paraître, fin 1987, *Anthropologie de l'hiver*, éd. la Manufacture.

1. Le jardin de Bagatelle, ouvert toute l'année, se situe au cœur du bois de Boulogne à Paris. Avant la pleine floraison des roses, on peut y admirer en mars de nombreuses variétés de narcisses (!) (Pour les informations qu'ils m'ont communiquées, je remercie les deux chefs jardiniers.)

2. Krilof : nom de l'obtenteur. Kriparfy : appellation variétale, utilisée en attendant la dénomination commerciale (exemple *Baronne de Rothschild, Yves Piaget, Sissi*).

3. Sur les cueillettes, voir Raphaël Larrère et Martin de la Soudière : *Cueillir la montagne. Plantes, fleurs et champigons en Gévaudan, Auvergne, Cévennes et Limousin*, Lyon, La Manufacture, nouvelle édition, 1987.

4. La Commission permanente se compose de directeurs de jardins de villes, d'horticulteurs, de peintres, de parfumeurs, de journalistes horticoles, etc.

5. A l'heureux lauréat du prix du parfum est offert par Monsieur Guerlain un magnum du parfum *Jardin de Bagatelle*.

6. Abbé Coste, *Flore descriptive et illustrée de la France*, Paris, Klincksieck, 1901, 3 vol.

DU MÉTIER DE PARFUMEUR

entretien avec
GÉRARD PELPEL ET ISABELLE DOYEN

Gérard Pelpel, parfumeur-créateur depuis vingt-cinq ans dans une grande société de matières premières pour la parfumerie.
Isabelle Doyen, parfumeur free lance pour la société Cinquième Sens, pratiquant la parfumerie « sur mesure ».
Tous les deux ont, en outre, participé à la mise au point des odeurs de l'Odorama de la Villette.

Autrement. - Comment devient-on parfumeur ?
Gérard Pelpel. - Pour moi, c'est un peu par hasard. Un vieil ami de la famille travaillait dans les cosmétiques ; c'était vers 1958, à Grasse, je suis entré en stage à l'école de parfumerie, au sein même de la société où je travaille actuellement.
Isabelle Doyen. - Moi, en 1979, j'ai choisi de faire l'école de parfumerie de Versailles[1] ouverte à tous les gens qui veulent entrer dans le milieu de la parfumerie. Maintenant, il faut deux ans de chimie après le bac. Commencer sur le tas, en pesant des formules sans formation préalable, c'est devenu difficile.

G. P. - Il reste à acquérir l'expérience personnelle, au fil des années, comme pour un musicien ou un peintre...

S'il fallait comparer votre travail quotidien avec une autre branche des arts, que diriez-vous ?
G. P. - On a toujours comparé la parfumerie à la musique. Pour moi, je ne sais pourquoi, c'est plus de peinture, de couleurs qu'il s'agit, que de sons.

I. D. - Moi, c'est plutôt les images. On laisse l'odeur dans un coin, on lui ajoute ou on lui retire quelque chose, pour la polir. Il faut avoir le temps, aussi. Je crois que je suis un peu privilégiée par rapport à des gens comme vous, qui ont des impératifs commerciaux terribles ; alors que nous sommes plus en contact avec les gens qui nous demandent les parfums : mais c'est parfois hétéroclite ! Ce qui m'intéresserait, ce serait de travailler avec des gens qui soient petits, mais prêts à prendre des risques, qui n'engagent pas des sommes folles sur la sortie d'un seul parfum ; ce biais-là nous éviterait peut-être de tourner en rond. Mais pour l'instant, le grand domaine de la parfumerie, c'est les détergents, tout le secteur industriel.

G. P. - Il y a vingt, vingt-cinq ans, c'était plus restreint, moins technique : un peu de savonnerie et de cosmétique ; le parfum ne touchait pas encore toute notre vie quotidienne. On est sans arrêt à la recherche de nouvelles idées, on fait beaucoup d'études : les blocs d'ambiance anti-tabac, anti-WC, bougies, sprays ; on cherche de nouvelles présentations, tenez votre savon liquide, là, c'est apparu il y a cinq ans.

C'est pourtant une senteur « neutre » ; il faut aussi la fabriquer ?
G. P. - Le neutre ne l'est pas vraiment, il faut couvrir les odeurs désagréables. Les techniques deviennent de plus en plus difficiles, et les contraintes diffèrent

selon qu'on étudie un extrait de luxe ou un papier parfumé. Il y a des spécialisations qui ne s'improvisent pas.

Comment la demande vous parvient-elle ?
G. P. - On fait en permanence des études de marché, on se tient aux aguets de toutes les idées nouvelles ; nos clients ont des idées à commercialiser, et nous proposons des choses à partir des nouveaux produits de base. Par exemple, on ne fait plus d'échantillons sur carton, mais par micro-encapsulation[2], ce qui nécessite pas mal de mise au point.

Il y a un certain nombre de termes techniques en parfumerie, plus ou moins mystérieux, que ne connaît pas un public normalement constitué ; et par exemple, le terme de « corps captif ».
G. P. - Celui-là, je ne vais pas pouvoir vous l'expliquer, puisqu'il est captif ! Ou alors, rien que l'idée : les grandes sociétés cherchent à reconstituer, par exemple, de l'essence de rose à partir du pétrole, de l'essence de térébenthine, ou d'un produit naturel...

Le pétrole, c'est naturel ?
G. P. - Le pétrole, c'est natif ! La société dépose un brevet sur ce produit, mais peut le garder, sans le commercialiser, il reste son exclusivité. S'il a de l'impact dans les compositions, il devient leader, mais personne ne peut le contretyper, puisqu'il manque l'essentiel.
I. D. - Le corps captif, c'est une manière de protéger les créations.

Des outils d'analyse comme la chromatographie en phase gazeuse et la spectrométrie de masse[3] risquent-ils de remplacer progressivement le nez humain ?
G. P. - Ils donnent des indications très appréciables, ça permet de voir, par exemple, comment est construit un produit nouveau qui sort sur le marché, ses éléments principaux ; mais ça n'en dévoile pas tous les secrets, il faut vérifier, contrôler au nez, et puis cela ne remplace pas la créativité, l'imagination !

Est-ce qu'on pourrait analyser sa propre odeur, ou un air odorant quelconque ?
G. P. - Il faut d'abord arriver à le mettre en solution, ce n'est pas évident.
I. D. - Une de mes idées serait de reconstituer des odeurs qui m'ont émue quand j'étais petite fille, d'essayer de les mettre en bouteille, parce que je suis sûre qu'elles peuvent émouvoir d'autres personnes. Il faudrait presque que ça soit comme un objet, comme un livre qu'on relit de temps en temps, parce qu'il y a un passage qui vous trouble. C'est un peu la démarche de Proust, sans passer par les mots, mais par un petit flacon. Un thème qui décrit bien ce que je voudrais faire, c'est : décliner la moisissure. Certaines sont insupportables, d'autres sublimes et font rêver. Évoquer quelque chose d'absent et de précis, lié à la mémoire...

Quelle est la première odeur que tu as reconstituée ?
I. D. - C'était « l'odeur de la souris », l'odeur de mon oreiller quand j'étais petite fille, une espèce d'odeur de moisi que l'on peut sentir au bord de la mer, mêlée de cuir chevelu, de draps de lin humide ; et mon oreiller n'était pas en plumes mais en son ; cela faisait un bruit spécial, et ma mère me changeait les taies, parce que je les mordais... J'ai essayé de retrouver, dans le patchouli, par exemple, une petite partie de cette odeur-là, et de l'associer avec d'autres accords, foin, etc. Le problème, c'est que je ne l'ai plus, l'oreiller !

C'est un peu la démarche de Jean-Baptiste Grenouille[4] ! Mais vous,

Gérard, est-ce que vous êtes prêt à passer un oreiller en chromatographie ?
G. P. - Absolument... pas ! *(Rires).* Mais je reconnais qu'il y a actuellement une espèce de retour vers ce goût des odeurs.

I. D. - Les enfants de maintenant, qu'est-ce qui leur restera comme odeurs d'enfance dans dix ans ? Nous avons eu les draps propres dans l'armoire, et eux, les fruits de la passion dans les toilettes...

Ou alors, un jour, les enfants de la campagne demanderont « Gaz d'échappement, place de la Concorde » ?
G. P. - Pourquoi pas, si l'image séduit ? Pour *Bandit,* de Piguet, Germaine Cellier qui l'a créé raconte qu'elle a eu un déjeuner avec Piguet ; celui-ci l'a abreuvée d'histoires horribles, maquis, corsaires, bandits, navires... Et avec ces images, *Bandit* a été fait en cinq minutes, sur une table ! A l'époque, c'était encore possible, une création d'après ce que lui, Piguet, demandait, mais comme elle le ressentait, elle. Aujourd'hui, le produit n'est plus le reflet d'une personnalité, il y a trop d'intermédiaires ; mais il y a encore des gens très créatifs.

Il y a une idée de départ — pour *Calandre,* c'était le métal, la voiture de sport, le cuir — qu'il faut ensuite transposer en image de luxe et de séduction.

Est-ce qu'il y a des notes très difficiles à approcher ?
G. P. - Oui, toutes les notes qui ne sont pas dans la nature. Il faut les étudier pour savoir les constituants responsables de leur odeur. Mais la palette des matières premières ne contient pas forcément la touche caractéristique. Par exemple, tous les muguets sont artificiels, il n'y a pas d'essence de muguet ; mais le marché est là, et on arrive à refaire des muguets. Mais quand la demande n'existe pas encore — fumée, poudre à canon ou sueur —, il faut faire avec les moyens du bord.

Quand vous démarrez une composition, avez-vous l'impression d'avoir une feuille blanche devant vous ?
G. P. - On ne part jamais d'une feuille blanche. A mon avis, la création pure et complètement abstraite n'existe dans aucun domaine, on part toujours de quelque chose. Il y a eu le cas d'Ernest Beaux, créateur du *N° 5* de Chanel. Il travaillait chez Bourjois lorsqu'il rencontra Mademoiselle Chanel. Ça été — hum ! — une antipathie immédiate ! Il a présenté cinq essais ; elle a dit : un, deux, trois, quatre, cinq, celui-là ; et c'était fini. On raconte toujours que le *N° 5* a été créé à la suite d'une erreur dans le dosage des aldéhydes. C'est très difficile de connaître la vérité. Quatre ou cinq ans après sa sortie modeste, la personne qui le fabriquait a mis dix fois trop d'aldéhyde ; et Mademoiselle Chanel a trouvé cela extraordinaire, et le public aussi !

Aujourd'hui, qui signe un parfum ? Celui qui l'a rêvé, celui qui l'a fait ou celui qui le vend ?
G. P. - Celui qui le vend, parce que c'est lui qui a donné l'impulsion et qui l'a choisi. C'est vrai, les créateurs qui sont derrière n'apparaissent pas.

Alors, la parfumerie, art mineur, art majeur ?
G. P. - Le parfum a dépassé le stade de « parfum de femme ». Je crois qu'il peut envahir tout un espace. Comme vous avez des peintures, il pourrait exister des odeurs-objets, qui deviennent œuvres d'art.

I. D. - Qu'on puisse dire à ses amis : « Viens donc chez moi respirer ma super-odeur des montagnes du Cachemire! »

G. P. - De la même manière qu'un parfum corporel fait partie de la personnalité de qui le porte, je pense qu'un parfum d'intérieur fait partie d'un tout, d'un environnement individuel. Comme une peinture, il faudrait qu'il soit unique. Ou alors comme dans une galerie d'art, une sorte d'exposition d'odeurs, travaillées en association avec des œuvres plastiques, et avec un support de diffusion personnalisé. Évidemment, cela ne veut pas dire que les images évoquées seront les mêmes pour tout le monde.

I. D. - Comme en musique : le créateur a voulu évoquer un orage sur la Baltique, mais l'auditeur va peut-être se retrouver ailleurs.

Y a-t-il, en parfumerie, des chercheurs de nouvelles matières premières naturelles ?

G. P. - Quand on lance un parfum, il faut immédiatement s'assurer que l'approvisionnement est garanti. On ne peut pas se permettre d'introduire, brutalement, un produit exotique et attrayant, surtout compte tenu de tous les tests longs, chers et obligatoires. Il y a l'industrie, mais il y a place pour l'artisanat ; ils doivent se développer de façon très différente, le deuxième étant malheureusement tributaire des moyens du premier.

I. D. - Il y a de gros problèmes quantitatifs, quand on travaille tout seul ; ce n'est pas toujours facile de se procurer de petites quantités de matières premières.

G. P. - Et pourtant, à part certaines incompatibilités, il faut oser les choses, sans a priori. J'ai eu comme professeur Jean Carles ; il nous disait toujours : « Quand on vous dit, il y a trop de ceci, mettez le double ! » Pas d'œillères !

I. D. - Même si l'artisanat n'est pas porteur du marché actuel, son intérêt, c'est d'être parfaitement sincère, ce qui n'est pas évident pour tout ce qui sort maintenant. Et je crois que c'est là que l'on peut toucher les gens.

1. *ISIPCA* (Institut Supérieur international du Parfum de la Cosmétique et de l'Aromatique alimentaire), adresse actuelle : 18, rue Mansart, 78000 Versailles. Tél. : 39.54.85.82. A partir d'octobre 1987 : 36, rue du Parc-de-Clagny, 78000 Versailles.
2. Micro-encapsulation : technique d'impression qui consiste à enchâsser de minuscules bulles de gaz odorant dans un support destiné à être gratté (Scratch and Sniff) ou plié et décollé (Fragrance-Burst).
3. On utilise de plus en plus en parfumerie trois techniques complémentaires qui sont, dans un ordre de sophistication croissant : la chromatographie en phase gazeuse ou liquide ; la spectométrie de masse ; la résonance magnétique nucléaire. Elles permettent de détecter plus ou moins finement les divers éléments d'un composé odorant.
4. Patrick Süskind : *Le Parfum : histoire d'un meurtrier*, Fayard, Paris, 1986.

propos recueillis par
JACQUELINE BLANC-MOUCHET

ROGER-HENRI GUERRAND

LES BOURGEOIS SONT AU PARFUM !

Ce que nous avons perdu avec la coupure de 1789 et que nous essayons de récupérer aujourd'hui, c'est tout simplement l'activité sensuelle intégrale, odieusement mutilée par les bourgeois et leurs valets, les enseignants de tout poil. En particulier, l'éducation de la finesse nasale a été absolument rejetée à cause de ses connotations sexuelles, de ses rapports avec les abîmes féminins, le péril suprême pour les hommes en noir du XIXe siècle.

L'ODEUR, PASSION DES ESCLAVES ET DES LÂCHES

Ah ! qu'il était doux le temps où les galants adoptaient les couleurs et les odeurs de leur élue ! Où les hommes se poudraient à frimas ; où le maréchal de Richelieu vivait ses derniers jours dans une atmosphère embaumée — recommandée depuis le XVIe siècle suivant les prescriptions d'Ambroise Paré — produite par des soufflets qui fonctionnaient en permanence dans son hôtel. A la veille de la Révolution, tous les grands noms de l'aristocratie et de l'Église figurent dans le livre de comptes de Jean-François Houbigant, installé au faubourg Saint-Honoré depuis 1775. Mais J.-M. Farina, venu de Cologne, a déjà implanté le premier dépôt de l'eau fameuse dans la capitale en 1762.

Sous la Terreur, Robespierre ne renonça jamais à se poudrer tandis que Marat, annonciateur de la nouvelle morale, voyait un ennemi de la Révolution dans toute personne parfumée. Il avait bien raison car certains ci-devant tenaient à imprégner leur jabot et leur mouchoir d'essence de Lys ou d'eau de la Reine. Après Thermidor, le parfum pénétrant qu'affectionnaient les muscadins attestait de leur appartenance à la réaction.

L'Empire marque un bref retour aux odeurs fortes : Napoléon donne l'exemple en s'arrosant chaque matin d'eau de Cologne. Nouveaux messieurs et nobles ralliés, les yeux fixés sur les usages de l'ancienne cour, se chamarrent autant qu'ils se parfument. Aux Tuileries, ça sent presque aussi bon qu'avant.

Il n'en sera plus de même à partir de la monarchie de Juillet où le bourgeois, à la suite de son roi, va adopter la tenue neutre désormais obligatoire pour les hommes « sérieux ». Le sexe devient l'ennemi, tout ce qui le rappelle et peut l'éveiller — chez un homme — devra être impitoyablement banni. Le mot parfum lui-même doit se dépouiller de toute résonance sensuelle. Balzac est encore une fois le parfait révélateur de son temps lorsqu'il écrit : « Une cravate bien mise répand comme un parfum exquis dans toute la toilette ; elle est à la toilette ce que la truffe est aux dîners[1]. »

Dans les innombrables ouvrages traitant de l'hygiène de la toilette au XIXe siècle, si d'importants chapitres sont consacrés aux parfums pour femmes — par nature, à cette époque, un être puant —, pas une ligne ne concerne la pratique masculine en ce domaine. Car cela va de soi : à la rigueur, un homme peut dégager une vague senteur de tabac, en aucun cas il ne devra se parfumer, et Houbigant, Lubin ou Pivert ne créent rien pour lui.

L'eau de Cologne ne sera employée que dans un but médical. A la fin du siècle, un certain docteur Sylvius se permet de la commercialiser en raison de l'action révulsive et stimulante qui la rend si précieuse contre les douleurs, névralgies, rhumatismes, atrophie musculaire, faiblesse et paralysie.

Certes, quelques écrivains exaltent les « extases olfactives qui nous transportent en des paradis de parfums, où des fleurs merveilleuses, balançant leurs urnes comme des encensoirs, vous envoient des senteurs d'aromates, des odeurs innommées, d'une subtilité pénétrante, rappelant le souvenir de vies antérieures de plages balsamiques et lointaines et d'amours primitives ». Il s'agit ici de Baudelaire : son influence ne touche guère la masse des lecteurs bourgeois, pas plus d'ailleurs que celle de Huysmans qui a présenté, dans *A rebours,* le portrait d'un obsédé de l'olfaction : « Des Esseintes était, depuis des années, habile dans la science du flair ; il pensait que l'odorat pouvait éprouver des jouissances égales à celles de l'ouïe et de la vue, chaque sens étant susceptible, par suite d'une disposition naturelle et d'une érudite culture, de percevoir des impressions nouvelles, de les décupler, de les coordonner, d'en composer tout ce qui constitue une œuvre. »

Des critiques s'extasieront devant « l'inspiration aromale » d'Anna de Noailles ; le comte Robert de Montesquiou s'intitulera « le chef des odeurs suaves », ce ne sont pas là des références de bon aloi pour un bourgeois de province qui a appris dans ses manuels d'histoire qu'Henri III et ses mignons avaient renouvelé les orgies de parfums pratiquées par les Romains de la décadence et que « tous les peuples esclaves et lâches ont la passion des odeurs ».

ECCE JICKY

Cependant un parfumeur osera l'équivoque ! En 1889, Gabriel Guerlain lance *Jicky* : on ne saura jamais s'il était destiné aux hommes ou aux femmes mais il fut tout de suite adopté par certains hommes. Un médecin, le docteur Combe, décrira un névrosé fin-de-siècle, M. X., totalement intoxiqué par *Jicky*[2]. Ce ne pouvait être qu'un dandy parisien, un disciple de Jean Lorrain, un « antiphysique ».

Nos provinces en restent à l'eau de Cologne (citron, cédrat, bergamote) ou à la lavande, symbole de propreté mais aussi de dévirilisation — on ne le dit pas — car elle neutralise les autres odeurs. La silence continue de régner, malgré les progrès de l'hygiène, sur l'apparition d'un quelconque raffinement dans les soins corporels des hommes. Pas un mot dans les *Conseils pratiques de la cousine Jeanne* (1889), ni dans l'ouvrage classique de S. Piesse[3]. On peut s'interroger sur la première diffusion de *Chevalier d'Orsay* (1910). L'année suivante, dans *Corydon,* Gide condamne les invertis qui se parfument...

Après la Première Guerre mondiale, le tabou n'est toujours pas levé. Dans un petit manuel de l'homme élégant, paru en 1923[4], il est indiqué qu'on ne peut se « faire précéder d'une onde voluptueuse » mais la dame qui vous serrera bientôt dans ses bras devra « sentir une odeur inconnue : eau de Cologne russe, verveine, lavande ». Quelle pauvreté ! Si on ajoute une goutte au revers du veston, dans les plis du mouchoir, dans le poil de la moustache, voilà le séducteur des années folles prêt à se croire irrésistible. Cologne et lavande demeurent les seuls produits auxquels les hommes puissent prêter une attention très marginale : en 1936, la droite répandra le bruit que Léon Blum usait du patchouli, un indice supplémentaire de perversion exotique, propre à épouvanter la France profonde.

Un immense bouleversement des valeurs se produira heureusement quand la consommation tous azimuts et un idéal d'hédonisme atteignant jusqu'aux classes moyennes touchera enfin le milieu — très traditionnel — de la parfumerie française : encore en 1965, le maître Constantin Weriguine qui a contribué, dans l'entre-deux-guerres, à la mise au point de lignes célèbres, ne dit absolument rien, dans ses mémoires, de la question des parfums pour hommes[5].

Il a fallu attendre cette date pour que Guerlain, le plus célèbre parfumeur français, l'un des très rares survivants du début du XIXe siècle, lance *Habit rouge,* son premier produit odorant pour hommes. Ici, aucune ambiguïté ne subsiste. La chasse à courre, le sport noble et mâle par excellence, ne peut évoquer aucune volupté douteuse. Hermès ne pouvait que s'engager dans cette voie, privilégiée pour lui ; il créera *Équipage* : avec *Amazone* et *Calèche,* cette triade évoque le passé équestre de la maison. Exactement dans le même esprit, Robert Piguet avait donné *Cravache.* Devant de telles connotations viriles — *Moustache,* de Rochas, était également dans ce ton, ainsi que toute la série des *Monsieur* (Givenchy, Heim, Lanvin, etc.) —, pourquoi refuser ce supplément d'être ?

Avec *Balafre* de Lancôme — utilisant pendant des années la couverture des romans policiers de la « Série Noire » comme support publicitaire —, les soins du visage, habilement signifiés dans un premier temps, sont évidemment dépassés... *Balafre,* tout comme *Brut,* de Fabergé, se tient dans un autre registre. On se contente cependant de suggérer sans appuyer.

A l'automne 1986, un tournant a été pris, et le point de non-retour atteint. On ne l'attendait peut-être pas là où il s'est fixé. Hermès, s'écartant délibérément de sa tradition — 150e anniversaire de la fondation de la maison du faubourg Saint-Honoré cette année —, n'a plus cherché aucune allusion au cuir qui l'a consacré dans le monde entier. Il a choisi une appellation, *Bel Ami* — Autrement dit l'homme à femmes de 1900 —, et un slogan : « Il se parfume, elle s'abandonne », qui, en d'autres temps, auraient pu sembler suicidaires pour une enseigne symbolisant la perfection du goût « bourgeois ».

Que de chemin parcouru depuis que, avant 1960, cette maison commercialisait deux produits simplement désignés *Eau d'Hermès* et *Parfum de Doblis*[6] ! Mais l'accueil enthousiaste fait à *Bel Ami* prouve que les hommes ne se contentent plus des alibis de l'after-shave et de l'eau de toilette. Voulant séduire avec tout leur corps, ils se parfument intégralement comme avant 89. La révolution sensuelle est en marche et elle s'oppose en tous points à l'autre. Tant pis pour le bicentenaire.

ROGER-HENRI GUERRAND

Historien, professeur à l'école d'Architecture de Paris-Belleville. Auteur de plusieurs ouvrages sur l'histoire du logement social, du métropolitain. Il vient de publier une *Histoire des lieux*, La Découverte, Maspero, 1986.

1. ***Traité de la vie élégante,* 1830.**
2. ***Influence des parfums et des odeurs sur les névropathes et les hystériques,* 1905.**
3. ***Histoire des parfums et hygiène de la toilette,* 1890.**
4. **Eugène Marsan, *Les Cannes de Paul Bourget, petit manuel de l'homme élégant.***
5. ***Souvenirs et parfums, mémoires d'un parfumeur.***
6. **Chez Hermès, ce terme désigne le veau retourné.**

RUTH WINTER

L'ODEUR DE L'ARGENT

« SI VOUS VOULEZ QU'ILS SACHENT, DITES-LEUR ;
SI VOUS VOULEZ QU'ILS CROIENT, MONTREZ-LEUR ;
MAIS SI VOUS VOULEZ QU'ILS SE SOUVIENNENT, ADRESSEZ-VOUS A LEUR NEZ ! »

Ce slogan entre dans le cadre d'une campagne lancée par une société du Minnesota, la 3M Company, pour inciter les fabricants à assurer leur promotion au moyen de bandes de papier traité qui, une fois grattées, répandent le parfum du produit à commercialiser. Aux États-Unis, l'odorat constitue un outil de vente tout puissant, et, grâce à son système d'échantillons de senteurs, 3M a déjà gagné plusieurs millions de dollars.

La distillerie Fleischman's Distilling Corporation a suivi les conseils de 3M et fait paraître dans divers magazines des publicités « odorantes » qui reproduisaient fidèlement l'arôme de ses martinis et de ses cocktails à base de whisky. Grâce à cette initiative, elle a réussi à maintenir à un niveau record les chiffres de vente de ces alcools, dont le prix a pourtant subi trois augmentations en l'espace de deux ans.

De même, ce procédé a permis à des parfumeurs, tels Giorgio, Ann Klein et Ungaro, d'obtenir d'excellents résultats. Il a néanmoins suscité le mécontentement de quelques lecteurs qui souffraient d'allergies ou préféraient tout simplement les journaux inodores. Certaines revues ont tenu compte de ces protestations. Ainsi, afin de ne pas agresser les narines sensibles par des parfums trop entêtants, *Harper's Bazaar* limite à un le nombre d'échantillons parfumés par publication ; pour sa part, *Vogue* en insère deux.

Aujourd'hui, la promotion par senteur interposée sert à faire vendre n'importe quel produit, depuis le détergent jusqu'à la pizza. Bien sûr, il s'avère relativement facile pour le consommateur d'établir le lien commercial entre le papier parfumé et l'objet de la publicité. Il n'empêche que, la plupart du temps, les Américains se font mener par le bout du nez, sans même s'en douter.

UN MARCHÉ EN « FRAGRANT » DÉLIT

A l'heure actuelle, la vente par séduction olfactive représente un vaste marché. Dès les années 1940, un pionnier dans ce domaine, D. Donald Laird, a voulu démontrer l'impact de l'odeur sur la clientèle. Ce professeur à la *Colgate University* d'Hamilton, dans l'État de New York, a utilisé, pour réaliser son expérience, trois lots de bas en nylon identiques. Il a parfumé le premier d'une note fruitée, le deuxième d'une note florale, tandis que le troisième conservait son odeur naturelle de produit synthétique. Il a ensuite demandé aux femmes soumises à ce test de choisir parmi l'éventail de bas proposé. Après avoir palpé et examiné les articles sous tous les angles, la plupart d'entre elles ont jeté leur dévolu sur les bas aux effluves de fleurs, estimant qu'ils paraissaient « plus doux et plus résistants ». Jugement étrange si l'on songe qu'il n'existait pas de réelle différence de qualité entre les trois lots !

Plus récemment, les consommateurs se sont vus, de nouveau, mettre à contribution. Ils devaient, cette fois, donner leur avis sur la décoration d'un salon. L'essai se déroulait en deux étapes. Tout d'abord, les personnes furent introduites dans la pièce où l'on avait, au préalable, vaporisé un parfum de *Dior* ou de *Chanel*. Puis, après avoir aéré la salle, on les pria d'émettre une seconde opinion. Malgré l'exacte similitude d'ameublement, les participants trouvèrent le premier salon « mieux agencé et plus accueillant ».

Pareille expérimentation pourrait également s'appliquer aux détergents. Il est fréquent d'entendre les gens comparer deux lessives possédant une efficacité semblable et déclarer que celle-ci nettoie mieux que celle-là parce qu'elle « sent plus le frais ». En revanche, les fabricants de shampooing n'ont, pour leur part, pas intérêt à forcer la note parfumée. En cas de fragrance trop soutenue, les femmes s'imagineraient aussitôt que le produit contient des agents agressifs susceptibles de nuire à la beauté de leur chevelure.

Quel acheteur américain soupçonnerait qu'il a été incité à acquérir tel revêtement de sol plutôt que tel autre tout simplement parce que le fabricant de moquette l'a imprégné d'une senteur de cannelle ? Qui sait que, pour convaincre une clientèle parfois indécise, les agents immobiliers répandent dans les cuisines une délicieuse odeur de pain frais ? Les appartements et pavillons qu'ils proposent prennent alors l'allure d'un véritable foyer ! A la lumière de ces données, l'on ne s'étonnera plus en apprenant que plus de 80 p. 100 des fragrances créées de nos jours sont destinées, non pas aux parfums subtils, aux eaux de Cologne ou de toilette, mais au parfumage promotionnel d'articles variés.

LE PARFUMEUR FANTÔME

Directeur de la publicité et des relations publiques chez un des plus importants fabricants de parfums au niveau mondial, International Flavors and Fragrances (IFF), M. Van Sayer explique que, grâce à ses nombreuses usines implantées dans le New Jersey, sa société joue auprès des autres entreprises le rôle du « nègre » auprès de l'écrivain.

Il assure que les nez d'IFF sont capables de donner naissance à n'importe quelle odeur. Pour étayer sa thèse, il raconte comment, à la requête du Musée d'histoire naturelle de New York, l'American Museum of Natural History, les maîtres parfumeurs d'IFF ont reconstitué la senteur des prairies d'Afrique à seule fin d'en embaumer un éléphant d'Asie. Les visiteurs du musée ont-ils eu conscience que leur plaisir à admirer le mastodonte était dû en partie aux chauds effluves d'herbage flottant dans l'air ? Cela semble peu probable !

En outre, IFF a réussi à reproduire l'odeur d'humidité des grottes afin de satisfaire à la demande d'un parc d'attractions. Cependant, il convient de préciser que, en général, la société se contente de créer des senteurs plus communes, destinées aux sacs-poubelle, aux jouets et à la peinture.

« Nous fabriquons un arôme de pizza à peine sortie du four à l'intention des rayons de pizzas surgelées des supermarchés, confie M. Van Sayer, une senteur de pin pour les sapins de Noël synthétiques, un arôme de gâteau au chocolat ainsi qu'une odeur de pain frais. En fait, tous les boulangers des États-Unis s'arrangent pour diffuser à l'extérieur les effluves appétissants de leur boutique afin d'attirer les gourmands... sauf ceux de Denver, Colorado. Les autorités de cette ville ont, en effet, révisé les normes de construction en vigueur pour empêcher que les effluves des boulangeries n'envahissent les rues et galeries marchandes. Peut-être entendaient-elles ainsi déclarer la guerre à la surcharge pondérale ou avertir les citoyens qu'on manipule leur tour de taille à leur insu ? »

ILLUSIONNISME

D'aucuns jugeront probablement déloyale la technique qui consiste à vaporiser un parfum de *Jaguar* dans une Chevrolet à seule fin de lui conférer une aura de luxe. Les responsables de cette formule précise ont avoué avoir souffert. Par contre, à les en croire, rien n'est plus simple que de fabriquer une odeur générique de voiture neuve, dont voici la recette : relents d'huile, bouffées de cuir, et émanations de métal. Aujourd'hui, grâce à cette potion magique, les véhicules d'occasion retrouvent leur allure d'antan et produisent sur le subconscient de l'acheteur potentiel une impression de jeunesse. Par ailleurs, les antiquaires peu scrupuleux peuvent, maintenant, utiliser un mélange de plusieurs remugles pour « vieillir » des objets et duper l'acquéreur trop confiant.

L'industrie des odeurs s'attache également à rendre agréables au nez des matériaux tels que les plastiques qui, par nature, sentent mauvais. Les producteurs de fragrances et d'arômes collaborent avec les fabricants de matière plastique dans le but de mettre au point toutes sortes d'articles parfumés : tapis à la pomme pour fonds d'évier, cerceaux à la menthe, Frisbees pour chiens goût chocolat... Et depuis qu'elles « sentent le cuir », les chaussures en plastique imitant le cuir remportent un franc succès.

Autre exemple : les encres aromatisées, surtout aux fruits et à la rose, sont utilisées pour la publicité dans les magazines, les catalogues, ainsi que sur les emballages.

Une société, baptisée Smell This Shirt, a même eu l'idée d'imprégner des tee-shirts pour assurer la promotion de divers produits, dont le shampooing. Elle a inventé une odeur de poisson pour un fabricant d'hameçons et leurres ; de gas-oil pour une entreprise d'engins mécaniques ; de tarte aux pommes pour une station de télévision basée à Indianapolis. La chemise *Pot Shot* exhalant des effluves de marijuana s'est taillé un joli succès.

Cette méthode de publicité odoriférante vise non seulement à inciter les Américains à acheter des biens de consommation, mais aussi à leur faire préférer les atmosphères parfumées. D'ailleurs, les parfums d'ambiance destinés à favoriser le romantisme, la relaxation ou la guérison, suscitent un engouement croissant.

Dans cet esprit a été lancé sur le marché un article très populaire : l'Aroma Disc Player. Ce diffuseur ressemble à un petit électrophone dans lequel on glisse des disques imprégnés d'odeur. La senteur choisie se répand dans la pièce où elle subsiste cinq heures environ.

Autre forme de diffuseur, les sculptures en céramique de Giorgio Sant' Angelo. Dans leur socle se trouve une sorte de cheville qu'on insère dans une cartouche Wic-Scent d'huiles parfumées. Les fragrances se dispersent dans la sculpture, puis finissent par envahir la pièce.

NOUVELLES SAUCES POUR VIEILLES LUNES

Quand et comment utiliser ces parfums d'ambiance ? Voilà la question que se posent les fabricants et autres spécialistes.

Jonathan P. King, directeur du marketing à la PPF International, un géant du parfum installé à East Hanover dans le New Jersey, rapporte que, selon certaines études, la création d'une humeur par l'intermédiaire des odeurs dépend très étroitement du moment de la journée. Les gens préfèrent les légères senteurs florales le jour, et les fragrances orientales, plus capiteuses, le soir. « Cependant, ajoute-t-il, un parfum sucré après un repas peut provoquer des nausées. »

En conclusion, il nous apprend qu'une société concurrente de la sienne a mis au point des parfums composés de valériane et de muscade, destinés à libérer du stress, mais que ses inventions n'ont produit aucun effet sur les automobilistes immobilisés dans les embouteillages.

L'université de Yale dans le Connecticut s'est, elle aussi, intéressée à l'impact des odeurs sur le comportement. Grâce à une subvention de 500 000 dollars allouée par IFF, quarante étudiants ont pu participer à une étude menée sous la direction d'un professeur de psychologie, le Dr Gary Schwartz.

Il remarqua que la lavande favorisait le plus la vivacité des étudiants, tandis que la menthe obtenait l'oscar de l'odeur la plus agréable. La lavande, plus que toute autre fragrance, produisait une tension chez les sujets. Pourtant, même chez ceux qui, par dégoût pour cette senteur, retenaient leur respiration, elle accentuait le niveau de vitalité. Le professeur a conclu de son expérimentation que la stimulation olfactive provoquée par la lavande pouvait favoriser le réveil matinal, améliorer les performances des automobilistes au volant et faciliter les activités impliquant de la fatigue.

Le Dr Gary Schwartz se penche actuellement sur les effets de l'odeur de pomme-cannelle. Il oriente ses recherches d'après une enquête préalable selon laquelle cet arôme agirait comme un calmant et réduirait la tension artérielle. Jusqu'à présent, Gary Schwartz a réussi à prouver que cette senteur parvenait à enrayer les crises de panique chez certains patients. Les résultats de son étude sont très prometteurs.

En réalité, le Pr Schwartz, IFF, 3M et tous ceux qui s'intéressent à l'impact des senteurs n'ont fait que redécouvrir par des méthodes scientifiques ce que nos ancêtres avaient compris depuis longtemps : l'odeur provoque un puissant effet sur notre corps et notre esprit. Sens le plus primitif, l'odorat est celui qui établit la relation la plus directe avec les principaux centres moteurs du cerveau. Le cerveau, les organes internes et la peau réagissent avec rapidité, favorablement ou non, à l'inhalation qui, en outre, représente l'un des moyens les plus efficaces pour introduire dans l'organisme des substances chimiques.

Bien avant qu'ils s'étendent sur le divan d'un psychanalyste ou pénètrent dans le cabinet d'un spécialiste, les hommes savaient que l'odeur peut changer l'humeur, raviver les souvenirs, susciter le désir physique, soigner les maladies ou encore améliorer la qualité de la vie. Plusieurs siècles auparavant, les prêtres dotés de connaissances médicales faisaient brûler dans leurs temples des produits aromatiques, offrandes destinées à obtenir la guérison des malades de la communauté. Certains prétendent même que les propriétés enivrantes de la fumée de chanvre auraient été découvertes de cette façon.

Selon Annette Green, présidente de la Fragrance Foundation, association à but non lucratif et à vocation éducative, l'aromathérapie représente actuellement, aux États-Unis, l'un des secteurs les plus intéressants et les plus importants du marché des odeurs.

Annette Green affirme que « pour la première fois, les Américains ont pris totalement conscience de leur odorat et de ses agréments ».

Inutile d'ajouter que les publicitaires savent, eux aussi, exploiter les plaisirs olfactifs !

A en croire Miss Green et ses collègues, l'avènement du nez au premier rang des organes sensoriels donnera le jour à bien des nouveautés :

— introduction des sensations olfactives dans la vidéo, les jeux informatiques, les films et les représentations théâtrales ;

— installation d'« odorostats » centraux dans les bureaux, usines, prisons ou hôpitaux, pour vérifier périodiquement la teneur aromatique de l'air ou diffuser des senteurs capables d'augmenter l'efficacité du personnel et de diminuer le stress ;

— création de « nécessaires à humeur » portatifs, capables de susciter un large éventail d'impressions sensorielles alliant musique, lumière, couleurs et odeurs aux images visuelles. Ce système pourrait être programmé par ordinateur afin de produire un ensemble de sensations personnalisées qui provoquerait ou refléterait une humeur particulière, et augmenterait nos facultés de perception mentale.

Mais les odeurs ne servent pas qu'à manipuler les consommateurs pour les inciter à acheter tel ou tel produit. Elles servent aussi à véhiculer des messages. A cet égard, Jonathan King, de PPF, fait observer que les femmes américaines d'aujourd'hui préfèrent les fragrances capiteuses, entêtantes, comme *Poison* ou *Obsession*, car elles entendent ainsi affirmer leur identité, garantir leur féminité[1].

S'ils souhaitent réussir dans leur entreprise, les marchands d'odeurs ne doivent donc négliger ni les tendances culturelles, ni les courants contemporains. S'ils ont trouvé la senteur appropriée à tel article, le client mettra le nez dessus et ne « renâclera » pas devant la dépense. Il achètera le produit.

RUTH WINTER

Journaliste nord-américaine. Auteur du *Livre des odeurs*, Le Seuil, 1978.

1. NDLR : Récemment, cependant, des restaurateurs dans les grandes villes américaines, ont interdit l'entrée à des femmes très parfumées, arguant que cela gâtait les repas. A suivre...

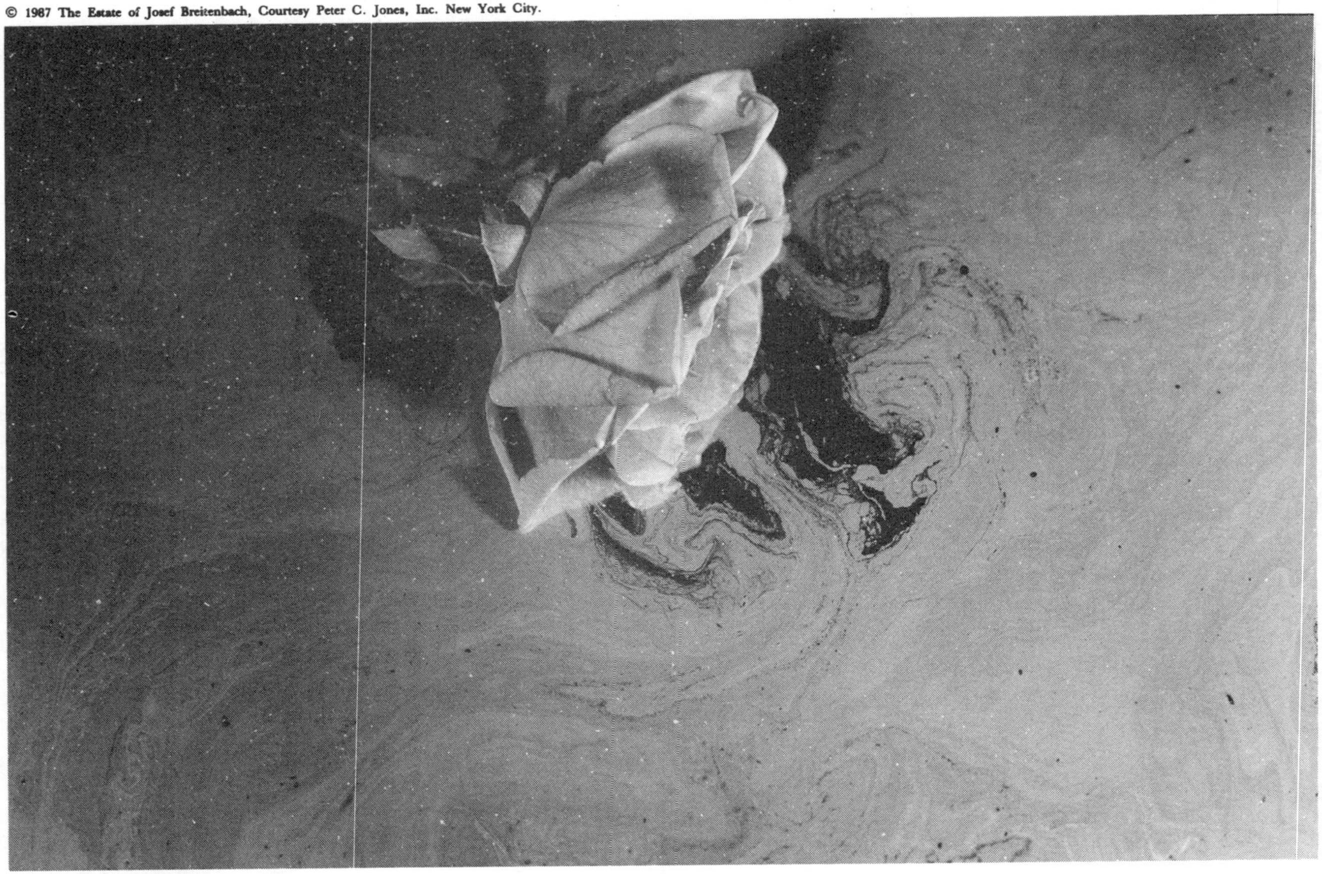

7

COMME UN DES BEAUX-ARTS

Vin, champignons, stars ou « parfums de la salle en noir » : l'odeur suscite la vénération, le flirt, la passion... des arts et des essais.

DU VIN AUX CHAMPIGNONS

entretien avec
JEAN LENOIR

Auteur du *Nez du Vin*, éd. Jean Lenoir, 1981 ; et, avec Marcel Locquin, du *Nez des champignons*, éd. Jean Lenoir, 1986.

JEAN LENOIR, CINQUANTE ANS, BOURGUIGNON. SIGNE PARTICULIER : INVENTEUR D'UN LIVRE-OBJET : *LE NEZ DU VIN*. UNE HISTOIRE ÉDIFIANTE, CELLE D'UNE PASSION POUR LE VIN, ET L'IDÉE GÉNIALE DE PASSER DU PALAIS AU NEZ...

Comment cette idée est-elle née ?

« *Le Nez du Vin* est l'événement qui marque une rupture dans ma vie. Je ne peux l'isoler de mon histoire. Aussi loin que je remonte dans mon arbre généalogique, c'est-à-dire jusqu'en 1789, je m'inscris dans la lignée des gens de la terre. Dix générations audessus de moi ont cultivé la terre de Bourgogne. A ma génération, comme beaucoup, j'ai dû m'orienter différemment, la terre ne pouvait plus nourrir tout le monde. Au retour de mon service militaire en Algérie, je me suis occupé d'adultes sortant de prison pendant quatre ans, puis d'un foyer de jeunes travailleurs. Ensuite je me suis spécialisé dans les MJC, en ouvrant celle de Dôle, en 1968. Dans ce contexte soixante-huitard, ce n'était pas simple, mais l'aventure a été forte et enthousiasmante. Cela a encore duré quatre ans, et puis j'ai dirigé la Maison de la Culture de Chalon-sur-Saône, jusqu'en 1977. »

En 1977, Jean Lenoir a quarante ans et c'est le déclic, dit-il, l'heure des bilans...

« C'est l'âge où tout bascule. Toutes les belles années sont passées, il faut regarder vers autre chose. J'ai réalisé que je ne voulais pas finir dans une Maison de la Culture, même à sa direction ! Il fallait en sortir immédiatement et, pour ça, trouver quelque chose, n'importe quoi. Il fallait inventer. Et là, j'ai eu l'idée de faire des études d'œnologie, ça me travaillait depuis vingt ans. Beaucoup de gens me demandaient conseil, parce qu'ils connaissaient ma passion pour le vin. »

Jusqu'à cette époque, Jean Lenoir refuse d'intégrer cette passion à sa vie, ce qui veut dire, pour lui, qu'il refuse d'en vivre.

« En 1975, le destin me fait signe. Des artistes rencontrés à la MJC de Chalon, comme Cueco, Messager, Lindjström, dessinent les étiquettes de vins que je choisis pour eux et me poussent à me lancer dans cette nouvelle activité. Mais quand j'ai vu que je risquais de faire comme tout le monde et de devenir un simple commerçant, j'ai voulu aller plus loin. Là j'ai eu la chance de rencontrer Daniel Spoerri, qui avait créé un livre-objet sur les eaux des fontaines sacrées de Bretagne (publié en Allemagne). Il m'a donné' l'idée d'en faire autant pour le vin. »

Jean Lenoir trouve sa nouvelle vocation. Les études d'œnologie vont lui permettre d'acquérir un savoir, mais le livre pourra servir de support de transmission de ses connaissances. C'est un des principes de Lenoir : retransmettre ce que l'on sait ou, plutôt, le plaisir de savoir. *Le Nez du Vin* réalise cet objectif, et davantage encore puisqu'il rend hommage à l'objet de sa passion : le vin, celui qu'il appelle la star des années 80, et dont il parle en amant.

« Le vin me fascine et me fait peur aussi... car à trop l'honorer, le déguster, le risque est grand de sombrer. »

Alors, capter ses arômes, peut-être, pour le maîtriser et en jouir autrement ? Mais si Jean Lenoir a le palais fin, très fin, son nez est désespérément normal. A nouveau il va apprendre et sentir, décomposer en odeurs les robes et corps des vins de France. Un autre savoir naît ainsi. Au total, cinquante-quatre arômes recomposés et mis en flacons présents dans les crus grands et petits. Tout ce travail d'enquête est fait en collaboration avec des spécialistes comme Jacques Puisais, de l'Institut du goût de Tours. Jacques Puisais lui fait découvrir des arômes de fruits dans les vins. Ainsi, l'acétate d'isoamyle qui sent typiquement le bonbon anglais se retrouve dans les vins jeunes comme le beaujolais nouveau. On découvre aussi des esters semblables dans la framboise, la pêche, l'orange. Des vins aux fruits, les mêmes parfums ; pourtant, s'il n'y a rien d'approximatif, de subjectif, jamais nous ne percerons le secret des fabrications. L'arôme n'ouvre pas sur la formule. Les cinquante-quatre odeurs mises en bouteille, c'est-à-dire dans de ravissants flacons fabriqués en Italie, prendront place dans ce grand livre aux couleurs du bordeaux : *Le Nez du Vin*. Un jeu de fiches associe chaque odeur aux différents vins qui l'exhalent. Le livre-objet est né, et Jean Lenoir assure toutes les étapes de sa fabrication.

Tour à tour éditeur, imprimeur, distributeur...

Cette indépendance absolue lui réussira. Aujourd'hui, il est même devenu créateur d'emplois, huit personnes assurent la fabrication des milliers de livres qui s'offrent et s'achètent aux quatre coins de la France, mais à l'étranger aussi. Il investit dans la formation de jeunes chercheurs comme ce spécialiste des chromatographies d'herbes aromatiques et d'épices qui vont être utilisées pour un prochain projet odorant. Enfin, il est devenu célèbre comme dégustateur et animateur dans des croisières gastronomiques...

Jean Lenoir a gagné son pari, pari pour lequel il avait tout quitté, emploi et salaire fixe, et même vendu sa seule richesse : une pièce de vignes dont il avait hérité en Bourgogne : « On pouvait difficilement m'en demander plus, j'ai tout risqué. »

L'expérience ne s'arrête pas là : des *Nez du Vin*, en format réduit, petits frères du premier, sont aussi fabriqués, consacrés à des vignobles précis comme le bordeaux, le bourgogne, le champagne et l'alsace. Plus récemment, abandonnant sa passion, pour enrichir celle des autres, il collabore avec Marcel Locquin, aquarelliste, explorateur et gastronome : *Le Nez des Champignons* vient de paraître, et fait déjà le bonheur des ramasseurs.

Le prochain Lenoir ? A vous de deviner !

propos recueillis par
JACQUELINE BLANC-MOUCHET
ET
MARTYNE PERROT

OLIVIER AUBER

L'INVENTION DU SNIFF INTERACTIF

Imaginez, parmi tant d'autres, un engin qui filme les moindres rictus des visiteurs et en restitue l'image à l'extrême ralenti. Imaginez un dispositif enregistrant le parcours du regard. Un autre permettant d'essayer corps et vêtements sans bouger le petit doigt. Un ordinateur fabricant toutes les expressions possibles du visage, et bien sûr l'Odorama, une machine qui enfin associe l'odorat et la vue.

On pourrait se croire à Luna-park ou dans un musée du futurisme. En fait, toutes ces machines, ces prototypes, sont les derniers produits d'un modernisme parfois décrié. Des machines faites pour épier, analyser et décortiquer nos gestes, nos mimiques, la distance et le toucher, les attitudes et les odeurs, en un mot le « non-dit » de la communication.

Est-ce bien sérieux tout cela pour une Cité des Sciences ? N'y a-t-il pas confusion entre musée scientifique et galerie de jeux d'arcades, théâtre et étude des comportements, technologie et sciences humaines ? La réponse est dans l'interactivité.

« *SUIVEZ MON REGARD* »

Tout le monde le sait maintenant, les machines interactives ont la particularité de converser avec leurs utilisateurs. Le téléphone à carte et le minitel en sont les exemples les plus connus.

Le mode de fonctionnement des « interactifs » s'inspire des différents modes d'interaction entre humains : le langage bien sûr, au travers de claviers, d'écrans ou de synthèse de la parole ; les gestes (capteurs et leviers...), le toucher (écrans tactiles). Des canaux plus subtils comme les odeurs et les expressions de la voix et du visage peuvent aussi contribuer aux échanges avec une machine.

Face souriante, face triste, un personnage portant des lunettes noires... Des images de visages défilent doucement devant les yeux du visiteur-cobaye rivé à l'œilleton de la machine. Un système vidéo infrarouge filme chaque pause et chaque saccade du regard. Pendant la durée de l'expérience, un ordinateur de traitement d'images analyse et stocke les informations. Phase de relecture des résultats ;

les mêmes visages sont reprojetés tour à tour sur un grand écran situé à proximité de la machine. S'y incrustent successivement des tracés colorés matérialisant le cheminement des yeux. Un attroupement se forme, et chacun y va de son interprétation : « On regarde toujours les yeux en premier », « pas du tout, sur le type portant des lunettes, tu as regardé la commissure des lèvres pour deviner son état émotionnel ».

SOYEZ INTERACTIF

Si les systèmes interactifs conversent effectivement avec leurs utilisateurs, ils ont été aussi mis en place dans l'exposition pour créer des conversations entre les visiteurs. Ces interactifs sont des miroirs des comportements centrés autour de tel ou tel point, en l'occurrence les gestes, les regards, les odeurs... La technologie limite nécessairement l'univers qu'ils mettent en scène, il ne s'agit finalement que de reconnaître une expression sur une photo ou de choisir une séquence vidéo... Par contre, l'univers des réponses des spectateurs est, lui, illimité ; tous les affrontements, les discussions, les rencontres et les prises de conscience sont possibles. Charge à chacun d'aller ensuite rechercher plus d'information pour étayer sa découverte sur les panneaux de l'exposition ou dans une bibliothèque.

Le plus beau de l'histoire, c'est que, contrairement aux outils de communication médiatique, les interactifs n'imposent aucun modèle, aucune théorie ni aucun comportement ; le Suiveur de regard ne vulgarise aucun savoir prédigéré, mais s'adresse à la sensibilité de chaque individu, l'Odorama n'a rien à voir avec l'idée habituelle qu'on se fait d'un cinéma en odeurs, il n'y a pas une histoire pour tout le monde mais un cheminement personnel pour chacun.

Donc, le boudoir aux odeurs est arrivé. Une pièce de verre d'une dizaine de mètres carrés, ventilée en permanence. Une paroi interne protège la machinerie du spectacle. L'écran vidéo offre à voir et à entendre de courts extraits de films, qu'un carrousel d'aérosols télécommandés s'ingénie à accompagner d'un léger flot odorant immédiatement réaspiré, afin de toujours garder « l'endroit aussi propre que, etc. ». Sous la main, un boîtier de commande et, sous les yeux, un écran pour dialoguer avec l'ordinateur qui s'occupe du reste : il pilote clavier, vidéodisque, et gère les stocks d'odeurs ; il offre en permanence au visiteur huit minutes d'interactivité olfactive sur trois modes différents, et ce sans rien à perdre ou à gagner.

Vous décidez d'abord de suivre l'enfant meneur de jeu dans ses aventures... Pchitt ! vous vous retrouvez mêlé à des jeux de cache-cache, des poursuites à la ferme, où encaustique, chewing-gum, pipi de chat, colle blanche feront ressurgir un passé différent pour chacun.

Si vous jouez ensuite à deviner grâce à l'odeur (et donc à l'aveuglette) ce qui se passe derrière la porte, vous vous retrouverez peut-être... pchitt, dans *la Grande Illusion, les Enfants du paradis* ou dans *Cria Cuervos,* testant ainsi la force d'évocation mutuelle image-odeur. Foin, tabac, étable ou fromage ?... Étable, bonne réponse ; Jean Gabin, prisonnier de guerre évadé, s'adresse à une vache teutonne : « Les vaches sentent bien toutes la même chose, dans l'Würtemberg comme à Pantin... » « Meuh ! » de la vache et fin de l'épisode.

Lorsque au troisième jeu, on vous propose de sélectionner vous-même une (sur trois ou quatre) odeur pour accompagner telle séquence, sachez que... pchitt ! le rouge à lèvres arrivera juste en temps, quantité et dilution utiles pour vous faire palpiter, tandis que Swann/Jeremy Irons embrasse Odette/Ornella Mutti. Vous auriez pu choisir de renifler son corsage orné d'un voluptueux cattleya, que Swann butine tendrement... ça jazze dans la salle. On ne retient plus les adolescents, les adultes sont hilares ou échangent des regards mi-figue mi-raisin. Chacun vient de revivre une aventure intime : une clef est venue fouiller au fond de sa mémoire. Vingt-cinq odeurs en tout, autant de clefs choisies et composées par des « nez » magiciens pour faire naître l'émotion juste.

MER OU CITRON ?

Les molécules magiques arrivent sur le visage des spectateurs, du flot des réminiscences jaillissent des exclamations, les yeux s'écarquillent. Un mouvement involontaire de recul ou une ruade en avant, un sourire et, dans certains cas choisis (succès assuré de King Kong), un rictus de dégoût... L'hémisphère droit dont le principe semble reposer sur le *pars pro toto* — l'identification immédiate d'une totalité à partir de l'un de ses éléments essentiels — fait la connexion avec son homologue gaucher, quelques mots surgissent : « la mer, oui, c'est la mer comme en Bretagne, j'en suis sûr ! » Dans l'esprit de certains spectateurs se pointe l'image de leurs premières amours. L'émotion est à son comble, les pupilles sont dilatées, les cœurs serrés pendant que le film se déroule et ne fait qu'accroître cette impression. « Pas du tout, banane, c'est l'odeur du citron », lance un grincheux au bulbe olfactif fantaisiste. Qu'il soit pardonné car « mer » égale « huître » égale « citron », l'association se produit dans 30 p. 100 de nos cerveaux français aoûtiens, au point de masquer la perception correcte pendant plusieurs secondes. Après cinq ou six aventures de ce type, les spectateurs sortent de la cabine en échangeant des recettes de cuisine de la grand-mère et des souvenirs d'Étretat. Pas de doute, les odeurs font parler, elles auraient même tendance à créer une certaine béatitude, une réconciliation des hémisphères cérébraux peut-être.

Les premières victimes de « l'effet Odorama » ont été les personnes qui l'ont enfanté : scénariste, ingénieur, architecte, designer, parfumeur, informaticien et réalisateur vidéo, jusqu'aux décideurs politiques... Dans la salle de réunion, repchitt... Une légère brise champêtre envahit l'espace sous la pression du doigt de Jacqueline ; il n'est plus question de savoir si le projet est un peu risqué techniquement. Le producteur plonge dans ses souvenirs intimes, l'ingénieur va s'ingénier, et on enverra un telex au Kremlin pour enfin obtenir les droits du film *Dersou Ouzala...*

Quelqu'un a-t-il déjà pensé à odoriser le prochain sommet Est-Ouest ?

OLIVIER AUBER

Commissaire exécutif de l'exposition « Expressions et comportements », secteur « Langages et communication » de la Cité des Sciences et de l'Industrie.

YANNE FAGNEN

LES PARFUMS DE LA SALLE EN NOIR

D'abord les images s'animèrent. Puis elles se mirent à parler. Sentiront-elles un jour prochain ? Après le cinéma parlant, première mutation du Septième Art, assisterons-nous un jour à cette nouvelle révolution : le cinéma sentant ?

Des films sentants. Fascinant cauchemar pour Aldous Huxley, qui l'envisageait déjà comme distraction pour les habitants de son *Meilleur des mondes* en 1932, cinq ans seulement après que le parlant fut devenu une réalité ! Ses scénaristes formés au Collège des Ingénieurs en Émotion y travaillaient pour la Compagnie générale des Films Sentants.

Provocation-gag pour John Waters, le réalisateur de *Polyester,* qui, en 1981, avait fait distribuer aux spectateurs des cartes que l'on grattait pour renifler des odeurs — infâmes — correspondant à telle ou telle séquence du film.

Tentative expérimentale pour les créateurs français de l'Odorama qui présentent depuis octobre 86 au Musée des sciences de la Villette des extraits de films mis en odeur. Malgré la brièveté des films, les spectateurs sont fascinés. Ils retrouvent l'enchantement naïf qui avait saisi, un siècle plus tôt, leurs arrière-grands-pères devant *L'Arrivée du train de La Ciotat* ou *La Sortie des usines Lumière.*

Alors, nous projettera-t-on un jour très prochain des « films sentants 100 % hurlants et stéréoscopiques » comme « Le Mariage des gorilles » dans *Le Meilleur des mondes* ?

LES FILMS ONT TOUS UNE ODEUR...

Pas évident, malgré ces premières tentatives réussies. Car, sans même parler des performances techniques (systèmes de ventilation suffisamment sophistiqués pour évacuer une senteur et faire place nette à la suivante, entre autres), nos malheureux nez réclameraient vite grâce. Le nez humain sature très vite, incapable d'identifier plus de cinq ou six odeurs si elles se succèdent trop rapidement. Imaginez un peu l'affolement de nos pauvres cellules olfactives si en une seule séquence elles sont, par exemple, bombardées par le parfum de la belle héroïne, l'odeur virile de son amant, les effluves de la choucroute qu'ils dégustent, celles de la charlotte au chocolat de la table d'à côté et les senteurs de brûlé du restaurant qui prend feu !

Pour l'instant donc, le cinéma sentant reste une utopie. Et pourtant, les salles en noir ont depuis toujours un parfum.

Quand la pellicule tient la forme, sa puissance d'évocation arrive à titiller nos narines mieux que n'importe quel ersatz d'accompagnement. Remugles de cuir et de poussière de *Il était une fois dans l'Ouest* ou fugaces effluves de jasmin éventé dans *Carnet de Bal,* les films ont tous une odeur. Leur odeur propre, personnelle et inimitable, celle qui accompagne dans nos mémoires les scènes qui nous ont le plus frappé.

Du moins, les « bons » films, ceux que nous avons aimés. Car la magie n'opère que si images et scénario sont assez puissants, assez troublants pour provoquer l'hallucination olfactive. Croyons-en notre nez, c'est un des meilleurs critiques de cinéma qui soit : impossible de le bluffer avec du carton-pâte en trompe-l'œil ! Un film dont les cow-boys n'évoquent pas l'odeur de la sueur, où le saloon ne déclenche pas automatiquement dans notre banque olfactive la touche « mauvais whisky-cocotte pas nette », ça a l'allure d'un western, les couleurs d'un western, mais *ce n'est pas* un western !

Essayez donc de trouver la moindre odeur à *Diva* ou à *Subway,* par exemple. Le nez le plus complaisant ne réussira, au mieux, qu'à capter une vague odeur de déodorant en regardant leurs images aseptisées. Logique : le plastique, aussi brillant, aussi léché soit-il, est inodore, et donc sans saveur cinématographique.

Par contre, dès les premières séquences, *Platoon* fait gicler des miasmes de jungle détrempée, *Angel Heart* diffuse la fade moiteur d'une Louisiane étouffante. Même si nous n'avons jamais fait le voyage, nous les imaginons, nous les découvrons, bref nous les « sentons ».

C'est avec les films muets de Marcel L'Herbier que j'ai découvert cette incroyable aptitude des films à sentir. Les vamps de *L'Argent* et de *L'Inhumaine,* caricaturales avec leurs lamés moulants et leurs œillades charbonneuses, ont pris dimension de vie au moment précis où de lourdes bouffées de chypre ont assailli mes narines. C'était à la cinémathèque ; je me suis retournée, cherchant qui autour de moi pouvait bien porter ce parfum capiteux, violent et sucré. Mais à peine avais-je quitté l'écran des yeux que l'odeur disparut. J'ai alors compris que ces volutes aromatiques inconnues émanaient du film, qu'elles en étaient l'essence même, la carte d'identité olfactive. Alchimie diabolique, par leur seule présence sur l'écran, ces vamps faisaient émerger du néant l'ambiance parfumée années vingt que je n'avais, bien sûr, jamais connue.

De ce jour, pour moi, le cinéma a pris odeur. J'ai d'abord repéré les plus faciles à imaginer, celles dont l'évocation naît presque immanquablement du lieu ou des personnages.

La sueur, d'abord. Odeur de trouille qui coule de tous les pores de la peau d'Yves Montand, âcre et acide, dans *Le Salaire de la peur.* Classiquement poussiéreuse dans les westerns et froide dans les thrillers. Charnellement exaspérée dans les chambres d'hôtel de *L'Empire des sens* et tristement confite dans la scène où l'héroïne de *Jeanne Dielman* se lavote du bout des doigts. Omniprésente, l'odeur des corps imprègne en priorité la pellicule.

Naissent ensuite avec la même quasi-évidence les senteurs du décor. Nasales turbulences de boue gluante dans *Les Sentiers de la gloire,* d'ambre solaire et d'eau de mer dans *Et Dieu créa la femme,* bourrasques océanes glacées dans *Lifeboat,* etc.

Mais le parfum des salles en noir n'atteint vraiment le summum de la magie que lorsqu'il permet le jeu des correspondances baudelairiennes. Passe encore que *Fanfan la Tulipe* sente le coquelicot et les champs de blés dorés au soleil de l'été. Mais pourquoi *Chinatown* évoque-t-il irrésistiblement pour moi le varech fermenté, et *Kismet* un patchouli délicieusement cheap ?

Barry Lindon, c'est l'odeur de la poudre de riz et des dentelles jaunies retrouvées au fond d'un grenier. Voile de fragrances nostalgiques en accord avec le thème du film, certes, mais pourquoi *aussi* cette senteur douce-amère de lilas en fleurs ? J'ai vu le film trois fois et je suis prête à jurer que pas une seule seconde la moindre branche de lilas n'apparaît à l'écran ! Alors ? Mystère. Mais après tout je trouve bien au *Bal des vampires* une odeur de sapin de Noël et de table de fête, gâteaux à la frangipane et oie rôtie. Rien à voir, *a priori.* Et pourtant, pourtant, ce conte de fées version Polanski entretient bien une étroite relation avec les souvenirs d'enfance et de Noëls heureux. De la même manière, qui dira par quels chemins détournés l'odeur acidulée des bonbons en bocaux s'est irrésistiblement imposée à l'une de mes amies en voyant *Sept ans de réflexion.* Plus que la senteur du N° 5 de Chanel, Marilyn semble d'ailleurs faire naître pour beaucoup des odeurs de pâtisserie : un autre de mes amis ne peut voir ses films sans aussitôt avoir la sensation d'être environné de choux à la crème et de volutes vanillées !

LE PETIT ÉCRAN, LUI, NE SENT RIEN

Bizarrement, toutes ces odeurs qui vous tordent le cœur, vous embaument de printemps ou vous étouffent de smog suburbain disparaissent quand on regarde les mêmes films à la télévision. La magie n'opère qu'au cinéma. Le petit écran joue les déodorants, immanquablement. Seules, les salles en noir ont un parfum.

Elles sont même doublement parfumées, ces séductrices.

Car outre les senteurs suscitées par le film projeté, on peut s'y enivrer de l'odeur particulière à chaque salle. Et là aussi, tout dépend du talent des metteurs en scène : nous, les spectateurs.

Discrètes, les salles françaises sentent, au mieux, les caramels de l'entracte. Odeur classique et de bon ton. Mais le cinéma new-yorkais d'un quartier populaire de Manhattan proche de la 32e rue où j'ai vu *E.T.* mélangeait sans complexe diverses effluves de fast-food. Hamburgers, énormes pots d'ice-cream au chocolat, sachets géants de pop-corn, sodas à la cerise ou bulles de Coca, tous les spectateurs ripaillaient joyeusement. L'odeur des cacahuètes grillées s'est imposée comme note de tête quand un grand costaud s'est mis à en bombarder l'écran pour manifester sa colère contre les méchants qui tyrannisaient le gentil E.T. ! Moins agréables, les vapeurs d'essence et de tôle surchauffée dominent l'été, dans les drive-in des banlieues américaines. Je préfère nettement le mélange entêtant de la senteur pimentée des accras, des bougainvillées en fleurs et des lotions antimoustique à la citronnelle, qui caractérisent les séances de cinéma en plein air auxquelles j'ai assisté près de Dakar. Il paraît cependant que le must, en fait de parfum personnalisé, c'est le Cinéma des Martyrs, à Téhéran : âcre odeur des lampes à pétrole des ouvreurs, halva, dattes et eau de rose, ça doit faire un malheur !

Alors, en attendant le cinéma sentant, grisons-nous déjà des multiples parfums des salles en noir...

— *YANNE FAGNEN* —

Journaliste

LA PEINTURE EN TROMPE-NEZ

Faire voir l'invisible, au travers des barreaux de la mémoire, des bulles limpides ou barbelées. Faire voir l'invisible...

1775-1776, Florence. Le marquis de Sade, alors en voyage en Italie, tombe en arrêt devant les trois *Scènes de peste* de Gaetano Giulio Zumbo. Ces étranges compositions qui retiennent son attention sont des bas-reliefs plutôt macabres en cire colorée, offrant le spectacle désolé d'une accumulation de cadavres et de corps en décomposition. Le Temps fauche sur son passage hommes, femmes, enfants et, au milieu des ruines — tel un champ de bataille après un combat sans merci —, la peste ne laisse que corps exsangues, charognes putrescentes. Et le Divin Marquis de s'exclamer : « L'impression est si forte que les sens paraissent s'avertir mutuellement. On porte naturellement la main au nez sans s'en apercevoir en considérant cet horrible détail, qu'il est difficile d'examiner sans être rappelé aux sinistres idées de la destruction et par conséquent à celle plus consolante du Créateur [...] On y remarque surtout un malheureux, nu, apportant un cadavre qu'il jette avec les autres, et qui, suffoqué lui-même par l'odeur et le spectacle, tombe à la renverse et meurt comme les autres. »

QUAND L'ART DÉGAGE

Peinture en trompe-l'œil, et pourquoi pas en « trompe-nez » ? 1781, Paris. De retour du Salon, Diderot note dans son compte rendu, à propos d'une nature morte de Gérard Van Spaendonck : « On a dit de ces fleurs, et la critique a paru du moins ingénieuse, que toutes belles qu'elles étaient, on pourrait leur reprocher de manquer d'odeur. Rien n'égale en effet l'éclat et la vivacité de leur coloris ; mais y trouve-t-on ce léger duvet, cette espèce de vapeur qui pourrait seule rappeler à la vue l'idée des doux parfums qu'elles exhalent ? »

Que le regard s'ennuie s'il ne s'amuse pas avec les autres sens pour recréer un univers subordonné à l'imaginaire !

Arôme, parfum, fumet, relent, remugle, bouquet, senteur, essence, fragrance, empyreume... Et la tentation, pleine de séduction pour des auteurs de « cadavres exquis », de laisser glisser les mots de l'un à l'autre : arfum, fulent, bouteur, frareume...

1938, Paris, galerie des Beaux-Arts, exposition internationale du Surréalisme. Dans la salle aménagée par Marcel Duchamp, sorte de grotte à l'obscurité soigneusement étudiée, le plafond est constitué de mille deux cents sacs de charbon suspendus, le sol, jonché de feuilles mortes, comporte une mare avec roseaux et nénuphars. Le tout baigne dans une odeur de café du Brésil... Ce que ne peuvent malheureusement restituer les photographies de l'époque montrant le tabouret soutenu par des jambes de femme de Kurt Seligmann, les mannequins de Max Ernst ou de Dalí. Car, pour paraphraser le même Duchamp, on peut regarder voir, on ne peut pas sentir sentir (« entendre entendre »).

Mais l'odeur du temps, de Jean-Sébastien Bach à Duchamp, peut nous faire côtoyer d'hallucinants rapprochements... comme des signes de Chat botté. Et de rêver en écoutant la *Cantate du café* de Bach.

Une sorte d'imitation d'où peu à peu le modèle prend sa distance, suit son cours, perd ses ombres pour des parfums, ses modelés pour des effluves.

1969, Paris, musée d'Art moderne de la Ville. A l'étage occupé par l'ARC, l'exposition consacrée à Gérard Titus-Carmel, intitulée « Distances », dégage, quelques jours après son vernissage, une arrogante odeur de banane pourrie : parmi les soixante bananes alignées et fixées sur le mur qui composent *la Grande Bananeraie culturelle* se trouve une vraie banane. Une seule, qui se dégrade de jour en jour, révélant la distance entre le modèle et ses copies, entre le vrai et le faux, entre le réel et l'imaginé.

ENTRACTE

Approche olfactive, rencontre concrète où la perception perd son unicité visuelle.

Dans les années 60-70, les préoccupations rendent compte d'une totalité du quotidien, et l'air du temps est placé sous le signe de l'éphémère : le happening *Salade* de Vostell, les aliments blancs de Miralda, les pièges de Spoerri, les eaux croupies de Ben, les pièces de Gaetano Pesce, d'où émane l'inéluctable relation entre l'odeur et le temps. Et puis, la fugacité d'un Ed Ruscha avec l'utilisation quasi systématique de substances organiques, jaunes d'œuf, thé, jus d'épinards, de fruits, de pétales de roses ; le raffinement d'un Wolfang Laib avec sa proposition d'une rêverie rousseauiste lactant nos méditations, pollénisant nos promenades ; la violence d'un Hermann Nitsch avec la représentation, toute théâtrale, d'une liturgie esthétique ; ou encore la provocation d'un Piero Manzoni avec l'imaginé indissociable de sa *Merde d'artiste* en boîte étiquetée, obsessionnelle, jardin clos de l'olfaction.

Dadaïsme, Surréalisme, Nouveau Réalisme, Eat Art, Arte Povera, Fluxus, Body Art, Pop'Art...

Wolf Vostell, Giovanni Anselmo, Joseph Beuys, Arman, Daniel Spoerri, Miralda, Dieter Rot, Dorothée Selz, Marcel Duchamp, Jean-Pierre Bertrand, Ed Ruscha, Wolfgang Laib, Yannis Kounellis, Hermann Nitsch, Jean-Charles Blanc, Piero Manzoni, Gérard Titus-Carmel, Michel Journiac, Jean-Michel Alberola, Salvador Dalí, Marcel Broodthaers, Martial Raysse, Catherine Willis, Jean-Pierre Dupuy, Boris Tissot, Takato Saito, Alexandre Bonnier, Roy Adzak, Paul-Armand Gette, Marinette Cueco, Éric Dietman, Ben, Gaetano Pesce[1]...

Que ceux qui imposent et supputent que les Beaux-Arts sont le royaume de la vue se voilent la face !

LE FONDS DE L'AIR DU TEMPS...

De la patouille grasse, épaisse et odoriférante, de la glaise molle à la tartouille onctueuse et sentorifique de la peinture à l'huile, l'art plastique se vautre dans l'odeur. Sans le dire, honteusement. Jusqu'à il y a très peu de lurettes, l'image c'était le travail, l'odeur c'était le plaisir : la familiarité de l'habitude, la reconnaissance de l'image avant l'image, le chemin olfactif pour retrouver le champ iconographique les yeux fermés.

L'huile de térébenthine, l'huile d'œillette, le White Spirit, ça sent. Ça sent la peinture à l'huile, la bonne peinture traditionnelle et technique, où l'on retrouve nécessairement ce que l'on y a mis.

La peinture acrylique (et la vinylique et la glycérophtalique et le populaire Ripolin), ça sent aussi. Mais pas l'atelier. Ça sent l'usine, le bâtiment, l'industriel... Et ça ne sent pas longtemps. Le temps de séchage n'est pas de cinquante ans et des poussières, mais de vingt-quatre heures au mieux et de vingt minutes au pire. Un résultat enfin aseptisé, le nez et les doigts enfin saufs. Plus d'imprégnations narineuses ou rétiniennes. Un effet immédiat avec date limite d'absorption.

Plus d'odorat développé par l'artiste dans son *work home*. Mais l'extérieur continuait à fermenter, à croupir, à puer, monde où l'odeur est témoignage de vie intérieure. Et ce monde disait à l'artiste : « Viens ! viens ! » Et certains y allèrent.

Le monde de l'art n'est pas le monde du parfum, et encore moins le monde. Le vernis, la patine, la vitre, le cadre, le socle éloignent l'objet artistique et l'immobilisent dans une neutralité triomphante. Tandis que ce qui se dégage de certains objets contemporains, tant sur le plan du fumet que de la symbolique, est un rapprochement parfois brutal avec la matière et avec le sens.

La banane pourrie, la salade fripée, l'excrément *sui generis* ou coloré, l'épluchure nature, le sang animal ou humain, le pollen, la forêt vierge reconstituée, la graisse végétale brassée avec le miel pour souligner une macération vitale, le citron, la fraise et l'huile (odeur et aussi encre), le soufre (odeur et symbole et fantasmes), l'herbe et la paille (odeur du foin et relents de l'utopie écologique en faillite), le goudron frais et le fantôme de l'odeur du pain sec appartiennent à un réel sans partage. En dehors de l'usage qui en est fait dans les manipulations artistiques, ils ont aussi une place dans la réalité, une utilisation immédiate, et surtout, surtout, ils vivent d'une vie que ni les seconds, ni les troisièmes, ni les centièmes degrés n'effleurent ni ne détournent.

Le privilège de l'odorat sur la vue, cette appartenance au réel, n'est pas une dépendance. La fermentation de l'œuvre plastique est une preuve des limites de la durée, et leurs relents volatiles l'indice du refus de passer à la postérité.

Au-delà de la tromperie de la vue et de la prétention sans borne de l'œil d'être celui des cinq sens situé le plus près du cerveau, il reste (et avec véhémence) que l'odorat est le sens du présent dans son idée majeure de dégradation. Un art qui sent n'est pas un art qui se dégrade, mais l'art d'un monde en déliquescence. L'image fixe (en deux ou trois dimensions) affirmait la pérennité d'une esthétique, de canons de sûreté de choix plastiques, éternels ou presque. Et la matière qui les compose affirmait la durée de l'idée.

L'odeur est l'exact contraire : elle crée une distance entre l'artiste et l'œuvre, l'objet et le spectateur...

BOBA'NO

Françoise, François, Édouard, amateurs d'art.

---

1. Chacun de ces artistes a inventé une manière personnelle de jouer avec l'odeur.

COLLECTIF

DES PARFUMEURS CRÉATEURS SE MANIFESTENT

La parfumerie moderne n'est, après tout, qu'une jeune fille d'à peine un siècle. Mais elle souffre depuis ses origines, aussi bien dans ses œuvres que chez ses créateurs, d'un double statut : création d'œuvres d'art et/ou reproduction de marchandises.

La parfumerie partage avec l'art beaucoup de ses dimensions : allier technique et talent, témoigner d'une vision originale du monde, avec son désir de changement et de liberté, se situer dans un mouvement continu, dont chaque œuvre constitue un moment.

Tout artiste commence par le pastiche, et n'élimine que progressivement le plagiat et le « à la manière de » pour atteindre son style propre.

A l'origine, la perception ou, plutôt, le souvenir de la perception. Parce qu'innovatrice, la création semble d'abord incompréhensible, comme une trahison de la tradition. Qu'elle procède ou non par sauts qualitatifs, elle reflète la lente mutation interne de la tradition elle-même. L'imagination serait alors la « faculté de déformer les images », de nous libérer des images premières fournies par la perception. Autrement dit : « S'il n'y a pas changement des formes, unions inattendues de ces formes, il n'y a pas imagination, ni action d'imaginer » (Bachelard).

A part séduire, à quoi peut bien servir un parfum ? Son inutilité est, par ailleurs, patente ; la rareté des chefs-d'œuvre ayant réussi à dépasser leur époque, préservés par une valeur de permanence inquantifiable et inqualifiable, n'empêche pas chacun d'entre eux de protester contre sa mort, dès sa conception, souvent perçue comme de parents inconnus.

Deux raisons de ne pas désespérer : le caractère cyclique de la nécessité de la séduction, augmentée de l'apparition de nouvelles matières premières. Bien entendu, il ne faut pas compter sur la prochaine émergence d'une « connaissance objective des odeurs » ; au mieux l'empirisme et l'expérience permettent-ils de dégager quelques convergences sur les formes odorantes, elles-mêmes soumises à des écarts d'interprétation qui tiennent autant de l'acquis culturel que de l'état psychique, ou encore de l'état de nos récepteurs olfactifs.

Conséquence de ces difficultés, d'innombrables tentatives de classification des odeurs et des parfums ont vu le jour, dont les plus utilisées, comme celles de la STPF[1], n'échappent pas au subjectif et au provisoire. Par contre, il est plus rare de tenter de décrire le processus particulier de la création en parfumerie : on peut l'analyser en suivant sa plus ou moins grande volonté esthétique de transcender le caractère chosal de la matière odorante en parfum. Quatre degrés, menant du concret à l'abstrait :

— Forme dépendante simple : reconstituer une odeur-sujet existant dans la nature. C'est *Muguet* de Yardley.

— Forme dépendante composée :

associer, comme dans l'art floral, des odeurs naturelles distinctes. C'est *Quelques fleurs* d'Houbigant.

— Forme semi-dépendante : traduire en la stylisant impressions et émotions ressenties devant l'odeur-sujet. *Diorissimo* en est l'exemple typique.

— Forme libre : plaire à travers une forme abstraite, dégagée du souci de représentation ou d'interprétation. *Mitsouko* représente bien cette démarche olfactive abstraite.

COMMENT PARLER « JUSTE »

Laissons de côté le bluff journalistique, charitable au point de masquer le « toujours semblable » sous les oripeaux du « toujours nouveau » ; le parfum se définit parfaitement par les qualificatifs d'unique et de collectif à la fois. Le parfum ne se définit pas par rapport à un original, sa vocation de « multiple d'art » est la condition par excellence de sa manifestation. Serait-ce que l'objet parfum, ainsi démocratisé par sa multiplication, serait devenu « en tant qu'objet sériel, homogène à une paire de bas ou un fauteuil de jardin » ? et serait un des accessoires de la panoplie qui permet de « définir le standing socioculturel du citoyen moyen » ? (Baudrillard). Cette comparaison est un peu trop facile : le design, en effet, cherche à concilier dans la forme de l'objet le souci esthétique et les exigences fonctionnelles. Mais cette élévation esthétique de l'objet ordinaire a pour but principal de faciliter l'échange marchand. L'art du parfum, lui, recèle une part d'utopie et de rêve qui le protège de l'intégration totale dans les mécanismes du processus production-consommation.

Dans chaque clavier de piano est contenue l'*Appassionata* tout entière ; dans chaque orgue de parfumeur, chaque matériau est une force en liberté, qui attend le compositeur pour associer sa tension avec les autres notes, et former des accords plus ou moins brillants, fulgurants ou linéaires.

LE GRAND JEU

Pour tenter de cerner les enjeux de la parfumerie contemporaine, nommons d'abord les protagonistes : sur le parfumeur-créateur et ceux qui l'ont précédé pèse le droit de vie et de mort du récepteur, le public ; un médiateur entre eux, le marketing. Pour connaître le monde et agir sur lui, l'empirisme est sa méthode, la rhétorique son moyen, le pragmatisme son but. C'est très précisément ici que la parfumerie commence à perdre son caractère esthétique, puisqu'il lui échoit alors d'être le véhicule de la psychologie des consommateurs et, pour commencer, de devenir chose parmi les choses, réfutant la fonction d'expression individuelle du créateur. Devenu le transcripteur de l'inconscient collectif — un de plus —, le créateur sera fermement convié à abandonner toute attitude avant-gardiste, pour adopter les formes régressives que sécrètent les grands rassemblements. Au moment où il s'instaure comme une science prospective, obligatoire et autoritaire, le marketing contraint créateurs et créations à se mouvoir dans les étroites limites de la PPCC (Plus Petite Commune Culture).

Si on a dit de l'art qu'il était une protestation contre la vulgarité, la vulgarité en parfumerie, c'est précisément l'obligation pour les créateurs de concevoir des formes olfactives dégradées parce que volontairement plagiaires.

Ici interviennent deux contraintes propres à la parfumerie : la contrainte de coût, qui peut amener le parfumeur à renoncer à certains matériaux, et l'absence de propriété artistique spécifique ; ces contraintes tendent à mutiler cet art, désespérer ses créateurs et, à terme, éloigner le public du parfum.

Distinguer, d'un air navré, la parfumerie de masse de la parfumerie élitiste relève essentiellement aujourd'hui d'une ruse de la raison économique, ou d'un stratagème du snobisme. Qu'il puisse être un temps où l'intention artistique d'une note nouvelle dans un shampooing surclasse la sortie d'un parfum prestigieux, dont le concept dissimulé est celui d'imiter le succès d'un autre, n'est plus une hypothèse d'école. Depuis Hegel, les chantres de la mort de l'art se sont succédé, sans que se réalise la prédiction. Le pessimiste d'aujourd'hui craint pour le parfum que l'utilitarisme ne l'emporte sur les valeurs esthétiques, et que le profit ne devienne la seule et unique loi de sa conception. L'optimiste se rassure en pensant que les nouveaux matériaux favorisent l'élan créateur, et que la multiplication des nouveaux parfums, en contribuant à l'éducation olfactive générale, permet à son tour des exigences plus hautes et plus qualifiées ; un peu comme ce qui s'est passé dans le domaine de la musique populaire grâce au disque ou à la radio.

Ce qui est imposé à la parfumerie contribue à sa décadence : elle a plus que jamais besoin de liberté et d'expansion pour s'épanouir ailleurs que dans l'exploitation des sentiments fabriqués.

Tout ceci pour postuler, voire souhaiter, l'émergence d'une parfumerie d'art et d'essai, dont le rôle serait l'invention et l'expérimentation de nouveaux concepts olfactifs, une parfumerie-pilote, dont la richesse d'invention entraînerait l'ensemble de la parfumerie dans un mouvement ascendant.

1. STPF : Société technique des parfumeurs de France, 3, rue Joseph-Sansbœuf, 75008 Paris.

Texte présenté par

JACQUELINE BLANC-MOUCHET

Extraits d'un manifeste collectif pour la création en parfumerie, à paraître.

LA SENTEUR ET L'HUMEUR[1]

Quand je peins :

Je regarde ma toile et je détermine l'espace. Je me dis : « Bon, là dans ce coin, on dirait que ça colle juste », et puis, « Oui, c'est bien là, bon. » Je regarde encore, et je décide : « Cet espace, là, dans le coin, a besoin d'un peu de bleu », alors je mets mon bleu, et puis je regarde là, et ça semble bleu aussi, alors je prends mon pinceau et je mets du bleu là aussi. Et puis il faudrait espacer davantage, alors je prends mon petit pinceau bleu et j'y mets du bleu, et puis je prends mon pinceau vert et je pose mon pinceau vert dessus et j'y mets du vert, et puis je recule pour regarder si c'est bien espacé. Et puis — quelquefois, c'est mal espacé — je prends mes couleurs et je mets encore un petit peu de vert là dans le coin, et si c'est bien espacé j'arrête. D'habitude, je n'ai besoin que de papier calque et de bonne lumière. Je n'arrive pas à comprendre pourquoi je n'ai jamais été un impressionniste abstrait, parce que avec ma main tremblante j'aurais eu un naturel parfait.

Je me suis un peu lancé dans la technologie deux ou trois fois. L'une de ces fois, quand j'ai cru que c'était la fin de mon art. J'ai cru que j'étais vraiment fini, et pour marquer la fin de ma carrière artistique, j'ai fait des oreillers argentés qu'il fallait remplir de ballons pour les faire s'envoler. Je les ai conçus pour une représentation de la Merce Cunningham Dance Company. Et puis on s'est aperçu qu'ils ne pouvaient pas s'envoler, et ils nous sont restés sur les bras, alors j'ai pensé que ma vie artistique était achevée, puisque je me trouvais là, une fois de plus, à mettre des ancres sur les oreillers. J'avais annoncé pour de bon que je renonçais à l'art. Mais les Oreillers argentés de l'Espace *ne s'envolèrent pas, et ma carrière non plus. A propos, j'ai toujours dit que l'argent était ma couleur préférée parce qu'elle me rappelait l'espace, mais maintenant je crois que c'est fini.*

Une autre manière d'occuper plus d'espace : le parfum.

Je ne suis pas vraiment snob en ce qui concerne les bouteilles où l'on met l'eau de Cologne, mais une jolie présentation m'impressionne. On éprouve un sentiment de confiance en prenant une bouteille bien conçue.

On m'a déjà dit que plus la peau est claire, plus on devrait uti-

liser un parfum léger. Et vice versa. Mais je ne peux pas me limiter à une seule catégorie. (D'ailleurs, je suis sûr que les hormones sont pour quelque chose dans la manière dont un parfum sent sur votre peau — je suis sûre que certaines hormones peuvent rendre le Chanel n° 5 *dégueulasse.)*

Je change sans arrêt de parfum. Si j'en ai porté un pendant trois mois, je me force à l'abandonner, même si j'ai envie de continuer à le porter. Ainsi, chaque fois que je le sens, il me rappelle ces trois mois. Je ne le réutilise plus jamais : il entre dans ma collection permanente d'odeurs.

Il m'arrive dans les soirées de m'esquiver dans la salle de bains pour voir quelles eaux de Cologne ils ont. Je ne regarde jamais rien d'autre — je ne fouine pas — mais je meurs d'envie de voir s'ils n'ont pas quelque obscur parfum que je n'ai pas encore essayé, ou un bon vieux favori que je n'ai pas respiré depuis longtemps. Si je trouve quelque chose d'intéressant, je ne peux pas m'empêcher de m'en parfumer. Mais je passe le reste de la soirée dans un état paranoïde à l'idée que l'hôte ou l'hôtesse pourrait en surprendre une bouffée et remarquer que je dégage une odeur familière.

Des cinq sens, c'est l'odorat qui se rapproche le plus de la pleine commande du passé. L'odeur peut réellement vous transporter. La vue, l'ouïe, le toucher et le goût ne sont vraiment pas aussi puissants que l'odorat si vous voulez ramener un instant votre être entier quelque part en arrière. Je n'en ai généralement pas envie mais, en bloquant les odeurs dans des bouteilles, je peux garder le contrôle et ne sentir que les odeurs que je veux, quand je veux, pour évoquer les souvenirs qui conviennent à mon humeur. Juste une seconde. Ce qu'il y a de bien avec la mémoire des odeurs, c'est que le sentiment d'être transporté s'arrête dès l'instant où vous cessez de sentir, et qu'il n'y a donc pas d'effets secondaires. C'est une manière propre et nette de se souvenir.

Ma collection de parfums à demi usagés est considérable, maintenant, et pourtant je n'ai commencé à en porter beaucoup qu'au début des années 60. Auparavant, les odeurs de ma vie étaient uniquement celles qui m'atteignaient le nez par hasard. Mais j'ai ensuite compris qu'il me fallait avoir un genre de musée d'odeurs, afin que certaines odeurs ne se perdent pas pour toujours. J'adorais l'odeur du hall du Paramount Theater, à Broadway. Chaque fois que je m'y trouvais, je fermais les yeux et respirais à fond. Et puis on l'a abattu. Je peux regarder la photo de ce hall tant que je veux — et alors ? Je ne pourrai plus jamais le sentir. J'ai parfois la vision d'un livre de botanique futur qui dirait : « Le lilas a maintenant disparu. On pense que son parfum était semblable à celui de... ? » et que pourrait-on dire de plus ? Peut-être

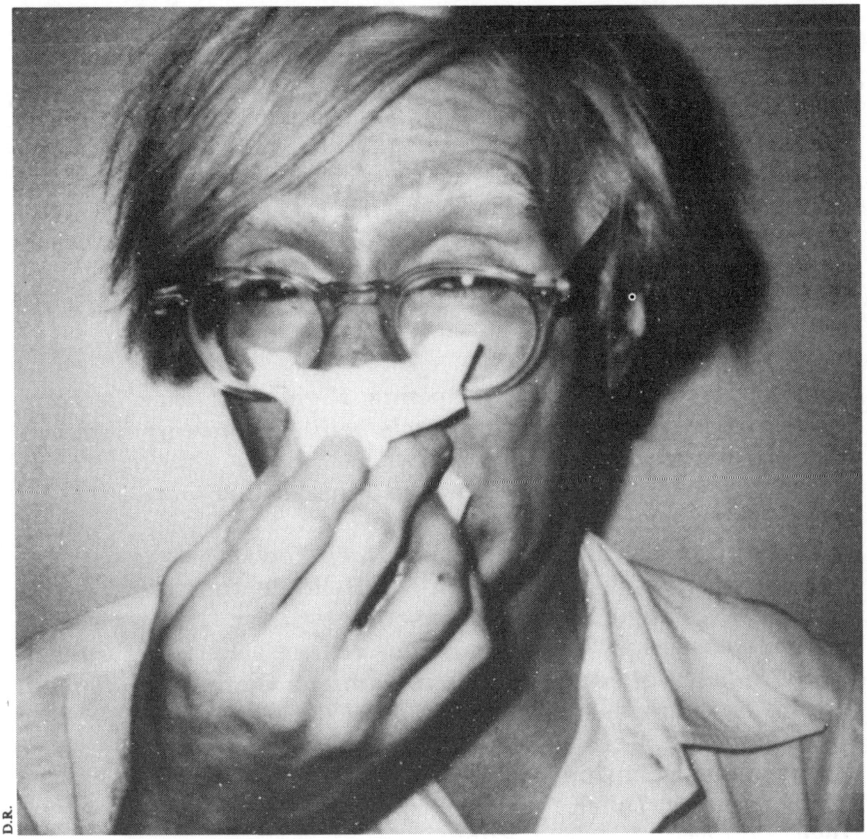

D.R.

saura-t-on lui attribuer une formule chimique. Peut-être sait-on déjà.

J'ai eu longtemps peur d'épuiser toutes les bonnes eaux de Cologne, et qu'il ne me reste plus que des choses comme Vigne ardente. *Mais maintenant que je suis allé dans les* profumeria *d'Europe et que j'ai vu toutes les eaux de Cologne et les parfums qui s'y trouvent, je ne m'inquiète plus.*

Je raffole des publicités pour les parfums, que je trouve dans les magazines de mode des années 30 et 40. J'essaie, d'après leurs noms, d'imaginer leurs odeurs, et je deviens fou tellement j'ai envie de les sentir :

Sous le vent *de Guerlain.*

Jabot, Gardéniae, Mon image, Opening Night, *de Lucien Le Long.*

Princess of Wales, *du prince Matchabelli en souvenir d'Alexandra,* Surrender, Réflexions, *de Ciro.*

A bientôt, Shanghai, Gardénia de Tahiti, *de Lenthéric.*

Imprudence, *de Worth.*

Avenue Matignon, Air Jeune, *de Marcel Rochas.*

Trophée, Le Dandy, Toujours Fidèle, Belle de Jour, *de D'Orsay.*

A Suma, La Fougeraie au Crépuscule, *de Coty.*

Tzigane, Possession, Orchidée Bleue, Voyage à Paris, *de Corday.*

L'émoustillant Cuir de Russie, *le romantique* Glamour, *le fondant* Jasmin, *le tendre* Gardénia, *de Chanel.*

Venez Voir, *de Molinelle.*

Countryclub, Demi-Jour, *de Houbigant.*

721, *de Bonwit Teller.*

Town, Country, *d'Helena Rubinstein.*

L'eau de Cologne Carbonique *de Weil.*

Rhythm *de Kathleen Mary Quinlan.*

Impériale Russe, *de Lengyel.*

HRR, Fleur de Perse, Roi de Rome, *de Chevalier Garde.*

White Christmas *de Saravel.*

Quand je me promène dans New York, je remarque toujours les odeurs qui m'environnent ; les tapis de caoutchouc des immeubles de bureaux ; les sièges rembourrés des cinémas ; les pizzas ; les snacks Orange Julius ; espresso-ail-origan ; hamburgers ; tee-shirts en coton séchés ; épiceries de quartier ; épiceries chic ; éventaires de hot-dogs et choucroute ; odeur de quincaillerie ; odeur de papeterie ; les cuirs et tapis de Dunhill, Mark Cross, Gucci ; les cuirs marocains étalés dans les rues ; magazines neufs, magazines anciens ; magasins de machines à écrire ; magasins d'importations chinoises (moisissure due au transport) ; magasins d'importations indiennes ; magasins d'importations japonaises ; magasins de disques ; magasins d'alimentation diététique ; drugstores à distributeurs automatiques de soda ; drugstores à prix réduits ;

échoppes de coiffeurs ; salons de beauté ; delicatessen ; chantiers de bois ; les chaises et les tables en bois de la Bibliothèque municipale de New York ; les biscuits, chewing-gum et jus de raisin dans le métro ; rayons d'équipement de cuisine ; labos de photo ; magasins de chaussures ; magasins de bicyclettes ; le papier et les encres d'imprimerie chez Scribner's, Brentano's, Doubleday, Rizzoli, Marboro, Bookmasters, Barnes & Noble ; étal de cireur ; pâte à frire graisseuse ; brillantine à cheveux ; la bonne odeur de confiserie bon marché devant chez Woolworth, et l'odeur de produits séchés à l'arrière ; les chevaux près du Plaza Hotel ; gaz d'échappement des bus et des camions ; bleus d'architectes ; cumin, fenugrec, sauce de soja, cannelle ; platanos frits ; les rails de Grand Central Station ; l'odeur de banane des teintureries ; vapeurs des buanderies d'immeubles ; bars d'East Side (crèmes) ; bars de West Side (sueur) ; kiosques à journaux ; étalages de fruits à toutes les saisons — fraises, pastèques, prunes, pêches, cerises, raisin, mandarines, ananas, pommes — et j'adore la manière dont l'odeur de chaque fruit s'insinue dans le bois rugueux des cageots et dans les papillotes.

Je sais par expérience que je préfère l'espace urbain à l'espace campagnard. J'adore l'idée d'être à la campagne, mais dès que j'y arrive tout me revient en mémoire :
J'adore marcher mais je ne peux pas.
J'adore nager mais je ne peux pas.
J'adore m'asseoir au soleil mais je ne peux pas.
J'adore sentir les fleurs mais je ne peux pas.
J'adore jouer au tennis mais je ne peux pas.
J'adore faire du ski nautique mais je ne peux pas.

La liste pourrait être bien plus longue, mais ça vous donne déjà une idée, et la raison pour laquelle « je ne peux pas », c'est tout simplement que ce n'est pas mon genre. *On ne peut pas faire des choses qui ne sont pas votre genre. On peut* dire des choses *qui ne sont pas votre genre, mais on ne peut pas* faire des choses *qui ne sont pas votre genre. C'est une mauvaise idée.*

1. *Extrait de* Ma philosophie de A à B, *par Andy Warhol, éditions Flammarion.*

ANDY WARHOL

autrement

Éditions

La série "Mutations"

Série "Mutations" N°120
Le défi bioéthique
224 p. 95 F.
En librairie.

Dirigé par Béatrice Boffety
et Françoise Brisset-Vigneau

La science progresse plus vite que l'homme et que ses lois. Colloques, rapports, avant-projets, propositions de lois sur les sciences de la vie fleurissent. Mais où se passe le débat, quels en sont les termes et à qui profite-t-il ? Doit-il rester entre les mains des seuls hommes de loi ou de science ?
Quel rôle donner au Comité d'éthique, à l'Ordre des médecins ?

SÉRIE MUTATIONS

N. 7 La fête, cette hantise .... 65 F
N. 15 Panseurs de douleurs .... 89 F
N. 21 Jeunes 16/25 ans cherchent .... 60 F
N. 29 Les révolutions minuscules .... 60 F
N. 30 L'explosion du biologique .... 60 F
N. 37 Informatique, matin, midi et soir ! ... 70 F
N. 40 Sauve qui peut, la crise ? .... 55 F
N. 43 Thérapies de l'âme .... 95 F
N. 50 Avoir 20 ans et entreprendre ...... 60 F
N. 51 Fous de danse .... 95 F
N. 53 La pub .... 95 F
N. 55 La bombe .... 99 F
N. 57 Intelligence, intelligences... .... 95 F
N. 59 Les héros de l'économie .... 70 F
N. 61 Père et Fils .... 95 F
N. 67 École Plus .... 149 F
N. 68 Les Médecins .... 70 F
N. 70 Acteurs .... 89 F
N. 71 Opéra .... 95 F
N. 72 Objectif bébé .... 95 F
N. 73 Armes .... 80 F
N. 74 Technopolis .... 75 F
N. 75 La scène catholique .... 75 F
N. 76 L'ère du faux .... 95 F
N. 77 L'espace superstar .... 80 F
N. 78 La culture des camarades .... 80 F
N. 79 Europe-Hollywood et Retour .... 80 F
N. 80 L'Amour foot .... 80 F
N. 81 L'intime .... 95 F
N. 82 La science et ses doubles .... 80 F
N. 83 Villes en guerre .... 80 F
N. 84 Création d'images .... 80 F
N. 85 Autres médecines, autres mœurs ... 95 F
N. 86 L'Excellence .... 95 F
N. 87 La mort à vivre .... 95 F
N. 90 La Mère .... 95 F
N. 91 Fatale beauté .... 89 F
N. 92 Odeurs .... 95 F
N. 93 L'éthique corps et âme .... 80 F
N. 94 La délation .... 80 F
N. 95 Islam .... 95 F
N. 96 Abandon et adoption .... 95 F
N. 97 L'enfant lecteur .... 95 F
N. 98 Faits divers .... 85 F
N. 99 L'orchestre .... 95 F
N.100 Le culte de l'entreprise .... 89 F
N.102 À quoi pensent les philosophes ? ... 89 F
N.103 L'ère des médiums .... 89 F
N.104 Obsession sécurité .... 89 F
N.105 Mariage, Mariages .... 89 F
N.106 L'Esprit des drogues .... 89 F
N.107 Dimanche .... 89 F
N.108 Nourritures .... 89 F
N.109 L'Hôpital à vif .... 89 F
N.110 Demain, un emploi ? .... 89 F
N.111 Les Vacances .... 89 F
N.112 Des sœurs, des frères .... 89 F
N.113 Info-révolution .... 149 F
N.114 La maternelle .... 95 F
N.115 Hauts lieux .... 89 F
N.116 Habiter, habité .... 89 F
N.117 Œdipe et neurones .... 89 F
N.118 École et entreprises .... 95 F
N.119 Dormir .... 95 F
N.120 Le défi bioéthique .... 95 F
N.121 La Bibliothèque .... 95 F
N.122 Faire la politique .... 95 F
N.123 Les 10-13 ans .... 95 F

SÉRIE MONDE

EUROPE

HS.38 Andalousie .... 95 F
Barcelone Création .... 149 F
HS.01 Berlin .... 95 F
HS.57 Berlin Capitale .... 98 F
HS.34 Budapest .... 95 F
HS.44 Campagne anglaise .... 89 F
HS.33 Écosse .... 95 F
HS.51 Europe centrale .... 95 F
HS.39 Grèce .... 89 F
HS.23 Irlande .... 95 F
HS.29 Istanbul .... 95 F
HS.30 Lisbonne .... 95 F
HS.06 Londres .... 95 F
Londres Création .... 120 F
HS.24 Madrid .... 95 F
HS.36 Marseille .... 89 F
HS.40 Moscou .... 89 F
HS.19 Munich .... 95 F
Paris Arts on Seine .... 140 F
Paris Création .... 140 F
Paris en Marche .... 98 F
HS.50 Pays baltes .... 95 F
HS.47 Pologne .... 89 F
HS.46 Prague .... 95 F
HS.F2 Riviera .... 85 F
HS.32 Rome .... 95 F
HS.25 Des Villes en Suisse .... 95 F
HS.31 Toscane .... 95 F
HS.14 Venise .... 95 F
HS.53 Vienne .... 95 F

AMÉRIQUES

HS.49 Amazonie .... 95 F
HS.41 Antilles .... 95 F
N.44 Brésil .... 95 F
HS.22 Buenos Aires .... 95 F
N.31 Californie .... 95 F
HS.35 Cuba .... 95 F
HS.55 Mayas .... 95 F
HS.18 Mexico .... 95 F
N.39 New York .... 95 F
New York Création .... 99 F
HS.42 Rio de Janeiro .... 89 F
HS.20 Texas .... 85 F
HS.54 Terre indienne .... 95 F

ASIE/PROCHE-ORIENT

HS.52 Bornéo .... 95 F
HS.28 Himalayas .... 95 F
HS.03 Hong Kong .... 95 F
HS.13 Inde .... 95 F
HS.04 Jérusalem .... 95 F
HS.17 Pékin .... 89 F
HS.26 Shanghaï .... 89 F
HS.27 Téhéran .... 89 F
HS.08 Tokyo .... 95 F
HS.43 Thaïlande .... 89 F
HS.16 Transsibéries .... 95 F

AFRIQUE

HS.45 Afrique australe .... 119 F
HS.15 Afrique du Sud .... 95 F
N.38 Algérie .... 95 F
HS.09 Capitales de la couleur .... 89 F
HS.21 Corne de l'Afrique .... 89 F
HS.05 Désert .... 95 F
HS.12 Le Caire .... 95 F
HS.48 Maroc .... 89 F
HS.11 Marrakech .... 95 F

OCÉANIE/PACIFIQUE

HS.07 Australie .... 95 F
HS.37 Australie Noire : les Aborigènes ..... 89 F

Tous ces ouvrages sont disponibles en librairie (diffusion Le Seuil)

Abonnements au 1er janvier 1992 : L'abonnement peut être souscrit auprès de votre libraire, ou directement aux Éditions Autrement, 4, rue d'Enghien, 75010 Paris, (CCP Paris 1-198-50-C). Le montant de l'abonnement doit être joint à la commande. Un délai d'un mois est nécessaire pour la mise en place de l'abonnement, plus le délai d'acheminement. Pour tout changement d'adresse, veuillez nous prévenir avant le 15 du mois et nous joindre la dernière étiquette d'envoi. Un abonnement commence avec le numéro du mois. Tarifs par série : « Monde » (7 N°/an) : 550 F (étranger : 650 F). « Mutations » (7 N°/an) : 600 F (étranger : 700 F). « Mémoires » (7 N°/an) : 650 F (étranger : 770 F). « Morales » (4 N°/an) : 315 F (étranger : 370 F). « Sciences en société » (4 N°/an) : 380 F (étranger : 480 F). **Vente en librairie exclusivement. — Diffusion/distribution** : Éditions du Seuil.

Directeur de la publication : Henry Dougier, revue publiée par Autrement
Comm. par. 55778. Corlet, Imp. S.A., 14110 Condé-sur-Noireau.
N° 3280. Précédent dépôt : mars 1990. Dépôt légal : février 1992
ISBN : 2-86260-226-4 - ISSN : 0336-0144. *Imprimé en France*